Dresden, Sächsische Schweiz und Lausitzer Bergland

Ringbuch
WANDERN

Klaus Leichsenring

Mit Unterstützung des Sächsischen Wandersport- und Bergsteigerverbandes

Kartenabdruck mit Genehmigung des Landesvermessungsamtes Sachsen

Copyright © 1992 by Verlagshaus Elster
Engelstraße 6, 7580 Bühl-Moos
ISBN 3-89151-132-9

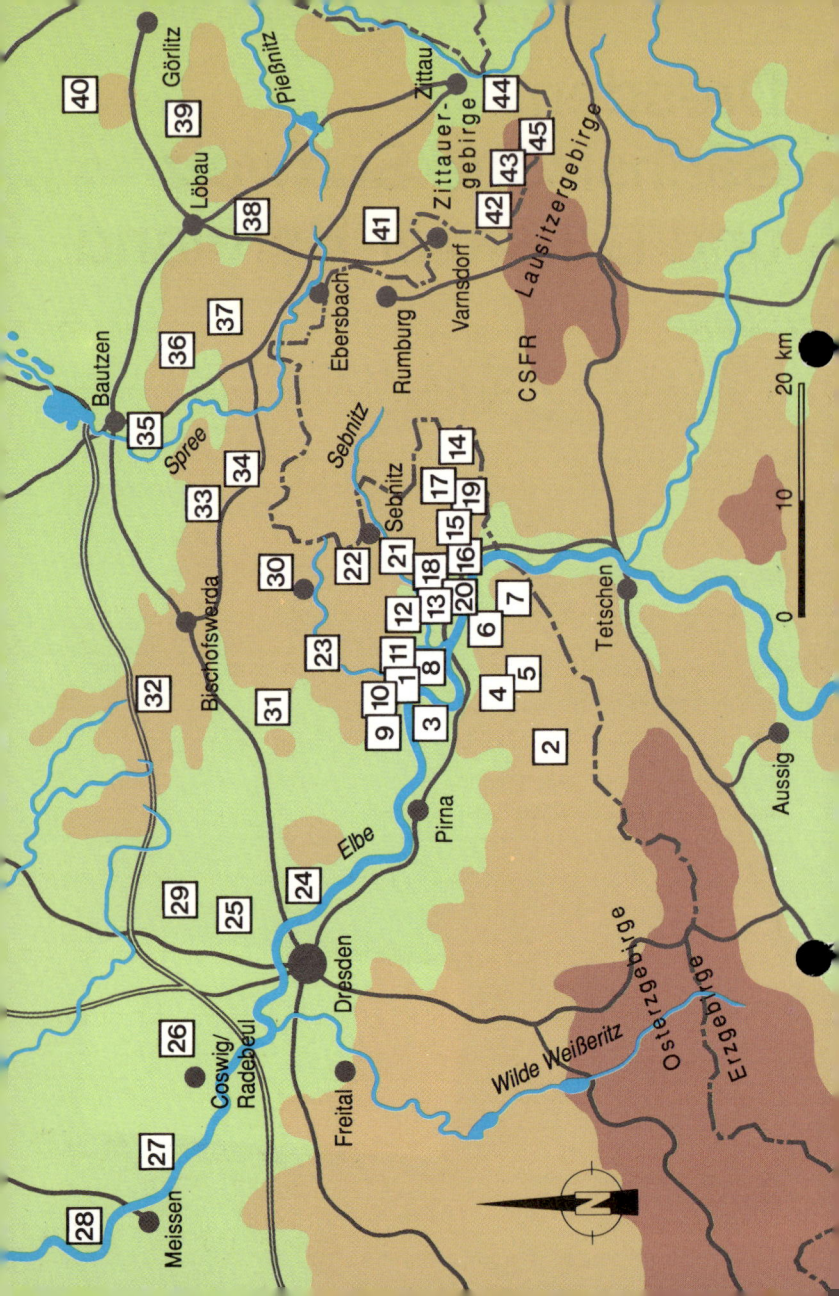

Wanderer, kommst Du nach Sachsen…

so betrittst Du kein Neuland. Gewandert wird in Sachsen schon lange – die Schönheiten der Natur, unsere historischen Stadtkerne und eine jahrhundertealte Kultur laden dazu förmlich ein.

Ich freue mich, daß das Wandern in der heutigen Zeit immer beliebter wird und seine Anhänger in allen Altersklassen hat.

Die Publikation „Hundertfünfzig schönste Wanderungen in Sachsen", deren erster Teil mit knapp einem Drittel der Routen nun vorliegt, schließt eine Lücke.
Anfragen aus den übrigen Bundesländern und aus dem Ausland nach den Wandermöglichkeiten in Sachsen können jetzt überzeugend beantwortet werden.

Die Wanderungen beschränken sich nicht auf die traditionellen sächsischen Feriengebiete wie die Sächsische Schweiz oder das Zittauer Gebirge, das Vogtland und das Erzgebirge. Auch die weniger oder nur den Sachsen bekannten, gleichwohl aber reizvollen Landschaften und Städte werden Ihnen vorgestellt. Erwähnen möchte ich – im vorliegenden ersten Teil enthalten – das Elbtal um Dresden und Meißen, das Lausitzer Bergland und das „Königshainer Gebirge", in den nachfolgenden Ausgaben werden zum Beispiel Dübener und Dahlener Heide, Kohrener Ländchen und die Täler der Mulde vorgestellt.

Neben der Routenbeschreibung erhalten Sie Hinweise auf die Geschichte, das Brauchtum und – darauf sind wir hier in Sachsen sehr stolz – die Sächsische Küche.

Ich lade Sie ein – verzichten Sie auf Ihr Auto, und erschließen Sie sich ein Stück Sachsen auf Schusters Rappen.
Sie sehen mehr von unserem Land, erleben es intensiver und lernen so die Menschen hier mit ihrer sprichwörtlichen sächsischen Gemütlichkeit kennen.

Viel Spaß und gute Erholung

Dr. Kajo Schommer
Staatsminister für
Wirtschaft und Arbeit
des Freistaates Sachsen

Vorwort

Wir laden Sie ein zu Wanderungen in einem der interessantesten, abwechslungsreichsten und reizvollsten Wandergebiete Deutschlands.
Schon der Titel unseres Führers läßt erkennen, daß das Gebiet aus mehreren, sehr unterschiedlichen Landschaften besteht. Da ist zunächst die Sächsische Schweiz, der deutsche Teil des Elbsandsteingebirges, die mit ihrer teilweise bizarren Felsenwelt jährlich Bergsteiger, Wanderer und Touristen in Scharen anzieht. Schon seit dem vorigen Jahrhundert war es eines der beliebtesten Reiseziele in Deutschland. Jetzt nimmt es wohl wieder eine Spitzenposition in der Gunst derer ein, die die neuen Bundesländer „erkunden" wollen. Der jüngst verliehene Status eines Nationalparks wird zweifellos dieser einzigartigen Landschaft zum Vorteil gereichen. Das benachbarte Dresden und seine Umgebung bilden sowohl einen reizvollen Gegensatz als auch eine Ergänzung zum Elbsandsteingebirge. Da die Welt der Steine und Schluchten, dort weltberühmte Bauwerke und Kunstsammlungen in lieblicher Landschaft – eine glückliche Symbiose. Nahtlos schließt sich „dahinter" eine Landschaft an, die wir im Titel nicht ganz zutreffend als „Lausitzer Bergland" vorstellen. Über mehr als sieben mal sieben Berge kann der Wanderer entlang der Grenze der ČSFR bis zum Zittauer Gebirge im Winkel zur polnischen Grenze laufen.
So unterschiedlich die Landschaften sind, gemeinsam haben sie, daß sie vorzügliche Wandergebiete sind und mit Sehenswürdigkeiten von Rang aufwarten können. Ob nun die Festung Königstein oder das nördlichste Weinbaugebiet Europas, der Dresdner Zwinger oder die Bastei, Schloß Moritzburg und sein Teichgebiet, Albrechtsburg und die Porzellanmanufaktur in Meißen, die Burgen Hohnstein und Stolpen, die Wasserkunst in Bautzen, der Oybin und ... und ..., das alles gewährleistet auf verhältnismäßig engem Raum – etwa 2250 Quadratkilometer umfaßt das Wandergebiet unseres Führers – außergewöhnlich abwechslungs- und erlebnisreiche Wanderungen.
Dazu sind Sie herzlichst eingeladen!

K. Leichsenring
Präsident des Sächsischen
Wandersport- und Bergsteigerverbandes

Inhalt

Vorwort III
Liebe Wanderer VI
Wie benutzen Sie diesen Führer? VIII
Register X

Wandertouren

Ein „Schmeckerchen" zum Verführen: Bastei 1
Zünftig anmarschiert und die Festung gestürmt 2
Meisterstück auf steinigem Grat 3
Auch für Bergsteiger tabu: Jungfer Bärbel 4
In memoriam Karl Josef F. 5
Trunken das Auge... und naß die Füße 6
Zum größten der sächsischen Schweizer 7
König-, Lilien-, Hohn- und andere Steine 8
Durch tiefe Schluchten und über freundliche Fluren 9
Auf allen vieren zum (Steinernen) Tisch 10
Und plötzlich kommt ein Edelstein geflogen 11
EB bis zum letzten Zipfel 12
Ein Schnippchen und ein Schnäppchen 13
„Im angenehmsten Tal unter den schrecklichsten
 Felsenwänden..." 14
Wie kommt die Kuh in diesen Stall? 15
Die Felsenwelt hat viele Wege 16
Wo sich Fuchs und Hase „Gute Nacht" sagen 17
„Hier, wo dem Blicke bänglich graut..." 18
Über Steige und durch Schluchten 19
Brotzeit zwischen Heringsgrund und Heiliger Stiege 20
Jubelnd und schimpfend durchs Sebnitztal 21
„... wach auf Gesell, die Ferne lockt, die wundervolle Ferne" . 22
Wo im Tal die Märzenbecher blühn... 23
Elbhangwatze zum Pillnitzer Balkon 24
Ochsenkopf und Gänsefuß 25
Auf den Spuren des starken August 26
Im kleinsten Gebirge der Welt 27
Ein langer Umweg zum Weinkeller 28
Zum Tal der gefühlvollen Seelen 29
Lausitz für Anfänger 30
Visite bei der Gräfin Cosel 31
Zwischen Barockschloß und Pfefferkuchen 32

Westwärts über sieben Berge	33
Im Bergland zwischen Spree und Wesenitz	34
Spreeluft schnuppern	35
Im Sagenreich des Schwarzen Gottes	36
Zum „lieblichsten Berg der Oberlausitz"	37
Wanderung mit Superlativen	38
Auf langem Wege zur Krone des Landes	39
Halbtagsarbeit im Mini-Gebirge	40
Durch die Reviere des Karaseck	41
Jetzt gehen wir hoch!	42
Mühlsteine mit Orgelpfeifen	43
„Ahoi" im Dreiländereck	44
Das Allerletzte: Oybin	45

Allgemeiner Führer zum Ringbuch Wandern

Das Wandergebiet – Eine Übersicht	3
Ein bißchen Geologie	5
Landschaft, Klima, Flora, Fauna	8
Wandern – durch die Geschichte	12
„Eigenheiten" (Dialekt, Sorben, Bauweise, Spezialitäten)	19
Was man noch wissen sollte	23

Im Text verwendete Abkürzungen:
- DR   Deutsche Reichsbahn
- EB   Fernwanderung Eisenach – Budapest
- Gh   Gasthaus
- ND   Naturdenkmal
- NSG Naturschutzgebiet
- OT   Ortsteil
- TD   Technisches Denkmal

Liebe Wanderer,

mit diesem praktischen Führer entlasten Sie Ihr Wandergepäck und vielleicht auch Ihr Reisebudget. Zum einen führen Sie nur die jeweils benötigten Tourenblätter in der beigefügten Schutzhülle mit – handlicher geht's nicht. Zweitens können Sie sich den Kauf umfangreichen Kartenmaterials sparen; immerhin wären für die 45 vorgestellten Routen etwa 20 „normale" Wanderkarten erforderlich – sonstige Reiseführer gar nicht mal mitgerechnet.

Der Führer enthält die (nach Ansicht des Autors) schönsten und interessantesten Routen des vorgestellten Wandergebietes. Selbstverständlich sind in die Wanderungen die gerade in diesen Landschaften außerordentlich zahlreichen Sehenswürdigkeiten einbezogen. Davon ausgenommen wurden allerdings die an kulturhistorischen Bauten, Kunstwerken usw. überreichen Touristenziele Dresden, Meißen, Görlitz und Bautzen. Zwar werden auch sie (meist mehrfach) Ausgangs- bzw. Endpunkt von Wanderungen sein, doch sprengt auch nur die Benennung der jeweiligen Sehenswürdigkeiten den Rahmen dieses Führers und die bei einer Tageswanderung verfügbare Zeit.

Die vorgestellten Routen sind Wandervorschläge für unterschiedliche Ansprüche. Dabei braucht aber der wenig geübte oder aus anderen Gründen kurze Strecken bevorzugende Wanderer nicht vor den Touren zurückzuschrecken, die im Führer als „lange Kanten" ausgewiesen sind. Ein meist dichtes Netz von Wanderwegen und öffentlichen Verkehrsmitteln ermöglicht ausnahmslos im gesamten Gebiet ein Abkürzen, Variieren und natürlich auch Verlängern der jeweiligen Wanderung. Gelegentlich sind in den Tourenbeschreibungen Hinweise dazu enthalten und auch aus den Kartenblättern sind diese zu entnehmen – aber auch hier würde die außerordentliche Vielzahl unterschiedlicher Möglichkeiten den Umfang des Führers sprengen. Die Routen sind so angelegt, daß sie sich nicht oder nur geringfügig überschneiden. Wenn Sie das gesamte Gebiet bzw. eine bestimmte Landschaft nicht „flächendeckend" abwandern wollen und trotzdem Abschnitte oder Sehenswürdigkeiten aus mehreren Routen erreichen möchten, können Sie leicht Ihre eigene Wanderung zusammenstellen. Noch einfacher ergibt sich aus der Kombination der Routen eine durch das gesamte Gebiet vom Bahratal und der Elbe bis zum Oybin und der Neiße führende Mehrtageswanderung.

Das Wandergebiet erstreckt sich im Hügelland und im Bergland mit Höhen in der Regel um 200–400 m. Die höchsten Erhebungen bleiben knapp unter 600 m, nur im Zittauer Gebirge geht es höher hinauf, die Lausche als höchster Berg erreicht 793 m. Normale, der Witterung entsprechende Wanderbekleidung ist zu empfehlen. Nur bei extremer Witterung sowie Schnee- und Eisglätte sind einzelne, sehr kurze Abschnitte innerhalb weniger Wanderungen zu meiden – in der jeweiligen Routenbeschreibung wird darauf hingewiesen. Allerdings stellen die Kletterfelsen der Sächsischen Schweiz und des Zittauer Gebirges für den im Bergsteigen Unerfahrenen eine Gefahr dar, die vor allem von Jugendlichen und den auf ihre Hochgebirgserfahrungen bauenden Wanderern unterschätzt wird. Jährlich führt dies zu schweren, oft tödlichen Unfällen!

Folgen Sie also unserem Führer auf den schönsten Wanderwegen ...

Wie benutzen Sie diesen Führer?

Suchen Sie sich auf der Übersichtskarte (ganz vorn) Ihre Wanderung aus. Die entsprechenden *zwei* Blätter entnehmen Sie dem Ringbuch und stecken sie so in die Kartentasche (diese finden Sie ganz hinten im Führer), daß sich auf der Vorderseite der Kartenausschnitt und auf der Rückseite die Wegbeschreibung befindet. Um alles immer griffbereit zu haben, können Sie sich die Hülle mit einer Schnur um den Hals hängen.

Begriffe, die in der Wegbeschreibung *kursiv* gestellt sind, finden Sie unter den **Besonderheiten** wieder. Die dazu gehörenden eingekreisten Zahlen sind außerdem auf den Karten eingezeichnet. Eine in wenigen Fällen nicht durchlaufende Numerierung der Anmerkungen ist durch eine lesefreundliche Auftrennung in „Besonderheiten" und Fußnotentexte begründet.

Maßstäbe, Entfernungen und Schwierigkeitsgrad

Die Kartenblätter haben je nach Größe des jeweiligen Wandergebietes den
Maßstab   1 : 25 000 (1 cm = 250 m; 1 km = 4 cm)
                1 : 50 000 (1 cm = 500 m; 1 km = 2 cm)
                1 : 100 000 (1 cm = 1000 m; 1 km = 1 cm)
Im Ausnahmefall ergab sich bei den Kartenausschnitten ein abweichender Maßstab.

Der jeweilige Maßstab ist auf der Karte angegeben.
Beim Errechnen von Entfernungen sind die auf der Karte abgemessenen Strecken noch mit einem Verlängerungsfaktor für Höhenunterschiede zu multiplizieren.

Als Daumenwerte benutzen Sie folgende Verlängerungsfaktoren:
Schwierigkeitsgrad*:   keine oder geringe Höhenunterschiede; Faktor 1 (d. h. die abgemessene Strecke entspricht der tatsächlichen Entfernung)

Schwierigkeitsgrad**:   gesamte Strecke mit leichten Höhenunterschieden oder mit 1–3 steilen bzw. langen Auf- und Abstiegen bei sonst geringen Höhenunterschieden; Faktor 1,1

Schwierigkeitsgrad***: gesamte Strecke mit starken Höhenunterschieden oder mit mehr als 3 steilen bzw. langen Auf- und Abstiegen bei sonst leichten Höhenunterschieden; Faktor 1,2

Da die Schwierigkeitsgrade jeweils für eine Wanderung angegeben sind, können für Teilstrecken durchaus andere Faktoren zutreffen – Höhenlinien der Karte zu Rate ziehen!

Hilfsmittel

Die Beschreibung der Wanderung orientiert sich häufig an Himmelsrichtungen. Dafür und zur Ausrichtung der Karte, die jeweils mit einem Pfeil in Richtung Norden versehen ist, wird ein einfacher Kompaß benötigt; Marschrichtungszahlen u. ä. sind nicht erforderlich. Ein Schrittzähler, der auf Ihre „persönliche Note" ausgerichtet ist (Schrittlänge), erspart Ihnen das lästige Mitzählen bei solchen Angaben wie „nach 250 m ...". Ein Kurvimeter ermöglicht ein genaueres Ausmessen von Entfernungen.

Zeitangaben

Die zu jeder Wanderung angegebene Zeit ist nur ein ungefährer Anhalt. Sie geht von einer durchschnittlichen Wandergeschwindigkeit von 4 Kilometern pro Stunde (einschl. ca. 10 min. Pause/h) aus und berücksichtigt durchschnittlich erforderliche Zeiten für Aufstiege und steile Abstiege. Nicht in der Zeitangabe enthalten sind längere oder häufigere Pausen, die zu den Routen gelegentlich empfohlenen „Abstecher" sowie Zeiten für die bei fast jeder Wanderung mehrfach möglichen Museumsbesuche und Besichtigungen von Sehenswürdigkeiten. Gerade bezüglich der benötigten Wanderzeit wird sich der beschaulich „Dahinwandernde" vom sportlichen Typ, der vielseitig Interessierte vom Kilometerfresser, der Ungeübte vom Ausdauernden usw. usf. deutlich unterscheiden.

Allen aber sei viel Freude an den Wanderungen gewünscht!

Register

Altendorfer Mülldeponie 21

Bad Schandau 13, 14, 20, 21
Bahratal 2
Barbarine 4
Bastei 1
Bautzen 35
Bärenfangwände 16, 17
Beckenberg 41
Berthelsdorf 30
Bischofswerda 32
Botanischer Garten 27
Böhmische Brücke 35
Böhmisches Tor, Zittau 44
Brand 12
Burg Stolpen, Ruine 31
Burg und Kloster Cybin 45
Bühlau 31

Carl-Maria-von-Weber-Gedenkstätte, Dresden 24
Cunnersdorf 5, 6
Cybin 44
Czorneboh 36

Diebshöhle am Quirl 4
Dippelsdorfer Teich 26
Dittersbach 31
Domstift, Bautzen 33
Döhlener Berg 36
Dreiherrenstein 34
Dresden 24, 25
Dresdner Heide 25

Ebersbach 41

Felsenbühne, Wehlgrund 11
Felsentor, Uttewalder Grund 9
Friedersdorf 39
Frienstein, Burgruine 15

Gamrig 11
Gipfelklippen, Kälbersteine 37
Goßdorfer Raubschloß 21
Görlitz 39

Großer Bärenstein 3
Großer und Kleiner Zschirnstein 7
Großer Winterberg 12, 19
Großer Zschand, Naturschutzgebiet 19
Großes Schrammtor 12, 20
Großhartau 31
Großpostwitz 35, 36
Großschönau 41, 42

Haldenweg 10
Herkulessäulen 2
Hermsdorf, Schloß 29
Herrnhut 38
Hinterhermsdorf 17, 18
Hochstein 32
Hochstein 36, 40
Hockstein 8, 11
Hoflößnitz, Schloß 26
Hohburg, Ruine 27
Hohe Liebe, Gedenkstein 20
Hohe Straße 22
Hohnstein 8, 12, 23

Jauernick-Buschbach 39
Johannis-Kirche, Zittau 44
Jonsdorf 43

Kaiserkrone 7
Kammweg, Rauenstein 3
Kapellenberg 33
Katzenstufen 28
Kirche Cybin 45
Kirnitzschtal 14, 15, 16, 17, 22
Kleindesha 36
Kleiner Bärenstein 3
Klippenstein, Schloß 29
Knorre 28
Kohlbornstein 6
Kohlichtgrund 13
Königshain 40
Königsstein, Festung 2
Königstein 2, 4, 8
Krippen 6
Kuckucksstein 40
Kupper 38

Landeskrone 39
Langburkersdorf 30
Lasensteine 6
Lausche 42
Lausur 42
Lichtenhainer Wasserfall 15
Lilienstein 8
Löbau 38

Marstall, Zittau 44
Märzenbecherwiesen, Naturschutzgebiet 23
Meißen 27, 28
Moritzburg, Schloß 26, 27
Mönchswalder Berg 33

Neuer Wildenstein, Burgruine 15
Neugersdorf 41
Neumannmühle 14, 16
Neurathen, Felsenburg 1
Neusalza-Spremberg 37
Neustadt 23, 30
Niedercunnersdorf 38
Niedermühle 18

Obercunnersdorf 38
Orgel 43

Papststein 6
Paßstraße 42
Peststein 22
Pfaffenstein 4
Pillnitz, Schloß 24
Polenztal 23
Prießnitz 25
Pulsnitz 32

Radeberg 29
Radebeul 26
Rammenau, Barockschloß 32
Rathen 1, 3, 11
Rauschenstein 20
Reinhardtsdorfer Kirche 7
Richard-Wagner-Museum, Graupa 24
Richtergrotte 19
Riesenkopf, Zscherregrund 10
Robert-Sterl-Haus, Pötscha 3

Roßsteig 19
Rotstein 5, 39

Schirgiswalde 34, 37
Schlechteberg, Park 41
Schmilka 12, 19
Schmölln 33
Schöna 7
Schulzengrund 13
Schwarzer Berg 39
Sebnitz 21, 22
Seifersdorfer Tal 29
Seußlitz, Schloß 28
Seußlitzer Grund 28
Sieleboh 37
Silberberg 29
Sohland 34
Spaargebirge 27
Spitzhaus 26
Spitzstein 39
Spraaburn, Pavillon 41

Unger 22

Valtenberg 30

Wachberg 18
Waltersdorf 42
Wehlen 3, 9, 10
Weifa 34
Weixdorf 29
Wilthen 33
Winterstein, Burgruine 16

Zirkelstein 7
Zittau 44
Zittauer Gebirge 45

Entdecken Sie
das Wandergebiet Frankreich!

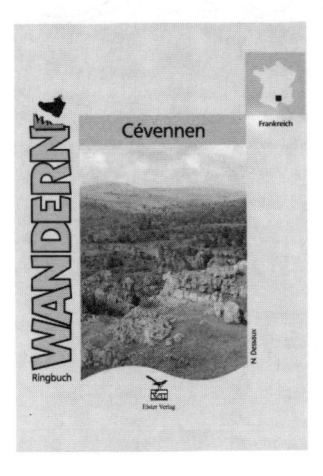

Unsere neuen Wanderführer begleiten den Leser in ein kaum bekanntes Frankreich. Abseits von kulturellem Trubel und weg vom Massentourismus, zeigt sich ein stilles, leises Land. Dem Wanderer bietet es reizvolle Landschaften, Erholung und herrliche Touren. Die Ringbücher führen in fünf der schönsten französischen Gebiete.

»Ringbuch Wandern«
Alain Adron, **Mont Blanc**
Hubert Borg, **Languedoc**
Nicolas Dessaux, **Cévennen**
Nicolas Dessaux, **Provence**
Martine Devillaz, **Côte d'Azur**

Jeder Band enthält 45 Wandervorschläge mit ausführlichen Beschreibungen und zugehöriger Wanderkarte (je 29.80 DM).
Sie erhalten alle die Bücher der Reihe »Ringbuch Wandern« in Ihrer Buchhandlung!

ELSTER VERLAG · Schillerstr. 7 · 7570 Baden-Baden

Ein „Schmeckerchen" zum Verführen: Bastei

Nehmen wir einmal an, Sie haben ein paar Tage Aufenthalt in Dresden und möchten dabei auch einen Ausflug in die Sächsische Schweiz unternehmen, von der Sie schon „mal was gehört" haben.

Kurzentschlossen besteigen Sie eines schönen Tages in Dresden einen Elbdampfer und lassen sich nach Rathen schippern. Neugierig – wie Sie nun einmal sind – folgen Sie den Hinweisschildern und steigen zur Bastei auf.

Von Mal zu Mal wird die Aussicht weiter und schöner, der berühmte „Basteiblick" überwältigt Sie schließlich! Gleichermaßen imposant wie die Landschaft zu beiden Seiten der Elbe ist die bizarre Felsenwelt, die Sie besonders gut vom Areal der Felsenburg Neurathen und von der Basteibrücke aus betrachten können. Vielleicht schmeckt Ihnen Ihr Mittagessen oder ein kühles Bierchen hier oben besonders gut, wenn Sie dabei den Bergsteigern zusehen, die sich gerade an einer der senkrechten Wände mühen. Aber Vorsicht – mit dem Bier! Denn nun müssen Sie sich mühen ... immerhin etwa 700 Stufen sind in den Schwedenlöchern, wenn auch nur abwärts, zu bewältigen. Aber im Amselgrund ist es schön kühl, und am Amselsee verspüren Sie vielleicht schon Lust auf eine Kahnpartie. Oder lieber noch ein Bier? Nun kann es nicht mehr viel schaden, denn es sind ja nur ein paar hundert Meter bis zur Schiffsanlegestelle in Rathen. Und wenn Sie dann auf dem „Elbkahn" beschaulich zurück nach Dresden reisen, dann sehen Sie links und rechts der Elbe ganz reizende Fleckchen Erde – eine wunderschöne Landschaft!

Und (fast) überall können Sie dort mit unserem Führer wandern!

Tourenlänge:	5 km
Höhenmeter Aufstieg:	210 m
Höhenmeter Abstieg:	210 m
Schwierigkeitsgrad:	**
Wegdauer:	2,5 h
Ausgangs- und Endpunkt:	Rathen, Schiffsanlegestelle Weiße Flotte, DR (Bhf. andere Flußseite; Fährbetrieb). Achtung: Rathen ist mit Pkw nicht direkt zu erreichen; Parkplatz auf linker Elbseite; Fährbetrieb

Wegbeschreibung

Von der Schiffsanlegestelle gehen wir in den hübschen Ort, der zu jeder Jahreszeit von zahlreichen Touristen belebt wird. Nach etwa 200 m biegen wir links ab. Hinweisschilder weisen uns hier und auf der gesamten Tour den Weg; außerdem können wir uns bis zum Erreichen des Amselgrundes nach dem Abstieg durch die Schwedenlöcher nach der Markierung „Blauer Strich" richten. Noch im Ort biegen wir erneut links ab und steigen nun – manchmal ziemlich steil – bergauf. Am Tiedgestein, etwas links von unserem Weg, bietet eine Aussichtskanzel einen ersten Blick auf das Elbtal. Ein Stück aufwärts und wiederum etwas links vom Weg die untere Basteiaussicht; wie bei allen Aussichtspunkten im Basteigebiet ist auch hier der Besucher durch Geländer gut gesichert. Vorbei an der *Felsenburg Neurathen* gelangen wir über die Basteibrücke zur (oberen) *Basteiaussicht*. Rechts vom Weg lohnt noch der kleine Abstecher zur Ferdinandsaussicht mit Blick in den Wehlgrund.

In der eindrucksvollen Felsenwelt läßt sich der Mönch, ein beliebter Kletterfelsen, anhand der Figur auf seinem Gipfel lokalisieren.

Der Weg führt zwischen den Gebäuden der „Basteigastronomie" zum Parkplatz, biegt direkt vor diesem nach rechts ab. Bis zur Schutzhütte am Einstieg in die Schwedenlöcher ist der Weg eben, führt aber dann steil – meist auf Stufen (Felsstufen bzw. Eisenstiegen) – durch die romantische Schlucht zum Amselgrund. Hier biegt die Markierung „Blauer Strich" nach links (talauf wird nach ca. 350 m der Amselfall erreicht), unser Weg führt talab nach rechts zum Amselsee (Bootsausleihe), der von Kletterfelsen (Lokomotive, Lamm, Honigsteine) überragt wird. Weiter im Talgrund kommen wir, vorbei an der Station des Bergunfalldienstes, in wenigen Minuten nach Rathen.

Besonderheiten

① *Felsenburg Neurathen*; vermutlich im 13. Jh. durch böhmische Ritter auf ca. 100 × 200 m Fläche auf bis zu 60 m steil abfallenden Felsen errichtet. 1469 Belagerung durch Truppen des sächsischen Kurfürsten; seitdem Verfall. Besuch der Anlage empfehlenswert.

② *Bastei*; berühmter Aussichtspunkt der Sächsischen Schweiz; seit Anfang des 19. Jh. touristisch erschlossen. Die steinerne Basteibrücke wurde 1850–51 in ihrer heutigen Gestalt erbaut.

Tour 1

Notizen zur Tour:

Tour 1 Kartengrundlage: gescannter Ausschnitt aus der Topographischen Karte 1:25000 Blatt AV 1310-11, herausgegeben vom Landesvermessungsamt Sachsen, Olbrichtsplatz 3, O-8060 Dresden.

Thematisch ergänzt durch den Elster Verlag.

Zünftig anmarschiert und die Festung erstürmt

Die Wanderung führt auf eine für Touristen ungewöhnliche, für Wanderer aber recht zünftige Weise auf dem Fernwanderweg Eisennach-Budapest (EB) vom Osterzgebirge in die Sächsische Schweiz. Auf weiten, stillen und bequemen Waldwegen, vorbei an den Kletterfelsen des Bielatales, gelangen wir schließlich zur Festung Königstein, die landschaftlich und kulturhistorisch ihrem Namen alle Ehre macht.

Tourenlänge:	20 km
Höhenmeter Aufstieg:	330 m
Höhenmeter Abstieg:	580 m
Schwierigkeitsgrad:	**
Wegdauer:	5,5 h
Ausgangspunkt:	Bahratal, OT. Markersbach; Kirche, Bus
Endpunkt:	Königstein (Stadt); DR, Bus, Weiße Flotte

Wegbeschreibung
Der EB-Fernwanderweg, den wir auf der gesamten Tagestour benutzen, ist durchweg mit der Markierung „Blauer Strich" gekennzeichnet. Er führt zunächst entlang der Bahra talwärts durch den langgestreckten Ort. Kurz vor dem rechts an der Straße stehenden Gasthof „Zur Linde" gehen wir auf der Alten Rosenthaler Straße nach rechts, ostwärts über die Bahra bergauf zum Wald. Nach einem langen Waldstück senkt sich der Weg ins Bielatal – wir sind mitten in einem vielgenutzten Klettergebiet mit zahlreichen *Sandsteinfelsen*. Entlang der Biela geht es talab in nördlicher Richtung. Im Bielataler OT Brausenstein interessiert das *TD Hochofen*, 1 km dahinter biegen wir im OT Hermsdorf halblinks auf einer Straße ab, die aus dem Tal herausführt. Hermsdorf verlassen wir, weiter in nördlicher Richtung wandernd, und gelangen nach etwa 500 m zum Bernhardstein, nach weiteren 750 m weist uns an einer Schutzhütte ein Schild den Weg zu einem Abstecher nach links in das *Labyrinth*. Von der Schutzhütte geht es östlich auf einem Pfad bergab zur Hirschstange, einem asphaltierten Forstweg. Nach 3 km wird eine Straße überquert, gegenüber geht es scharf rechts auf einem Asphaltweg bergauf. Achtung, etwa 3 km keine Markierung, Weg nicht verlassen! Nach Wiedereinsetzen der Markierung noch 300 m dem Waldweg folgen zum Parkplatz unterhalb der Festung *Königstein*. Die Markierung „Roter Punkt" führt zur Festung; der Latzweg – wieder mit dem „Blauen Strich" ost- und abwärts zur Stadt Königstein.

Besonderheiten

① Der *Internationale Bergwanderweg der Freundschaft Eisenach-Budapest*, so die offizielle Bezeichnung für den einzigen Fernwanderweg mit Anschluß über die Grenzen der ehemaligen DDR, allgemein als EB bezeichnet, führt von Eisenach über den Rennsteig zur Bleilochtalsperre und durchzieht Sachsen vom Vogtland über das Erzgebirge. Bei Schmilka verläßt die Sächsische Schweiz Sachsen und damit Deutschland in Richtung ČSFR. Von seinen 703 „deutschen" Kilometern verlaufen 423 in Sachsen, 64 davon (ohne Berücksichtigung der längeren Wegstrecken durch An- und Abstiege) werden in unserem Führer in 3 Touren vorgestellt.

② Markante *Sandsteinfelsen* des Bielatales sind die Herkulessäulen, die wir beim Erreichen der Biela halbrechts sehen, weitere 200 Kletterfelsen stehen hier im oberen Bielatal den Bergsteigern zur Verfügung. Das Bergsteigen im Elbsandsteingebirge hat in einer über 125jährigen Tradition ein eigenes Regelsystem mit strengen Bestimmungen für „sauberes" Klettern entwickelt.

3 Das *Technische Denkmal Hochofen*, um 1700 errichtet, gehörte zum Eisenhammer Brausenstein, der zwischen 1450 und 1720 Eisenerz von Berggießhübel verarbeitete. Hergestellt wurden hier hauptsächlich Gebrauchsgeräte, Kunsteisenplatten für Öfen und Kanonenkugeln für die Festung Königstein.

4 Das *Labyrinth* ist eine Kluft- und Einsturzhöhle in Verbindung mit anderen Verwitterungsformen des Sandsteins.

⑤ Der *Königstein* ragt als 361 m hohes Felsmassiv über Elbe und Ort Königstein auf. Die Anfänge einer Befestigung auf dem 9,5 ha umfassenden Plateau dieses für das Sandsteingebirge typischen Tafelberges reichen wohl ins 12. Jh. zurück, die erste sichere Erwähnung datiert von 1241. Seit Mitte des 16. Jh. erfolgte die regelrechte, den gesamten Felsen umfassende Befestigung. Mit dem Abteufen des 152,5 m tiefen Brunnens wurde 1562 begonnen, der Haupteingang entstand nach 1590, das Alte Zeughaus 1594, das Gardehaus (Kaserne) 1598 und die Christiansburg 1589 (später Friedrichsburg; 1721 verändert). Anfang des 17. Jh. wurden die Johann-Georgen-Burg (unter Verwendung der alten Kaiserburg), die Magdalenenburg sowie als letztes bedeutendes Werk auf der Festung der Johannessaal (Neues Zeughaus; 1631) errichtet. Die Garnisonskirche weist Reste aus dem 13. Jh. auf und wurde mehrfach, darunter besonders 1515 und 1631, umgebaut.

Tour 2

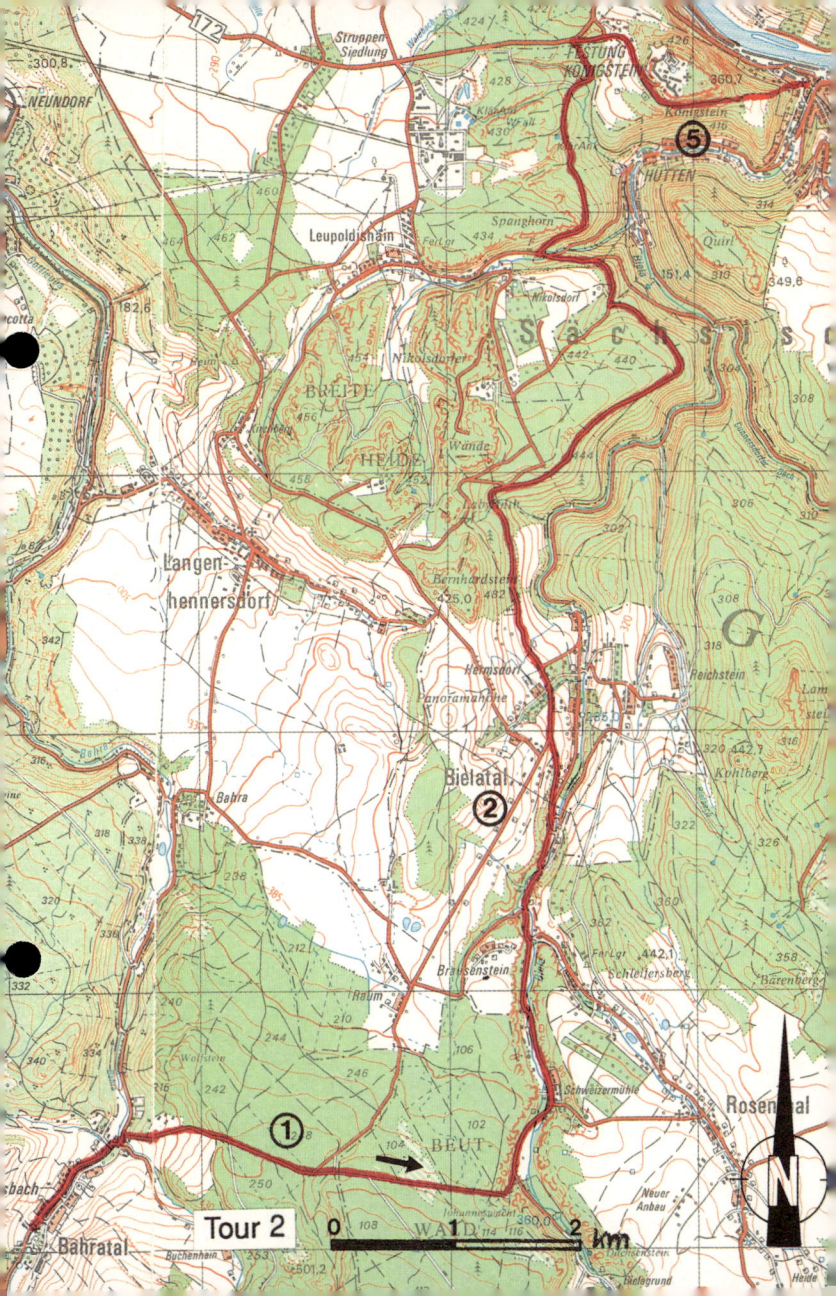

Große strategische Bedeutung besaß die Festung nie, dagegen war sie „Verwahrungsort" politischer und anderer Gefangener, Festplatz und zuweilen Fluchtort August des Starken. Viele Geschichten und Anekdoten ranken sich um den Königstein, nur vom 250000 Liter fassenden Weinfaß ist nichts mehr zu entdecken – und auf die Wiedergabe des in Wandererkreisen sehr beliebten Liedes „Auf der Festung Königstein ..." verzichtet der Autor aus Sittlichkeitsgründen! Jup heidi, tiralala ...

Tour 2 Kartengrundlage: gescannter Ausschnitt aus der Topographischen Karte 1:50000 Blatt AV 1310-1 und AV 1309-2, herausgegeben vom Landesvermessungsamt Sachsen, Olbrichtsplatz 3, O-8060 Dresden.

Thematisch ergänzt durch den Elster Verlag.

Meisterstück auf steinigem Grat

Kurz vor ihrem Austritt aus dem Sandsteingebirge wird die Elbe zu einer engen Schleife gezwungen, die das relativ kleine Wandergebiet dieser Tour praktisch von 3 Seiten mit Elbwasser umspült. Von den Besucherinvasionen auf die benachbarten Touristenattraktionen Bastei und Königstein verschont, gilt der Kammweg als einer der schönsten und im Sinne des Wortes aussichtsreichsten Wege der „Schweiz" – ein Geheimtip für Wanderer!

Tourenlänge:	12 km
Höhenmeter Aufstieg:	410 m
Höhenmeter Abstieg:	410 m
Schwierigkeitsgrad:	**
Wegdauer:	4 h
Ausgangspunkt:	Stadt Wehlen, Bahnhof DR und Weiße Flotte, Bus (andere Flußseite; Fährbetrieb)
Endpunkt:	Stadt Wehlen; Beginn bzw. Abschluß der Wanderung ist z. B. auch von Rathen, vom Parkplatz unterhalb des Königsteins u. a. möglich.

Wegbeschreibung
Der auf der linken Elbseite liegende Bahnhof Stadt Wehlen ist Ausgangspunkt der Wanderung. Am Bahnhof überschreiten wir die Gleise und gehen wenige Schritte auf der Straße nach links. Die Markierung „Roter Strich" führt ziemlich steil nach rechts, hangauf. Nach Erreichen und Überschreiten der oberen Dorfstraße führt der Weg links an den Siedlergrundstücken vorbei und im Damengrund aufwärts. Bei Austritt aus dem bewaldeten Grund wird am oberen Ortsausgang von Naundorf ein breiter Fahrweg erreicht. Ab hier orientieren wir uns nach der Markierung „Roter Punkt", die den Fahrweg halblinks verläßt und am Hang des Kleinen *Bärensteins* zunächst aufwärts, dann sanft und später steil abwärts zur Straße Struppen-Weißig und – nun wieder sanfter – weiter nach Thürmsdorf führt. Auf der Dorfstraße geht es nach links zum unteren Teil des Dorfes, wo wir uns anhand der Hinweisschilder (Weißig; Rauenstein) orientieren. Der Weg führt nach links aufwärts aus dem Dorf und über die elbnahe Hochfläche – bis 150 m über dem Elbspiegel gelegen – in das Dorf Weißig. An der Nordwestseite des Ortes zweigt der Wanderweg von der Dorfstraße halbrechts ab und führt zum Rauenstein. Mit der Markierung „Gelber Strich" erreichen wir nach steilem Aufstieg (Stufen, Eisenstiegen; gut gesichert) den Kammweg. Der gleichfalls gut gesicherte Weg auf dem zerklüfteten *Grat*

des Rauensteines ist ein Meisterstück der Wegebauer. Der „Gelbe Strich" bringt uns auf der Westseite des Rauensteines bergab nach *Pötzscha* und zum Ausgangspunkt der Wanderung am Bahnhof Stadt Wehlen zurück.

Besonderheiten

① Die Namensgebung für den Großen *Bärenstein* (329 m) und den 9 m höheren Kleinen Bärenstein irritiert selbst einige Kenner der Bergwelt bis heute. Grundlage für die „verkehrten" Bezeichnungen aber war sicher nicht die Höhe, sondern die Ausdehnung der Steine, vielleicht auch die Wirkung aus der Talsicht. Beide Bärensteine sind begehbar und bieten gute Aussicht, auf die bei unserer Tour jedoch zugunsten der herrlichen Aussicht vom Rauenstein verzichtet wurde. Doch wer will, kann: Vom beschriebenen Wanderweg führt ein ausgeschilderter Weg auf den Kleinen Bärenstein; den Großen Bärenstein erreicht man auf dem breiten Fahrweg, vom Ortsausgang Naundorf weiter der Markierung „Roter Strich" folgend. Nach etwa 650 m führt ein unmarkierter und unscheinbarer, obendrein ziemlich steiler Pfad links ab und zum Gipfel. Auf gleichem Pfad geht es zurück zum markierten Fahrweg; unter Verzicht auf Teile der weiteren Wanderstrecke kann man auf dem mit dem „Roten Strich" markierten Weg weiter in zunächst östlicher Richtung schnell zum Aufstieg auf den Rauenstein gelangen.

② Der *Grat des Rauensteines* wurde 1885 eröffnet, das Gasthaus 1893 erbaut. Der gut gesicherte Gratweg erschließt mit Stufen, Eisenstiegen und Brücken den zerklüfteten Kamm des Rauensteines auf der gesamten Länge und überwindet dabei zahlreiche Felsblöcke und -klüfte.

③ In *Pötzscha*, einem Ortsteil von Naundorf, ist dem Maler Robert Sterl in dem Haus, das er von 1919 bis zu seinem Tode im Jahre 1932 bewohnte, eine Ausstelllung und Gedenkstätte gewidmet. Der 1867 geborene Sterl gilt als Vertreter des deutschen Spätimpressionismus. Häufiges Motiv seiner Arbeiten sind die Steinbrucharbeiter der umliegenden Sandsteinbrüche, so auf dem Steinbrecher-Bild in der Galerie „Neue Meister" in Dresden. Das Robert-Sterl-Haus befindet sich in der Kehre der Dorfstraße, links von der Einmündung des Abstiegs vom Rauenstein auf die Dorfstraße in Pötzscha.

Tour 3

Notizen zur Tour:

_____

_____

_____

_____

_____

_____

_____

_____

_____

_____

_____

_____

_____

_____

_____

_____

_____

_____

_____

_____

_____

_____

Tour 3 Kartengrundlage: gescannter Ausschnitt aus der Topographischen Karte 1:25000 Blatt AV 1310-11, herausgegeben vom Landesvermessungsamt Sachsen, Olbrichtsplatz 3, O-8060 Dresden.

Thematisch ergänzt durch den Elster Verlag.

Auch für Bergsteiger tabu: Jungfer Bärbel 4

Mit dieser Tour erschließt sich ein linkselbisches Teilstück der Sächsischen Schweiz südlich von Königstein. Mal auf stillen, weichen Waldwegen, mal auf steinigen und steilen Anstiegen führt uns die Route an und auf einen der markantesten Tafelberge und zur Barbarine, der sagenumwobenen „Jungfer" Bärbel, die sich den Bergsteigern trotz deren aufopferungsvollen Dienstes seit Jahrzehnten versagt.

Tourenlänge:	12 km
Höhenmeter Aufstieg:	420 m
Höhenmeter Abstieg:	420 m
Schwierigkeitsgrad:	**
Wegdauer:	4 h
Ausgangspunkt:	Königstein (Stadt), Bahnhof DR, Bus, Weiße Flotte
Endpunkt:	Königstein (Stadt)

Wegbeschreibung
Vom Bahnhof gehen wir ortseinwärts auf der am östlichen Ufer entlang führenden Bielastraße und folgen der Markierung „Roter Punkt", die uns halblinks auf der Straße nach Cunnersdorf aus dem Tal führt. An der Linkskehre der Straße verlassen wir diese und steigen im Wald zuerst mäßig, nach der Linkskehre des Weges dann zügig zum Waldrand und danach rechts bis an den Fuß der Gipfelfelsen des *Quirl*. Zu Füßen der Felswand umrunden wir fast das gesamte ausgedehnte Massiv ohne größere Höhenunterschiede und können an den Felsen interessante Verwitterungsformen beobachten. An der Südostkante des Quirl steigen wir wenige Meter ab zum bequemen Weg zum *Fuß des Pfaffensteines*. Mit dem Aufstieg zum *Pfaffenstein* erreichen wir den Höhepunkt der Tour – im direkten und im übertragenen Wortsinn. Vom Gipfel genießen wir eine herrliche Aussicht; versäumen Sie nicht den Blick auf die *Barbarine* von der Südspitze! Beim Auf- und Abstieg können wir – bei gleichem Ausgangs- bzw. Endpunkt am Bergfuß und an der Gaststätte auf dem Plateau – zwischen dem steilen Weg durch eine enge Klamm und einem etwas bequemeren Weg wählen.

Am Fuße des Pfaffensteines gehen wir weiter dem „Roten Punkt" nach, bis nach 1,5 km in einer Talsenke ein Wanderweg mit der Markierung „Grüner Strich" nach links und auf eine kleine Straße führt. Von der Straße haben wir zur Linken den Pfaffenstein und die Barbarine im Blickfeld. Nach ca. 500 m verläßt der Wanderweg die Straße und steigt halbrechts im Wald hangauf. Nach dem Abstieg zur Straße Pfaffendorf-Gohrisch (schöner Blick auf die Festung Königstein) führt der Weg ca. 20 m nach links versetzt auf der anderen Straßenseite am Waldrand oberhalb Pfaffendorfes entlang zur Schönen Aussicht. Der Abstieg nach Königstein kann von hier aus über einen ziemlich steilen Pfad, bei Nässe oder gar Eisglätte aber auf dem etwas längeren und bequemeren, markierten Wanderweg erfolgen. Beim Abstieg auf dem Pfad setzt sich der Weg nach Einmünden auf die obere Straße an der rechten Ecke des gegenüberliegenden Grundstücks fort. Im Ort erreichen wir an der Biela wieder den Einstieg der Route.

Besonderheiten

① Die Diebshöhle am *Quirl*, etwas links vom Weg zu erkennen, verdankt ihre Entstehung der tiefen Auswitterung weniger widerstandsfähiger Gesteinsschichten im unteren Bereich der Felsen.

② Am *Fuße des Pfaffensteines* berührt der Aufstieg an der Westseite einen bronzezeitlichen Ringwall. Die vorgeschichtliche Anwesenheit des Menschen auch auf dem Gipfelplateau ist durch Funde nachgewiesen.

③ Der *Pfaffenstein* wurde Mitte des vorigen Jahrhunderts erschlossen, die Berggaststätte besteht seit 1880, der Aussichtsturm seit 1908. Daß das Gipfelplateau des „Tafelberges" alles andere als eine Tafel ist, beweisen die 31 Klettergipfel des Massivs mit über 400 verschiedenen Aufstiegen. Nicht dazu gehört der „Aufstieg" durch das berühmte Nadelöhr an der Nordseite des Pfaffensteines, den unser Weg nicht berührt.

④ Die *Barbarine*, markante Felsnadel an der Südspitze des Pfaffenstein-Plateaus, ragt gut 42 m freistehend und fast senkrecht in die Höhe. Ihre Form war Anlaß für Sagen und zog die Bergsteiger an, was der Barbarine zunächst nicht gut bekam. Jungfer (nach ihrer sagenhaften Entstehung) Bärbel – wie dieses Wahrzeichen der Sächsischen Schweiz von den Bergfreunden liebevoll genannt wird – zeigte durch natürliche Erosion und den häufigen Umgang mit Bergsteigern arge Schwächen. Mit aufopferungsvollen Sanierungsarbeiten in den Jahren 1946, 1964 und 1979 sowie einem totalen Kletterverbot seit 1975 wurde das einzigartige Felsgebilde (vorläufig) gerettet.

⑤ Der Ort *Königstein*, 1379 erwähnt, stand über Jahrhunderte in Abhängigkeit von der Burg und wurde z. B. 1639 durch Schweden, die an der Festung scheiterten, „ersatzweise" niedergebrannt. Sehenswert ist die Stadtkirche, 1720–24 erbaut und mit der Innenausstattung von

Tour 4

Map labels:
- KÖNIGSTEIN
- Drei-Tuten-Weg
- 190,5
- 198,8
- 314
- Diebshöhle
- Quirl
- Sterlsche Höhle
- ① 349,6
- Oberer Kohlweg
- Unterer Kohlweg
- eselweg
- 174,3
- Flügel H 304
- 308
- Günnersdorfer Bach
- Kirchleitenweg
- 299,0
- 368
- Pfaffendorf
- Heideberg
- 329,4
- 246,0
- Königsweg
- 318,2
- Nadelöhr
- ② AT 316 ③ Pfaffenstein
- KD Ringwall
- 434,6 ④ Barbarine
- 306
- 302,2
- 206,4 Ladebergbrücke Unt. Kohlweg
- 210,0
- 354
- 460
- 261,2
- 310
- 317,2
- Oberer Fleischerweg
- Cunnersdorfer Straße
- Köhlerbrunnen
- 312
- 308
- 352
- Ladeweg
- Katzenkopfweg
- 290,4 288,2
- Hüttenhopfweg
- 458
- Niedere Fl...erweg
- 9,4
- 424,9
- Großer Eichberg
- Spitzer Stein
- 409,7

Landschaftsschutz

Tour 4   0 ——— 1 km

George Bähr (siehe dazu Wanderung 8 – Stadtkirche Hohnstein) versehen; nach Brand und Umbau stark verändert. Von 1727 stammt die Distanzsäule der kursächsischen Post, interessant auch die Hochwassermarken, z. B. am Eckhaus Pirnaer Str. 5 unterhalb der Kirche.

Tour 4 Kartengrundlage: gescannter Ausschnitt aus der Topographischen Karte 1:25000 mit Wanderwegen Blatt 44, herausgegeben vom Landesvermessungsamt Sachsen, Olbrichtsplatz 3, O-8060 Dresden.

Thematisch ergänzt durch den Elster Verlag.

In memoriam Karl Josef F.

Diese Wanderung führt in das linkselbische Gebiet der Sächsischen Schweiz südlich vom Pfaffenstein, also der in Wanderung 4 vorgestellten Route. Aus der nach Süden zu ansteigenden Hochfläche ragen die „Steine" weniger spektakulär als in Elbnähe hervor. Das große geschlossene Waldgebiet ermöglicht weite, erholsame Touren; gelegentliche Aufstiege mit schönen Aussichten bieten Abwechslung. Keine Kneipe – keine Touristen. Leicht möglich, daß uns auf der gesamten Tour nur Karl Josef F. begegnet ...

Tourenlänge:	13 km
Höhenmeter Aufstieg:	330 m
Höhenmeter Abstieg:	325 m
Schwierigkeitsgrad:	**
Wegdauer:	4 h
Ausgangspunkt:	Cunnersdorf, Ortsmitte; Bus
Endpunkt:	Cunnersdorf, Ortsmitte; Bus

Wegbeschreibung

Cunnersdorf, wohl eines der schönsten Dörfer auf der linkselbischen Seite der Sächsischen Schweiz, ist Ausgangspunkt dieser Rundwanderung. Im oberen Teil des Ortes, am Alten Mühlenwehr des Cunnersdorfer Baches, beginnt der hiesige Natur- (und kulturgeschichtliche) Lehrpfad, den wir zu großen Teilen in die Wanderung einbeziehen. Dazu verlassen wir das Dorf, nach Südwesten zum Wald aufsteigend. Der Lehrpfad ist markiert mit „Grüner Diagonalstrich" und bis zur nächsten Wanderweg-Kreuzung mit „Roter Strich". Nach dem Anstieg im Wald biegen wir (mit dem Lehrpfad) halbrechts auf den kreuzenden Spitzsteinweg („Grüner Punkt"). Nach etwa 300 m gelangen wir an eine nach links ansteigende Lichtung, an deren Ende der Weg nach links steil zum Katzstein aufsteigt (Hinweisschild). Am Fuße des Katzsteinfelsens finden wir die Lehrpfad-Tafel, die dem „Titelhelden" unserer Tour *Karl Josef Focke* gewidmet ist. Kurz dahinter der Aufstieg zum Katzstein, auf dessen zerklüftetem Grad der (sichere) Weg jetzt auf etwa 500 m verläuft. Im hinteren Drittel sitzt dem Katzstein (444 m) der Katzfels (473 m) auf. Auf einer Eisenleiter ist der steile Fels mit seiner prächtigen Aussicht zu erklimmen. Unterhalb des Katzfelses folgen wir den Schildern „Rotstein" bzw. „Rosenthal" und bleiben zunächst auf dem langgestreckten Bergrücken. Am Hangweg weist das Schild „Schneebergblick" auf einen Aussichtspunkt etwas abseits vom Wanderweg. Unser Weg wechselt zwischen aufragendem Fels die Hangseite und führt nun sanft absteigend auf einen breiten Forstweg. Die Wegweiser („Rotstein", „Rosenthal") lassen die Wahl zwischen zwei sich hier gabelnden Wegen – auf beiden kann der Rotstein erreicht werden. Wir gehen den Weg rechts, bis nach mäßigem Anstieg der Weg wieder abwärts führt. An dieser Stelle führt ein Trampelpfad nach links aufwärts zum *Rotstein*. Ein Pfad führt auf der Südseite hangab auf einen breiten Forstweg. Auf diesem geht es im spitzen Winkel nach rechts (nördlich). Der Forstweg verläuft größtenteils eben, aber in weitem Bogen dem Landschaftsprofil angepaßt, fällt zum asphaltierten Pechweg ab und steigt auf der Gegenseite wieder auf gleiche Höhe. Beim Übergang des gesplitteten Forstweges in einen unbefestigten Weg mit Pflanzenbewuchs nach halbrechts aufwärts abzweigen (Markierung „Gelber Strich", Hinweis „Spitzstein"). Sie folgen einem verwachsenen Pfad, später einem stärker ansteigenden Weg aufwärts bis zum Hinweisschild „Spitzstein". Etwas abseits vom Wanderweg liegt der Spitzstein, dessen sehr schöne Aussicht nach einem Aufstieg über Eisenleitern zu genießen ist. Zurück zum Wanderweg und weiter in bisheriger Richtung, in der wir bald auf den *Cunnersdorfer Lehrpfad* und die Markierung „Grüner Punkt" treffen. Beiden folgen wir, vorbei am Aufstieg zum Katzfels und etwa 350 m auf dem zurückgelegten Weg bis zur Gabelung der Wanderwege. Dort geradeaus (Lehrpfad und „Grüner Punkt"), dann nach rechts absteigen in das Tal des Cunnersdorfer Baches und diesen entlang vorbei am Freibad in das Dorf.

Besonderheiten

① *Karl Josef Focke* aus Schneeberg, der „letzte Wilderer unseres Waldgebietes" wurde am 18. 10. 1887 erschossen. Von der Tafel schaut ein wilder, aber sehr sympathisch wirkender Kerl herab; der dazugehörige sentimentale Vers läßt uns spontan zum Parteigänger Fockes werden!

② Der *Rotstein*, 458 m hoch, ein sehr zerklüfteter Gipfelfels. Die nicht sehr hohen Felsen werden rundum von Bäumen überragt. Das Gestein ist eisenhaltig, wodurch Färbungen von gelb bis schwarz auftreten und insgesamt ein ockerfarbenes Erscheinungsbild entsteht.

③ Der *Cunnersdorfer Naturlehrpfad* weist auf ca. 6,5 km Länge 40 Tafeln mit natur- und heimatkundlichen Erläuterungen auf.

Neben anderen interessanten Hinweisen wird der Wanderer am „Signal" (Die Aussicht an der Nordspitze des Katzsteins war ein Waldbrandwachpunkt) über die im Blickfeld liegenden Gipfel und Felsformationen informiert, erfährt an den „Wabenwänden" die Wirkungsweise dieser speziellen Verwitterungsform, am Katzfels die Deutung des Namens und erhält zahlreiche Informationen über Pflanzen und Tiere, forstliche Belange und Tätigkeiten.

Tour 5

In Cunnersdorf befinden sich weitere Stationen des Lehrpfades außerhalb des vorgeschlagenen Wanderweges, aber auch andere sehenswerte und meist gut beschilderte Objekte. So u. a. der Friesenhof (Altes Lehngericht, seit 1604 als „Forsthaus" Sitz einer Oberforstmeisterei), das Kreß'sche Gut (mit Brauerei und Hundezwinger, der von 1586 bis 1840 für die Jagdhunde der kurfürstlichen und königlichen Hofhaltung genutzt wurde; zuletzt Oberförsterei) sowie die liebevoll eingerichtete Heimatstube.

Tour 5 Kartengrundlage: gescannter Ausschnitt aus der Topographischen Karte 1:25000 mit Wanderwegen Blatt 44, herausgegeben vom Landesvermessungsamt Sachsen, Olbrichtsplatz 3, O-8060 Dresden.

Thematisch ergänzt durch den Elster Verlag.

Trunken das Auge ... und naß die Füße 6

Mit dieser Wanderung wird der Mittelteil der linkselbischen Sächsischen Schweiz um Krippen, Papstdorf, Cunnersdorf und Kleingießhübel erschlossen. Wieder sind einige „Steine" zu erklettern, wieder erwarten den Wanderer herrliche Aussichten, so daß durchaus zutrifft, was das Motto ankündigt: Trunken das Auge! Und die nassen Füße holt man sich allemal, wenn die Route auf wenig begangenen, verwachsenen Wegen zum nächsten „Höhepunkt" führt.

Tourenlänge: 19 km
Höhenunterschied: ca. 570 m (ohne Aufstieg zum Gohrisch)
Schwierigkeitsgrad: **
Wegdauer: 5 h
Ausgangs- und Endpunkt: Krippen, Bahnhof (Hp); DR, Bus, Weiße Flotte

Wegbeschreibung
Vom Eisenbahnhaltepunkt Krippen gehen wir auf der Straße zum Ort (östlich) und durchwandern diesen bachaufwärts. Nach Einbiegen auf die Straße nach Kleinhennersdorf zweigt nach ca. 200 m halblinks der Wanderweg „Roter Punkt" ab, der sich wenig später gabelt. Der Weg rechts führt vorbei an der Liethenmühle nach Kleinhennersdorf und weiter – zuletzt auf der Straße – nach Papstdorf. Im unteren Ortsteil verläßt der Weg die Straße nach rechts (Hinweisschilder und Markierung beachten) und führt, steiler werdend, zum *Papststein*. Auf Markierung achten (bei Zweifel: steileren Weg wählen)!

Zwischen Fels und Gaststätte beginnt der steile Abstieg zur Fahrstraße und dem Parkplatz im Sattel zwischen Papststein und Gohrisch. Von hier aus ist ein Abstecher zum Gipfel des Gohrisch möglich.

Von der Straße, die in südlicher Richtung links vom Gohrisch verläuft, zweigt nach knapp 600 m der Weg (Markierung jetzt „Gelber Strich") nach links abwärts (stark verwachsener Weg) nach *Cunnersdorf* ab.

Durch das Dorf aufwärts (östlich) gehen, Markierung „Grüner Strich" bis zur Busendstelle folgen. Hinweisschilder beachten! Der Weg steigt zum Waldrand auf, führt diesen entlang und fällt dann wieder, auf einem alten Fahrweg halblinks etwas in entgegengesetzte Richtung führend, zur Straße ab. Auf dieser ein Stückchen nach rechts (bis zum Beginn der buschbestandenen linken Straßenseite), dann auf dem Pfad halblinks zur Forstmühle absteigen. Auf der Straße abwärts, an der Straßengabelung in Kleingießhübel nach links (Straße nach Krippen) weiter abwärts gehen. Direkt am Ortsausgang (Ortsschild, Markierung jetzt „Roter Punkt") links über den Bach und, den Pfad am Hang wechselnd, steil ansteigen. Nach dem Anstieg mündet der Pfad auf einen breiten Forstweg, den wir nach rechts gehen (Hinweisschild: „Kohlbornstein, Krippen, Liethenmühle"). Der bequeme Weg führt in weitem Bogen um den Hinteren *Lasenstein*. An der Gabelung des Forstweges links (leicht ansteigend) halten. Am Rastplatz („Futterraufe") im Sattel zwischen Vorderem Lasenstein und Kohlbornstein den markierten Wanderweg verlassen und zum *Kohlbornstein* aufsteigen. Zurück zum Rastplatz und weiter auf Weg „Roter Punkt" abwärts nach *Krippen*.

Besonderheiten

① *Papststein*, 451 m; zwei steile Aufgänge, die auf dem Gipfel befindliche Gaststätte wird mittels Lastenaufzug versorgt.

Der (häßliche) Turm auf dem Gipfel dient als Feuerwache und ist dem Besucher nicht zugänglich; die Aussicht vom gut gesicherten Fels ist aber schön.

Am Fuß des Papststeines weist eine Tafel auf den gewaltigen Felssturz an der Südostwand im Jahre 1972 hin (siehe auch Anmerkung (9) zur Geologie des Wandergebietes). Interessante Verwitterungsformen treten am Fels beim Auf- und Abstieg überall in Erscheinung.

② *Cunnersdorf* (siehe Wanderung 5)

③ Die drei *Lasensteine*, die bei der Wanderung in der Reihenfolge Hinterer (363 m), Mittlerer (385 m) und Vorderer (398 m) Lasenstein tangiert werden, sind auf unmarkierten Pfaden begehbar, der Aufstieg ist aber nicht lohnend.

④ Der *Kohlbornstein* (372 m) setzt den durch die Lasensteine gebildeten Felsrücken zur Elbe hin fort und schließt ihn ab. Durch den Steilabfall nach 3 Seiten, vor allem aber zur Elbe hin, bietet er im Gegensatz zu den Lasensteinen eine phantastische Sicht auf das Gebirge. Eine Tafel auf dem Gipfel verzeichnet 47 Aussichtspunkte.

⑤ *Krippen*; der kleine Ort liegt an der Mündung des Krippenbaches in die Elbe. Hinweistafeln weisen im Ort auf historische, kulturgeschichtliche und geologische Besonderheiten hin. Ein kleines Museum ist Friedrich Gottlob Keller und seiner Erfindung, der Holzschliff-Technik, gewidmet, die zur umwälzenden Veränderung in der Papierherstellung führte.

Tour 6

Notizen zur Tour:

Tour 6 Kartengrundlage: gescannter Ausschnitt aus der Topographischen Karte 1:25000 mit Wanderwegen Blatt 44 und 45, herausgegeben vom Landesvermessungsamt Sachsen, Olbrichtsplatz 3, O-8060 Dresden.

Thematisch ergänzt durch den Elster Verlag.

Zum Größten der sächsischen Schweizer 7

Im südlichsten Gebiet der Sächsischen Schweiz ziehen sich ausgedehnte Wälder entlang der Grenze zur ČSFR. Sie werden überragt von der höchsten Erhebung im sächsischen Teil des Gebirges, dem Großen Zschirnstein (560 m) und seinem Pendant, dem 473 m hohen Kleinen Zschirnstein. Im elbnahen Teil der Wanderung sind Kaiserkrone und Zirkelstein zu „erklettern".

Tourenlänge:	21 km
Höhenunterschied:	etwa 580 m
Schwierigkeitsgrad:	**
Wegdauer:	6 h
Ausgangs- und Endpunkt:	Schöna, Ortsmitte; Bus, DR, Weiße Flotte

Wegbeschreibung
Ausgangspunkt unserer letzten Wanderung im linkselbischen Sandsteingebirge ist der kleine Ort Schöna, der zu Füßen der *Kaiserkrone* liegt. Ihr soll auch der erste Aufstieg der Tour gelten: Von der Ortsmitte erreichen wir nach wenigen Schritten auf der in östliche Richtung aufsteigenden Straße und noch vor den letzten Häusern des Dorfes den nach links ausgeschilderten Aufstieg zum Gipfel. Auf gleichem Weg geht's zur Ortsmitte zurück. Der gleichfalls ortsnahe Zirkelstein ist das nächste Ziel. Auf einem breiten Fahrweg verlassen wir Schöna in südöstlicher Richtung (Hinweisschilder, Markierung „Gelber Strich") und steigen nach wenigen Minuten bei Erreichen des bewaldeten Fußes links aufwärts. Der Aufstieg am Gipfelfels ist steil (z. T. Eisenstiegen), aber wie der Gipfel selbst gut gesichert. Der 385 m hohe *Zirkelstein* bietet völlig freistehend rundum eine schöne Aussicht, natürlich besonders imposant zur Elbseite. Wir steigen auf gleichem Weg zum Felsfuß (oberer Hangteil) ab und weiter hangab nach rechts, wo wir durch das Gelände der *Jugendherberge* auf der hinter dem Gebäude gelegenen Zufahrt wieder auf den Wanderweg stoßen. Auf diesem geht es zum nahen Wald, am Waldrand entlang bis zu einer Gartenkolonie. Davor etwa 80 m nach links setzt sich der Weg entlang den Gärten und durch den Wald in vorheriger Richtung auf 2,5 km kerzengerade fort, im letzten Teil unmarkiert, aber mit Hinweisschildern versehen.

Am Fuße des *Großen Zschirnsteins* nach rechts biegen und auf breitem Weg ansteigen zum Gipfel. Auf dem Pultdach des Großen Zschirnsteins gehen wir reichlich 1000 m (davon ca. 750 m auf dem Herweg) bis zum steilen Abstieg an der Nordseite (Markierung „Roter Punkt"). Markierung und Hinweisschilder geleiten uns auf teils bequemem, teils beschwerlichem

Weg abwärts nach Kleingießhübel. Im Ort an der Straßengabelung nach rechts und gleich hinter dem ersten Haus links biegen. Am Parkplatz gabelt sich der Weg, wir wandern den linken Weg (Dr.-Jacobi-Weg/Leichenweg; Schild „Reinhardtsdorf") durch offene Flur, nach Überschreiten eines Bächleins halblinks im Wald aufwärts und wieder durch offene Flur (prächtige Linde, schöner Blick auf Schrammsteine!) nach *Reinhardtsdorf* und auf der Straße in das angrenzende Schöna.

Besonderheiten

① *Kaiserkrone*, 351 m; der zerklüftete Gipfel weist 3 Felsgruppen (die Zakken der Krone) auf, die vom Plateau des Steins aus einzeln zu besteigen sind. Sie bieten bei guter Sicherung schöne Aussichten vor allem in Richtung Elbtal.

Beim Aufstieg sieht man rechts, etwas abseits vom Wege, eine mächtige Stele zur Erinnerung an die Opfer der Gemeinde im I. Weltkrieg.

② Der *Zirkelstein* hat das typische Erscheinungsbild der Tafelberge des Elbsandsteingebirges, ist allerdings – gemessen an den drei „Großen" (Lilien-, König- und Pfaffenstein) – eine Miniausgabe.

③ Die *Jugendherberge am Zirkelstein* wurde 1912–14 als erstes Naturfreundehaus Deutschlands gebaut. 1916 war die Herberge Treff der proletarischen Jugend Sachsens zum 1. Antikriegstag.

Zu den ursprünglich 90 Plätzen im Haus kamen 1973–76 weitere 60 Plätze in Bungalows hinzu. Der Wanderer findet hier nicht nur Quartier, sondern kann auch zu Mittag und zum Kaffee einkehren.

④ Der markante *Große Zschirnstein* ragt mit pultförmigem Aufbau nach Süden empor und weist dort imposante Steilabfälle (und natürlich gute Aussicht) auf. Mit 560,3 m (nach älteren Angaben 562 m) ist er die höchste Erhebung der Sächsischen Schweiz; nicht aber vom Elbsandsteingebirge, denn jenseits der Grenze schaut der Schneeberg (Dècinsky Snènik) mit seinen 726 m – obendrein von einem Aussichtsturm gekrönt – auf den größten sächsischen Schweizer herab.

Der benachbarte Kleine Zschirnstein (473 m) schiebt im Gegensatz zu seinem großen „Bruder" sein Pult nach Norden hoch hinaus und zeigt dort beachtliche Felswände.

⑤ Die *Reinhardtsdorfer Kirche* entstammt dem 16. und 17. Jh. Zur anziehenden Innenausstattung gehört ein Schnitzaltar von 1521.

Tour 7

Notizen zur Tour:

Tour 7 Kartengrundlage: gescannter Ausschnitt aus der Topographischen Karte 1:25000 mit Wanderwegen Blatt 45, herausgegeben vom Landesvermessungsamt Sachsen, Olbrichtsplatz 3, O-8060 Dresden.

Thematisch ergänzt durch den Elster Verlag.

König-, Lilien-, Hock-, Hohn- und andere Steine 8

Dieser 2. Abschnitt des EB im Gebiet der Sächsischen Schweiz hat es in sich. Den Wanderer erwarten einige strapaziöse An- und Abstiege, aber auch herrliche Landschaften, schöne Ausblicke und interessante historische Stätten. Das Tagesziel ist das hübsche und gemütliche Städtchen Hohnstein, hoch über dem Polenztal gelegen.

Tourenlänge:	21 km
Höhenmeter Aufstieg:	910 m
Höhenmeter Abstieg:	720 m
Schwierigkeitsgrad:	***
Wegdauer:	7 h
Ausgangspunkt:	Stadt Königstein; Anlegestelle der Fähre am rechten Elbufer; DR, Bus, Weiße Flotte
Endpunkt:	Hohnstein, Markt; Bus

Wegbeschreibung
Auf der Straße oberhalb der Fähranlegestelle gehen wir 30 m nach links und finden dort die Hinweisschilder „Lilienstein" und „EB" sowie die Markierung „Blauer Strich", nach der wir uns während der gesamten Tagestour richten.

Vom Elbspiegel bis zum 415 m hohen Gipfel des *Liliensteins* – den Tafelberg haben wir nach dem ersten Anstieg bald im Blickfeld – steigen wir nun ständig bergan und müssen über 300 m Anstieg, zuletzt über die Eisenstiegen des Südaufstiegs, bewältigen. Dafür haben wir von dem freistehenden Berg aus eine prächtige Aussicht. Der Abstieg erfolgt auf der Nordseite; am Fuß des Felsens gabelt sich der Weg, und wir gehen nach links (nördlich). Am Waldrand befindet sich etwas links vom Wanderweg der Franzosenborn (eine Tafel gibt Auskunft über die Namensgebung). Ein bequemer Weg führt zum Rand des Elbehochufers, wo wir über den Lottersteig zum Elbweg und nach Rathen gelangen.

Der weitere Weg zur Bastei und durch die *Schwedenlöcher* bis zum Amselgrund ist in Wanderung 1 beschrieben. Im Amselgrund wenden wir uns nach links und gelangen zum Amselfall. Ein langer Anstieg führt uns nach Rathewalde, auf der Straße gehen wir durch das Dorf und am oberen Ortsende auf einem Feldweg zum Hohburkersdorfer Rundblick in 395 m Höhe. Die schöne Aussicht nach allen Seiten ist wohl als Entschädigung für die nächste Wegstrecke gedacht: Nach kurzem Abstieg mündet der Weg auf eine befahrene Landstraße, die wir nach rechts auf knapp 2 km benutzen müssen. Bei trübem Wetter sollte man auf der Straße, die im oberen Teil von Rathewalde unseren Weg kreuzt, nach rechts gehen. Man verkürzt so die Strecke um knapp 2 km und kürzt das Laufen auf der Straße um die Hälfte ab. In beiden Fällen erreichen wir auf der Straße die Hocksteinschänke; vom etwas unterhalb der Gaststätte gelegenen Parkplatz führt der Weg zum *Hocknstein*. Jetzt verläuft unser Wanderweg auf dem Hohnsteiner Lehrpfad, und zahlreiche Texttafeln informieren über Interessantes am Weg, der zunächst steil zum Talgrund der Polenz absteigt. Im Grund nach rechts biegen und hinter dem letzten Grundstück links im Schindergraben aufwärts zur Stadt und Burg Hohnstein gehen.

Besonderheiten

① Der *Lilienstein* (415 m) ist durch seine Gestalt und seine Lage einer der markantesten Gipfel der Sächsischen Schweiz. Der typische Tafelberg ragt mit meist senkrechten Felswänden über die „Ebenheit" (Bezeichnung für die relativ ebenen Hochflächen des Gebirges). Funde belegen die Besiedlung des Liliensteines bereits in vorgeschichtlicher Zeit.

② *Schwedenlöcher:* Siehe dazu die Bemerkungen zur Wanderung 1.

③ Der steil aus dem Polenztal aufragende *Hockstein* war im 14./15. Jh. befestigt.

④ *Hohnstein* entstand als Siedlung im Schutz der Burg wohl im 14. Jh. und wird 1445 erstmals als „Städtchen" erwähnt. Trotz seiner Funktion als Verwaltungssitz des kursächsischen Amtes Hohnstein erhielt Hohnstein – wohl der verkehrsungünstigen Lage wegen – bis heute seinen Charakter als industriefreies „Städtchen". Neben der Stadtkirche, 1725/26 von George Bähr (Als Dresdner Ratszimmermann war er auch Erbauer der berühmten Frauenkirche in der Residenzstadt) errichtet, sind ansehnliche Fachwerkbauten wie die Apotheke (1721) und das Rathaus (um 1688) erhalten. Vom Marktplatz führt die Zufahrt zur Burg.

⑤ *Burg Hohnstein* wurde vermutlich schon im 13. Jh. als böhmische Grenzfeste errichtet und war bei ihrer Ersterwähnung 1353 im Besitz des mächtigen böhmischen Adelsgeschlechts der Berken von der Duba. Die (damals) uneinnehmbare Burg ragt malerisch auf 90 m hohem Fels über dem Polenztal auf und läßt trotz starker Veränderungen durch Um- und Neubauten die ursprüngliche Anlage erkennen. Nach dem Verlust ihrer Schutzfunktion wurde die Burg gelegentlich als Jagdschloß, meist aber als Staatsgefängnis genutzt. Seit 1925 dient sie als Jugendherberge. 1933/34 war sie eines der ersten Konzentrationslager der Nationalsozialisten, in dem 143 Menschen starben.

Tour 8

Notizen zur Tour:

Tour 8 Kartengrundlage: gescannter Ausschnitt aus der Topographischen Karte 1:50000 Blatt AV 1310-1, herausgegeben vom Landesvermessungsamt Sachsen, Olbrichtsplatz 3, O-8060 Dresden.

Thematisch ergänzt durch den Elster Verlag.

Durch tiefe Schluchten und über freundliche Fluren 9

Eben noch in tiefen, feuchten Schluchten zwischen senkrechten Felsen, führt diese Wanderung wenig später durch freundliche Fluren; streift stattliche Dörfer, bietet uns gleich darauf hoch über dem Elbstrom herrliche Ausblicke und führt uns in ein anheimelndes Städtchen.

Tourenlänge:	14 km
Höhenunterschied:	ca. 140 m
Schwierigkeitsgrad:	*
Wegdauer:	3,5 h
Ausgangs- und Endpunkt:	Stadt Wehlen, Markt; Bus, Weiße Flotte, DR (übersetzen mit Fähre)

Wegbeschreibung
Den Markt des Städtchens verlassen wir an seiner Nordwestecke und gehen auf der Ostseite des bachdurchflossenen Talgrundes, jenseits der bald westwärts abbiegenden Lohmener Straße, in den Wehlender Grund. Der Wanderweg „Roter Punkt" führt uns rasch durch die romantische, von senkrechten Felsen begrenzte Schlucht zu einer Weitung an der Einmündung des *Teufelsgrundes* und dort nach rechts weiter bis zur nächsten Wegegabel. Dort zweigt der Weg, mit „Grünem Strich" markiert, links in den Uttewalder Grund ab und führt auf beinah 2 km durch diese auch für die Landschaft Sächsische Schweiz außergewöhnlich interessante und beeindruckende Schlucht. Nach Auslaufen der Schlucht steigt der Weg links ein kurzes Stück zum Waldrand auf und führt an diesem entlang nach *Lohmen*. Wir gehen genau westlich (keine Markierung) durch das langgestreckte Dorf und biegen auf der ersten Abzweigung hinter der Eisenbahnbrücke, kurz vor der Dorfkirche, nach links. Auf einer von Kastanien, dann von Obstbäumen bestandenen, desolaten alten Verbindungsstraße wandern wir durch offene Flur und erreichen das Dorf Wehlen an der Kirche. Halbrechts geht es wenige Meter zur Hauptstraße und diese links abwärts bis zu einer Linkskurve (am Kindergarten).

Dort rechts über den Bach und aufwärts, hinter dem letzten Grundstück nach links auf einem Wiesenpfad zum bewaldeten Hang. Von dort kann man auf einem Pfad links hangab nach wenigen Schritten zum steil abfallenden Wilkebach gelangen. Unser Weg führt aber nach einem kurzen Stück an der Hangkante zur steil über der Elbe aufragenden Wilkeaussicht mit schönem Blick über das Elbtal. Der Abstieg führt wieder zur steil abfallenden Einkerbung des Wilkebaches und endet auf dem Weg am Elbufer, auf dem wir – nach links gehend – bequem zur Stadt *Wehlen* gelangen.

Besonderheiten

① Links am Felsen beim *Teufelsgrund* ist eine Tafel Friedrich Märkel gewidmet, der sich um die Erforschung „dieser Gegend" verdient machte. Bekannter als Märkel und für die Erschließung der Sächsischen Schweiz verdienstvoll ist wohl W. L. Götzinger, der 1787 bis 1818 als Pfarrer in Neustadt wirkte. Auch der seit 1797 in Lohmen als Pfarrer eingesetzte K. H. Nikolai muß in diesem Zusammenhang erwähnt werden. 1801 gab er den ersten, romantisch überhöhten „Wegweiser durch die Sächsische Schweiz" (als Reprint zu erwerben) heraus.

Im vorderen Teil des Uttewalder Grundes erinnert eine Plakette an den Heimatdichter Bruno Barthel (1185–1956).

② Das *Schluchtensystem* des Uttewalder, Zscherre-, Schleif-, Teufels-, Höllen-, Wehlener Grundes zeigt anschaulich die Wirkung des fließenden Wassers in Verbindung mit anderen natürlichen Auswirkungen auf den relativ weichen Sandstein im Verlaufe von Jahrmillionen. Das Felsentor (abgestürzter und eingeklemmter Felsblock) im Uttewalder Grund und ähnliche Gebilde im Teufelsgrund, die üppige Vegetation in den ständig feuchten und kühlen Schluchten usw. vervollständigen den Eindruck einer wildromantischen Natur.

③ Ein Denkmal ist den aufrührerischen Bauern von *Lohmen* und Umgebung gewidmet, die sich im Mai 1790 gegen die vom Dresdener Hof verursachte Wildplage zur Wehr setzten und so den Auftakt zum sächsischen Bauernaufstand gaben.

4 Stadt *Wehlen*, mit knapp 1700 Einwohnern eine der kleinsten sächsischen Städte. Von der markmeißnischen Burg, die nach 1300 böhmischer, im 15. Jh. wieder kursächsischer Besitz war und die seit Mitte des 16. Jh. verfiel, sind nur unbedeutende Reste vorhanden.

Tour 9

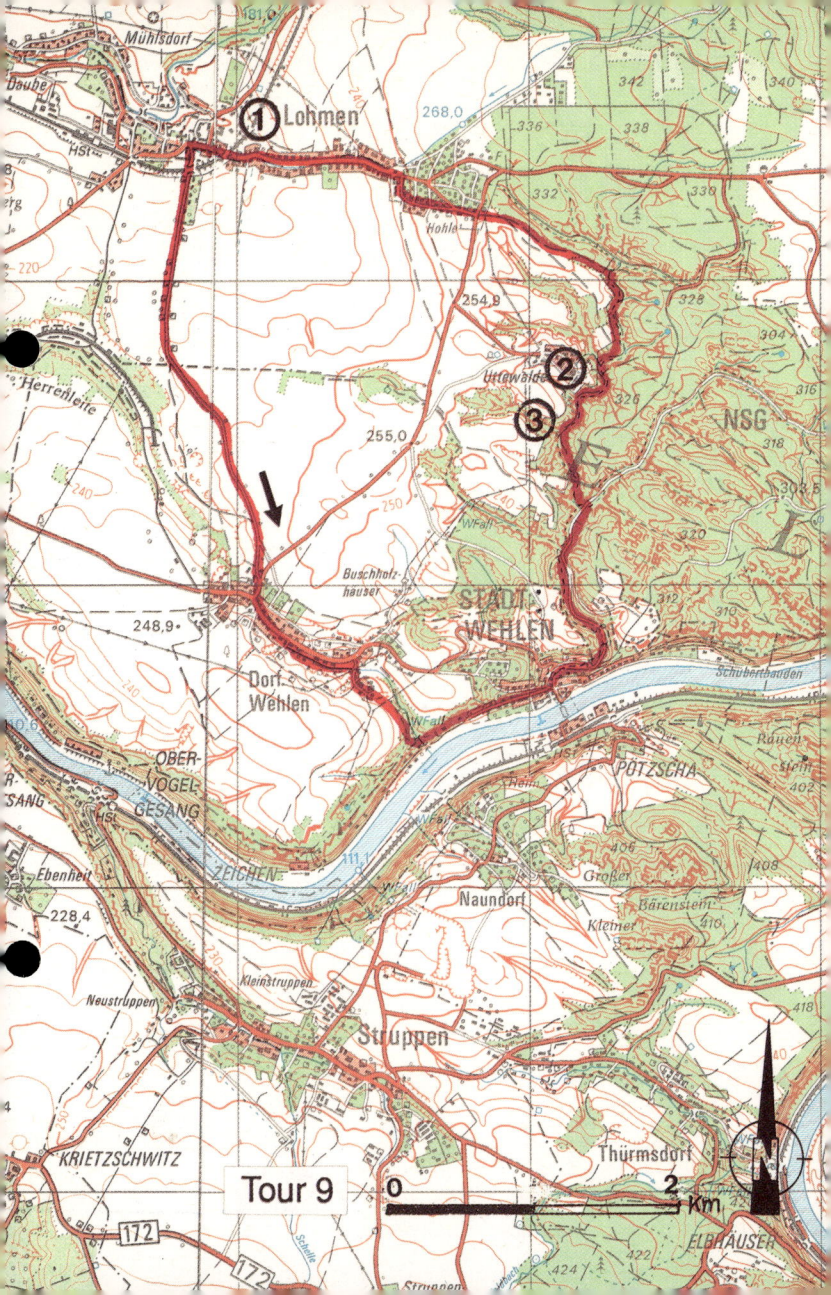

Notizen zur Tour:

Tour 9 Kartengrundlage: gescannter Ausschnitt aus der Topographischen Karte 1:50000 Blatt AV 1310-1 und AV 1309-2, herausgegeben vom Landesvermessungsamt Sachsen, Olbrichtsplatz 3, O-8060 Dresden.

Thematisch ergänzt durch den Elster Verlag.

Auf allen vieren zum (Steinernen) Tisch 10

Kein Spaziergang mehr, aber auch noch keine Tagestour, ist dies wohl eher eine Wanderung zwischen Frühstück und Mittagessen; auf alle Fälle ist es eine zwischen Elbufer- und Bergeshöhen, zwischen steilem Fels und lichtem Wald und – vor allem! – zwischen Anstrengung und Vergnügen. Und letzteres eigentlich nicht „zwischen", sondern *mit* Anstrengung und Vergnügen ...

Tourenlänge:	7 km
Höhenunterschied:	ca. 210 m
Schwierigkeitsgrad:	**
Wegdauer:	2,5 h
Ausgangs- und Endpunkt:	Stadt Wehlen, Markt; Bus, Weiße Flotte, DR (übersetzen mit Fähre)

Wegbeschreibung
Den anheimelnden Markt des Städtchens verlassen wir in westliche Richtung, gehen bis zur Haupt-(Lohmener-)Straße und auf dieser nach rechts durch die Überbauung. Gleich dahinter biegt ein Fußweg halblinks ab, der am *Heimatmuseum* wieder auf die im weiten Bogen aufsteigende Straße mündet. Hinter dem Museum auf der nächsten Straße (Buschholzstraße) geht es rechts aufwärts; hinter einem Bauerngut werden die Höhe und der Wald erreicht. Der mit „Gelbem Strich" markierte Weg zweigt nach weiteren ca. 200 m rechts ab. An der folgenden Weggabelung folgen wir dem Hinweisschild „Teufelskammer" nach links und gelangen, über Stufen absteigend, in eine enge Kluft, die Teufelskammer. Im Gewirr von Felsen und eingeklemmten Blöcken bleibt auf kürzeren Strecken nur der Gang auf allen vieren! Schließlich gelangen wir auf eine Weitung und sind im *Wehlener Grund*. Wir halten uns links bachauf an die Markierung „Roter Punkt" und biegen an der nächsten Gabelung der (Schlucht-)Wanderwege nicht nach links in den Uttewalder Grund (wie bei Wanderung 9), sondern gehen rechts im *Zscherregrund*. Nach etwa 500 m zweigen wir mit der Markierung rechts in den Höllengrund ab und kommen bergauf, eine Forststraße kreuzend, zum Steinernen Tisch. 100 m weiter wird der markierte Wanderweg (es ist der zur Bastei führende Fremdenweg) auf einem rechts abgehenden, nicht gekennzeichneten Pfad verlassen. Es geht jetzt steil den Griesgrund abwärts (links und rechts zweigen Bergsteigerpfade ab). Noch über dem breiten Uferweg zwischen Rathen und Wehlen am Fuße des Hanges treffen wir auf den *Haldenweg*, den mehrere Touristen- und Bergsteigerhütten sowie eine Jugendherberge säumen. Auf diesem Weg nach rechts gehend, gelangen wir, immer auf der Höhe über dem Talweg, strom-

abwärts nach Stadt Wehlen und steigen hinter den ersten Häusern zum Ort ab.

Besonderheiten

1. *Heimatmuseum*, Landeskulturkabinett und Pflanzengarten der Stadt Wehlen geben sehr interessante Einblicke in Natur und Geschichte, Umwelt und Wirtschaft des Gebietes. Entstehung und Geologie des Elbsandsteingebirges, Sandsteingewinnung, Elbschiffahrt und Fremdenverkehr sind Schwerpunkte der musealen Ausstellung. Der Besucher erhält gleichfalls Informationen zur Natur des Gebietes um die Bastei und zu deren Schutz. Zahlreiche alpine Arten bietet der 1924 angelegte Pflanzengarten dar.

2. Wehlener Grund: Siehe dazu Wanderung 9, Anmerkung 1.

3. Am Anfang des *Zscherregrundes* ist der Riesentopf zu sehen, dessen kreisförmige Vertiefung mit einem Durchmesser von 60 cm bei einer Tiefe von 70 cm durch einen pleistozänen Wasserfall entstand.

4. Der *Haldenweg* verläuft auf einem meist sehr deutlichen Absatz, der – wie der Wegename selbst – auf jahrhundertealten Steinbruchbetrieb zwischen Rathen und Wehlen verweist. Der homogene und gut zu bearbeitende Sandstein, der mit einer Mächtigkeit von max. 400 m anzutreffen ist, wurde wahrscheinlich schon im 13. Jh. als Werkstein geschätzt und genutzt. Die Wehlener Brüche sind seit 1388 in Betrieb. Zur besonderen Qualität des hiesigen Sandsteins gesellte sich die günstige Transportmöglichkeit auf der Elbe. Dadurch besitzen die elbnahen Sandsteinfelsen auf weiten Abschnitten statt ihres natürlichen ein von Menschenhand gestaltetes Gepräge – die „Weißen Brüche".

   Die linkselbischen Brüche wurden nach dem Bau der Bahnlinie Dresden-Prag in den Jahren 1848/51 stillgelegt; die Brüche zwischen Rathen und Wehlen kaufte 1910 die „Vereinigung zum Schutze der Sächsischen Schweiz" auf, sie ließ den Betrieb einstellen und die trostlos kahlen Halden aufforsten. Heute wird außerhalb des Erholungsgebietes „Sächsische Schweiz" bei Cotta – zwischen Pirna und Berggießhübel – noch Sandstein gewonnen.

Tour 10

Notizen zur Tour:

Tour 10 Kartengrundlage: gescannter Ausschnitt aus der Topographischen Karte 1:25000 Blatt AV 1310-11, herausgegeben vom Landesvermessungsamt Sachsen, Olbrichtsplatz 3, O-8060 Dresden.

Thematisch ergänzt durch den Elster Verlag.

Und plötzlich kommt ein Edelstein geflogen ... 11

Wieviel Wanderwege, wieviel Sehenswertes, wieviel Landschaft lassen sich auf engstem Raum unterbringen? 3 Kilometer liegen zwischen der Elbe bei Rathen und dem Hockstein: Schluchten, Felsen, Wald – Raum für romantische Wege, Naturbeobachtung, beschauliches Wandern und körperliche Anforderungen ...

Tourenlänge:	10 km
Höhenunterschied:	230 m
Schwierigkeitsgrad:	**
Wegdauer:	3 h
Ausgangs- und Endpunkt:	Rathen, Schiffsanlegestelle; DR (mit Fähre übersetzen) Weiße Flotte

Wegbeschreibung
Vom Elbufer gehen wir ca. 200 m in den Ort und biegen in die nach links auf einem kurzen Stück ansteigende Straße ein. Zahlreiche Hinweisschilder lassen uns den Weg zum Amselsee nicht verfehlen. Noch im Ort zweigt der Aufstieg zur Bastei halblinks von unserem Weg ab (siehe Wanderung 1); wir bleiben auf der in einen breiten und bequemen Fahrweg übergehenden Straße.

Rechts vom Weg sehen wir die Station der *Bergwacht Sachsen*, links den Eingang zur *Felsenbühne*. Der Weg führt am Amselsee, der durch künstlichen Stau des Grünbaches entstanden ist, vorbei und überquert am oberen See-Ende den Zufluß. Dort orientieren wir uns an der Markierung „Grüner Strich" und gehen nach links im Bogen in den Höllgrund. Der Knotenweg, ein breiter Forstweg, führt fast ständig aufwärts, ist aber meist recht bequem.

Passen Sie bitte auf: Die erste Kehre des Fahrweges können Sie „schneiden" und gehen geradeaus aufwärts; bleiben Sie aber dann auf dem Fahrweg, der jetzt nach links führt! Nun wird der Weg etwas steiler und bringt uns zur Ziegenrückenstraße. Etwas nach links versetzt, führt der ausgeschilderte und markierte Weg weiter und vereinigt sich mit dem von links kommenden EB-Wanderweg (Markierung „Blauer Strich") und dem Hohnsteiner Naturlehrpfad (Markierung „Grüner Diagonalstrich"). Ein kurzes Wegstück – über den *Hockstein* in das Polenztal absteigend und dort nach rechts bis zur Einmündung des Schindergrabens in die Polenz – ist identisch mit Wanderung 8.

Wir bleiben aber im Polenztal und wandern entlang des Flüßchens bequem talabwärts. Die Markierung „Roter Punkt" brauchen wir kaum, denn in dem von steilen Felsen begrenzten Engtal verlaufen wir uns nicht. Umso mehr können wir die Aufmerksamkeit auf die üppige Vegetation und auf die Beobachtung der Tierwelt richten. Achten Sie mal auf die im Wasser und am Ufer liegenden Felsblöcke: Jeder ein kleiner „botanischer Garten" auf engstem Raum! Und wenn es plötzlich vor Ihren Augen in allen Farben funkelt und blitzt, wie ein fliegender Diamant – das war keine Täuschung –, das war ein *Eisvogel*.

Am ersten (nach rechts) abzweigenden Wanderweg, Markierung „Roter Strich", steigen wir aus und setzen am gegenüberliegenden kleinen Parkplatz nach rechts abwärts unsere Wanderung fort. Der durchgehend mit dem „Roten Strich" markierte Füllhölzelweg führt uns nach *Rathen* zurück.

Besonderheiten

① Den „Service" der *Bergwacht Sachsen* müssen leider mehr Leute in Anspruch nehmen, als allgemein angenommen wird. So sind für das Jahr 1989 120 Unfälle registriert. Dabei nehmen die Spitzenpositionen – sowohl die Zahl als auch die Schwere der Unfälle betreffend – in der Regel nicht die organisierten Bergsteiger, sondern Touristen und „Möchtegern-Kletterer" ein.

Nochmals diese Hinweise
- Für Anfänger: Das A und O des unfallfreien Wanderns sind ordentliche Schuhe und der Grundsatz, in gefährlichen Abschnitten die sicheren bzw. gesicherten Wege und Bereiche nicht zu verlassen.

- für Fortgeschrittene: Alpine Erfahrungen sind im Elbsandstein in der Regel wertlos! Blamabel ist nicht das Einholen von Ratschlägen hiesiger, bergerfahrener Leute und das Handeln danach, sondern die fatale Folge eigensinniger Besserwisserei und Überheblichkeit ...

② Die *Felsenbühne* in der Naturkulisse des Wehlgrundes bietet im Sommer Theateraufführungen mehrerer Genres; beliebt sind u. a. die hier sehr „naturgetreuen" Karl-May-Adaptionen rund um den legendären Winnetou.

③ *Hockstein*: Siehe dazu Wanderung 8, Anmerkung 3; mit mehreren Tafeln informiert der Naturlehrpfad Hohnstein über die natürlichen und historischen Gegebenheiten am Hockstein. Wir geben dies hier nicht wieder – behalten Sie Ihre Neugier und Entdeckungsfreude für die interessanten Wanderungen zum Hockstein und nach Hohnstein!

Tour 11

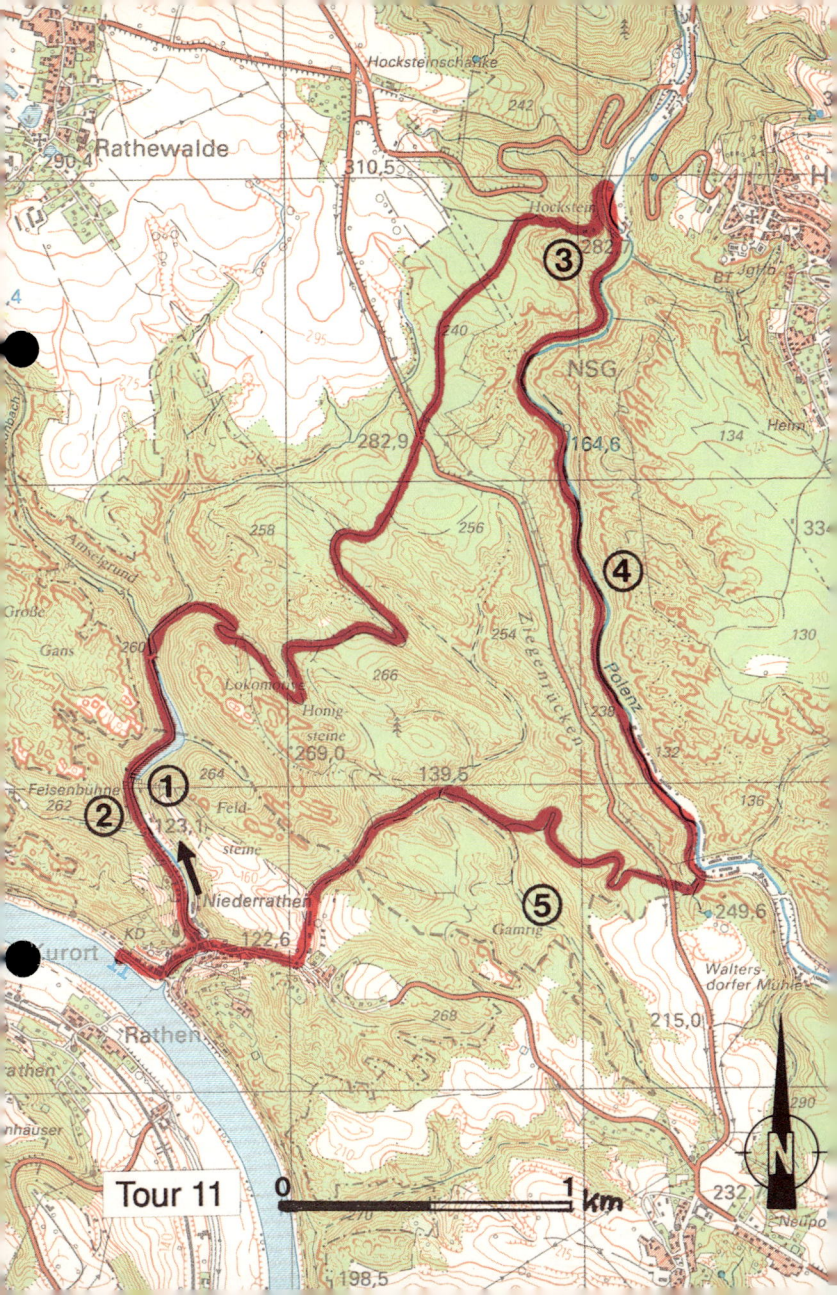

④ Der *Eisvogel* (Alcedo atthis), ein etwa starengroßer, oben leuchtend blaugrüner, unten rostbrauner Vogel, fliegt mit heftigem Flügelschlag dicht über der Wasseroberfläche. Durch Einwirkungen von außen (Wasserverschmutzung!) ist der Eisvogel selten geworden. Als weitere, ziemlich seltene Vogelarten können Sie hier z. B. die Gebirgsstelze und die Wasseramsel antreffen; die letztere kennzeichnet der weiße Brustfleck auf dem schwarzbraunen Gefieder und die Art der Nahrungsaufnahme: Der Vogel läuft unter der Wasseroberfläche im Bett der Gebirgsbäche.

⑤ *Empfehlung*: Abstecher zum Gamrig; dazu am Ortseingang *Rathen* die Fahrstraße nach links (Richtung Rathmannsdorf) aufwärts. Nach ca. 750 m führen links Wege zum (schon sichtbaren) Gamrig bzw. zur Gamrighöhle. Der etwas beschwerliche Aufstieg wird mit einer schönen Aussicht belohnt.

Tour 11 Kartengrundlage: gescannter Ausschnitt aus der Topographischen Karte 1:25000 Blatt AV 1310-11, herausgegeben vom Landesvermessungsamt Sachsen, Olbrichtsplatz 3, O-8060 Dresden.

Thematisch ergänzt durch den Elster Verlag.

EB bis zum letzten Zipfel 12

Zwischen Hohnstein und der Grenzstation Schmilka verlaufen die letzten (oder ersten) Kilometer des Fernwanderweges durch Sachsen. Anstrengend sind diese Kilometer, sie führen aber durch eine Landschaft, die zu den schönsten und beeindruckensten des gesamten Wandergebietes gehört.

Tourenlänge:	25 km
Höhenmeter Aufstieg:	ca. 700 m
Höhenmeter Abstieg:	ca. 860 m
Schwierigkeitsgrad:	***
Wegdauer:	8 h
Ausgangspunkt:	Hohnstein, Markt; Bus
Endpunkt:	Schmilka; DR, Bus, Weiße Flotte

Wegbeschreibung
Wir verlassen das freundliche Städtchen Hohnstein auf der nach Südosten zum Wald aufsteigenden Straße. Auf der gesamten Tagestour orientieren wir uns an der Markierung „Blauer Strich". Die sehr bequeme Fahrstraße führt zum *Brand*. Nach sehr steilem Abstieg über die Brandstufen zum Tiefen Grund gehen wir talab und nach links recht bequem im Sebnitztal bis Kohlmühle. Am Eisenbahnhaltepunkt wird das Gleis, wenig später die Sebnitz überschritten. Meist auf einer kleinen Fahrstraße bleibend, erreichen wir Wustmanndörfel. Einem steilen Abstieg in das Kirnitzschtal folgt, nachdem wir auf der Talstraße ca. 250 m nach links und hinter der Bushaltestelle auf der Ostrauer Brücke die Kirnitzsch überschritten haben, ein zügiger Aufstieg auf der ziemlich steilen Straße zur Ostrauer Scheibe. Beim Abstieg in den Zahnsgrund irritiert am unteren Hang ein nach links weisender Hinweis – der Weg führt geradeaus zur Talstraße und gegenüber, etwas nach rechts versetzt, im sehr romantischen Lattengrund einigermaßen beschwerlich wieder aufwärts. Nach einem bequemeren Wegstück hinter dem *Schrammtor* folgt der steile Aufstieg, teilweise über Eisenstiegen, zum Gratweg über die Schrammsteine. Von hier aus kann ein Abstecher zur Schrammsteinaussicht folgen, jedoch bietet auch der weitere Gratweg prächtige Aussichten. Auf dem Zurückstieg sind nochmals steilere Wegstücke zu bewältigen, ehe nach dem relativ ebenen Reitsteig der nicht allzu steile Aufstieg zum *Großen Winterberg* folgt.

Der Abstieg nach Schmilka, bei dem auf 2 km Entfernung (Luftlinie) über 400 Höhenmeter zu bewältigen sind, führt zunächst über die Zufahrt zum Berg und dann nach rechts auf dem Bergsteig zu dem kleinen Ort zwischen Felsen und Elbe.

Besonderheiten

① Der *Brand* fällt steil nach Osten, zum Tiefen Grund ab und bietet dort zahlreiche Kletterfelsen. Einblick in den Tiefen Grund und auf die Kletterfelsen erhalten wir von einem Aussichtspunkt etwas abseits vom Weg. Ein Pfad führt am Ende des eingezäunten Grundstücks links dorthin. Vom Steilabfall nach Südwesten, besonders eindrucksvoll vom Freisitz der Gaststätte, ergibt sich ein herrlicher Blick über die Landschaft, die dem Brand den Beinamen „Balkon der Sächsischen Schweiz" einbrachte. Achtung, Vorsicht! Beachten Sie die Markierung vorn am unteren Gebäudeteil gegenüber der Gaststätte!

② Großes *Schrammtor*; Einstieg in die Schrammsteine. Zahlreiche Kletterfelsen flankieren das Schrammtor (Ostertürme, Schrammtürme, Schrammtorwächter u.a.). Jeweils ein Stück oberhalb des Großen Schrammtores liegt das Mittlere und das Hohe Schrammtor.

Hinweis zur dringenden Beachtung: Die hier und auch andernorts angebrachten Zeichen „Schwarzes Dreieck" markieren Pfade, die ausschließlich Bergsteigern als Zugänge zu den Kletterfelsen vorbehalten sind. Eine unberechtigte Benutzung ist unbedingt zu unterlassen!

③ Der *Große Winterberg* ist mit 556 m (nach älteren Angaben 552 m) der höchste Gipfel der Sächsischen Schweiz auf der rechten Elbseite (aber auch er wird an Höhe, wie der Große Zschirnstein, im tschechischen Teil des Gebirges rechts der Elbe übertroffen).

Schon aus der Namensgebung in Verbindung mit „-berg" unterscheidet sich der Große Winterberg von den „Steinen", den aus Sandstein bestehenden Felsengipfeln. Er besteht aus Basalt vulkanischen Ursprungs. Das Gebiet wurde großflächig (881 ha) unter Naturschutz gestellt; am Großen Winterberg sollen so naturnahe Vegetation und seltene Tierarten erhalten werden.

Um die Gastronomie auf dem Gipfel ist es z.Zt. schlecht bestellt; der Aussichtsturm ist geschlossen.

Tour 12

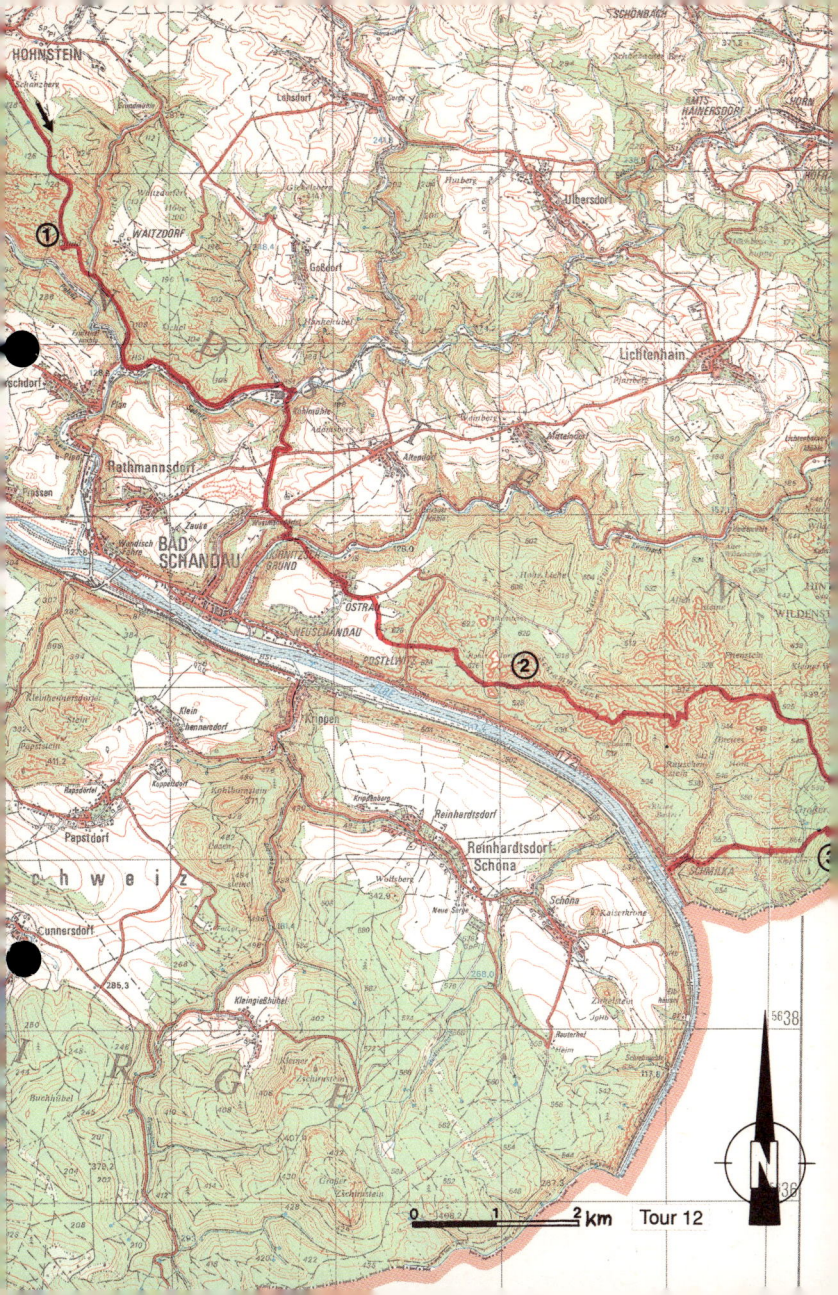

Notizen zur Tour:

Tour 12 Kartengrundlage: gescannter Ausschnitt aus der Topographischen Karte 1:50000 Blatt AV 1310-1 und AV 1310-2, herausgegeben vom Landesvermessungsamt Sachsen, Olbrichtsplatz 3, O-8060 Dresden.

Thematisch ergänzt durch den Elster Verlag.

Ein Schnippchen und ein Schnäppchen ...

Diese Wanderroute verläuft abseits der ausgetrampelten Trassen der Touristen – denen schlagen wir ein Schnippchen! Diese Wanderroute ist angenehm und bringt Sie zu schönen und interessanten Zielen – ein Schnäppchen! Auf denn, gehnm'r (sächsisch für: gehen wir) ...

Tourenlänge:	26 km
Höhenunterschied:	etwa 700 m
Schwierigkeitsgrad:	**
Wegdauer:	8 h
Ausgangs- und Endpunkt:	Bad Schandau; Schiffsanlegestelle DR (übersetzen mit Fähre), Bus, Weiße Flotte

Wegbeschreibung

Vom Elbufer gehen wir, uns etwas nach links wendend, stadteinwärts zum Fuße des Schloßberges (Zauckenstraße). Hinter der Einmündung der Sebnitzer Str. zweigt der Rathmannsdorfer Weg (Markierung „Roter Punkt") halbrechts von der Straße ab und führt durch das auf der Hochfläche liegende Rathmannsdorf, dahinter auf dem Pferdesteig (Pestalozzistr.) geht es wieder talab Richtung Porschdorf. Am Hang oberhalb des Dorfes gabelt sich der Weg; nach links am Waldrand gehen und durch den Hangwald zur Straße absteigen. Auf der Straße nach rechts über die Brücke, in der Kurve auf der linken Straßenseite Wegweiser beachten, dort den markierten schmalen Steig aufwärts zur Straße gehen. Diese queren und auf der Gegenseite (Hinweis: „Bockstein") vorbei an den letzten Häusern des Dorfes durch Felder zum Waldrand und zum wenig markanten Bockstein. Kurz vor den ersten Häusern von Waltersdorf erreicht der Weg die Landstraße, genau an dieser Stelle gehen wir auf dem nach rechts ausgewiesenen Weg („Waltersdorfer Mühle") abwärts zum Waldrand. Dort führt ein breiter, unmarkierter Forstweg zu einer Waldwiese (links vom Weg, davor Jägerhochstand mit geschlossener Kanzel). Auf der linken Seite der Wiese auf kaum wahrnehmbarem Pfad zur linken unteren Waltersdorfer Mühle. Vor den Gebäuden über die Polenzbrücke und dem „Roten Strich" folgend ca. 200 m nach links, dort im spitzen Winkel rechts aufwärts durch den *Schulzengrund* zur Brandstraße auf der Hochfläche und auf dieser nach rechts zum „Balkon der Sächsischen Schweiz"[2].

Nach dem steilen Abstieg über die Brandstufen auf der Straße nach links etwa 300 m talauf, dort führt rechts am felsigen Hang ein leicht zu übersehender Steig durch den Dorfgrund zur Höhe und nach Waitzdorf. Weiter dem „Roten Strich" in südöstliche Richtung folgend, verläuft der Mühlweg zunächst bequem und steigt dann in einer Linkskehre in den Talgrund ab. Nun gehen wir, wieder südöstlich, dem Bächlein nach durch den *Kohlichtgrund*, erreichen eine Fahrstraße und kommen auf dieser zur Siedlung Kohlmühle. Hier auf der Fahrstraße nach links (weiterhin „Roter Strich") über die Sebnitz und gleich hinter dem Bahngleis auf dem mehrfach markierten Pfad links (zwischen Bahn und Hang) zum Waldrand. Nach einem Stück entlang des Hangfußes gabelt ein unmarkierter Weg nach halbrechts ab und führt uns im Bogen durch ein Seitental zur Höhe. Am Waldrand über eine Viehkoppel ein Stück zu einer Baumreihe aufsteigen, wo der Weg links nach Altendorf führt. Hier wieder, dem „Roten Strich" folgend, durch das Dorf und abwärts durch die zuletzt steile Dorfbachklamm in das Kirnitzschtal. Auf dem Flößersteig gelangen wir talab bequem nach *Bad Schandau*.

Besonderheiten

1 *Schulzengrund*; vor allem im unteren Teil auf beiden Seiten von imposanten senkrechten Felswänden begrenzt. Interessante Erosionsformen (z. B. Wabenverwitterung).

2 siehe Wanderung 12, Anmerkung 1

3 Der *Kohlichtgrund* zeigt sich hier wildromantisch. Der Pfad windet sich über Moos und Farn, gelegentlich steigt man über umgestürzte Bäume und über das winzige Bächlein.

4 *Bad Schandau*; vermutlich im 14. Jh. angelegt und als Niederlassungs- und Umschlagsplatz für Holz, Getreide, Salz, Wein u. a. von Bedeutung; allerdings von den Pirnaer Bürgern ständig angefochten. Auf dem schmalen Schwemmlandstreifen am rechten Elbufer konnte sich das Städtchen nur in engen Grenzen entwickeln (der Besucher kann sich selbst ein Bild davon machen, daß der heutige Kfz-Verkehr zwar andere, aber kaum geringere Probleme für die Stadt bringt).

Tour 13

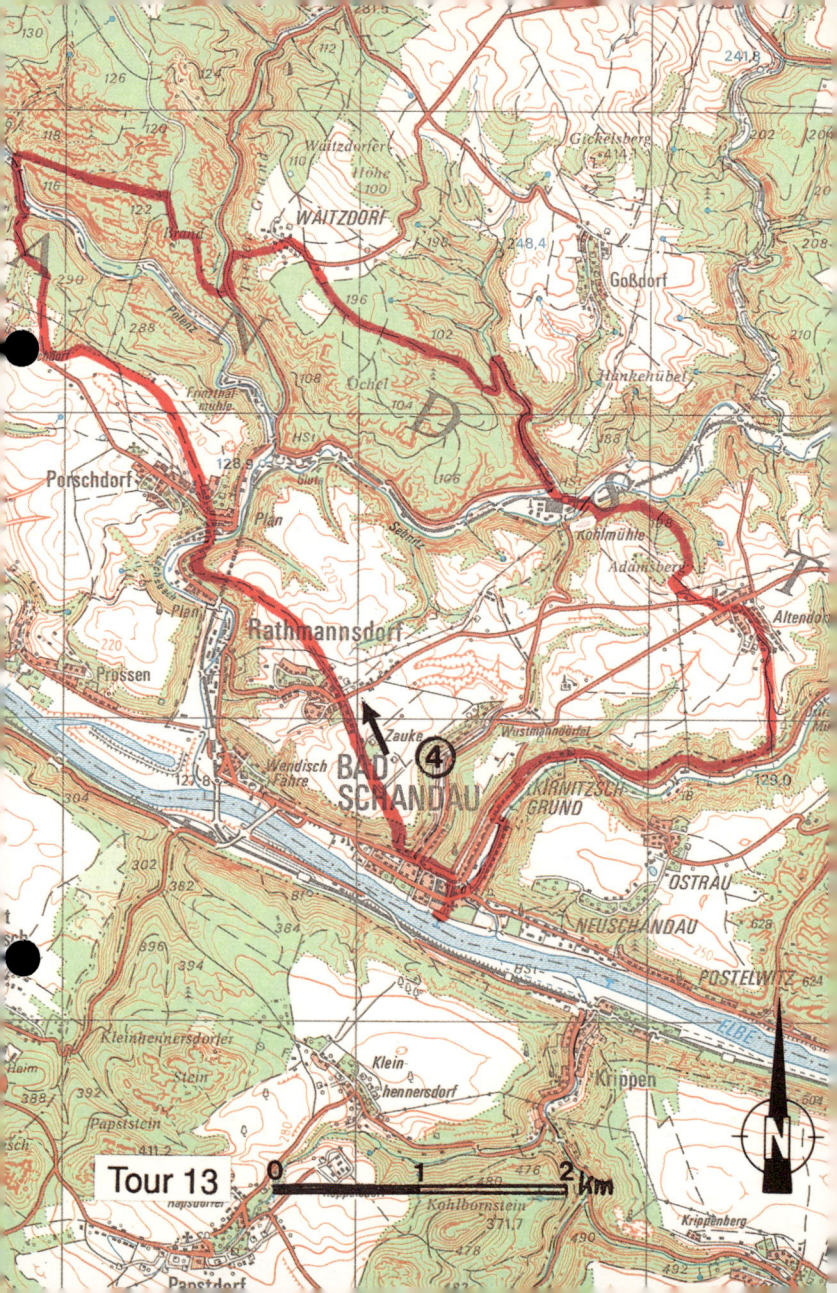

Von den Bauwerken früherer Zeiten ist wenig vorhanden. Die Stadtkirche, 1645 umgebaut, wurde nach dem Stadtbrand von 1704 sowie nochmals 1876 restauriert; einige Gebäude am Marktplatz, darunter besonders der alte Brauhof (Marktplatz 10) mit achteckigem Treppenturm auf der Hofseite, sind sehenswert. Im OT Postelwitz sind zahlreiche Umgebinde- u. a. Fachwerkhäuser, darunter die „Sieben Brüder", erhalten.

Heimatmuseum mit Abteilungen zur Geologie, Naturkunde, Stadtgeschichte, Fremdenverkehr u. a.

Zur Entwicklung des Kurbetriebes:

- 1730 Entdeckung der Heilquellen
- 1798 Baubeginn am Badehaus
- 1804 Beginn des Fremdenverkehrs
- 1825 Gründung des „Verein zur Beförderung der Annehmlichkeiten in den Umgebungen des Schandauer Bades"
- 1920 Schandau erhält den Titel „Bad"
- 1936 „Kneippbad"

Tour 13 Kartengrundlage: gescannter Ausschnitt aus der Topographischen Karte 1:50000 Blatt AV 1310-1, herausgegeben vom Landesvermessungsamt Sachsen, Olbrichtsplatz 3, O-8060 Dresden.

Thematisch ergänzt durch den Elster Verlag.

„Im angenehmsten Tal unter den schrecklichsten Felsenwänden …"

Die von einem der Erschließer des Gebirges ausgeborgte Überschrift gibt ein Gefühl wieder, das die Massen der Touristen, die durch das Kirnitzschtal walzen, fahren oder gefahren werden und sich schließlich in einer der zahlreichen Gaststätten einfinden, sicher nicht überwältigt. Versuchen wir, ob es uns gelingt, in diesem Tal mehr als nur die Staffage für einen Sonntag-Nachmittag-Kaffee-Ausflug zu finden! Dazu wählen wir für diese Wanderung den Lehrpfad „Flößersteig".

Tourenlänge:	15 km
Höhenunterschied:	nicht nennenswert
Schwierigkeitsgrad:	*
Wegdauer:	6 h
Ausgangspunkt:	Bad Schandau; Schiffsanlegestelle, Bus, Weiße Flotte, DR (mit Fähre übersetzen)
Endpunkt:	Kirnitzschtal, Neumannmühle; Bus

Wegbeschreibung

Von der Schiffsanlegestelle gehen wir ein Stück auf der Elbpromenade flußaufwärts zur Mündung der Kirnitzsch in die Elbe. Hier beginnt der *Lehrpfad „Flößersteig"*, der mit dem dafür international üblichen „Grünen Diagonalstrich" ausgewiesen ist. Der Weg verläuft zunächst auf dem östlichen Kirnitzschufer, auf der Straße zum *Stadtpark*. Vorbei am *Heimatmuseum*, führt der Weg am Kneippkurbad vorbei über die Kirnitzsch und nach einem letzten Stück auf der Straße nach links am Fuß des Hanges entlang. Hinter dem „Waldhäusl" schneidet der Weg die Altendorfer Dorfbachklamm und wechselt kurz vor der Ostrauer Mühle über Straße und Kirnitzsch auf das östliche Ufer. Zwischen Ostrauer Mühle und Gaststätte „Forsthaus" stellt der Weg – besonders bei winterlicher Witterung mit Eisbildung – doch einige Ansprüche an den Wanderer. Die Leistung der *Flößer*, die hier ihrer harten Arbeit nachgingen, läßt sich von uns heutigen Menschen kaum erfassen. Tafel 54 bringt uns diese Arbeit etwas näher.

Am Beuthenfall wechselt der Weg nochmals auf das Westufer und pendelt hinter dem Lichthainer Wasserfall wieder auf die Gegenseite, wo er dann vorbei an der Lichtenhainer Mühle und der Felsenmühle bis zur *Neumannmühle* verläuft. Zwar ist hier „Endstelle" für Lehrpfad und heutige Wanderung, jedoch ist das Flüßchen auch auf seinem Oberlauf durch die Sächsische Schweiz von schönen Wanderwegen gesäumt – wir werden bei den folgenden Wanderungen noch mehrfach der Kirnitzsch begegnen.

Besonderheiten

1. Der *Lehrpfad „Flößersteig"* erstreckt sich von der Mündung der Kirnitzsch bis zur Neumannmühle über 15 km. Über 120 Tafeln informieren an der Strecke. Der Flößersteig verläuft außerhalb der Stadt auf Waldwegen, dennoch stört der zunehmend lästige Autoverkehr im Kirnitzschtal. Dies kann durch die Verlegung der Wanderung auf einen für Ausflügler „unfreundlichen" Tag gemildert werden.

2. Im *Stadtpark* steht, im Lehrpfad nicht einbezogen, einer der Steine, die die Südgrenze der eiszeitlichen Inlandgletscher markieren.

3. *Heimatmuseum*; siehe Wanderung 13, Anmerkung 4.

4. Das *Flößen* von Holz in der Kirnitzsch geschah über viele Jahrhunderte, der Beginn läßt sich natürlich nicht mehr feststellen. Bei dem geflößten Holz handelte es sich stets um einzelne Stämme oder Baumteile, also nicht um Flöße aus miteinander verbundenen Stämmen. Hauptsächlich wurden – wie bei anderen Gebirgsflüßchen dieser Größe – 3 bis 5 m lange und bis ca. 40 cm starke Stämme, sogenannte Brettklötzer, und Schleifklötzer von gleichfalls bis zu 5 m Länge, aber nur 5 bis 10 cm Dicke geflößt. Neben Stempelhölzern (2 m Länge) und kleineren Scheiten, Knüppeln usw. wurden in Ausnahmefällen Stämme von 9 bis 11 m über die Kirnitzsch transportiert. Sogar große Schiffsmasten und Langhölzer von 17 m Länge sollen auf der Kirnitzsch geflößt worden sein.

5. *Neumannmühle* siehe Wanderung 16, Anmerkung 3.

Anmerkung: Die Überschrift wurde dem ersten Reiseführer für das Gebirge entlehnt, dem „Wegweiser durch die Sächsische Schweiz, aufgestellt von C. H. Nicolai, Prediger an der Grenze dieser Schweiz in Lohmen", der 1801 in Pirna gedruckt wurde. Die entsprechende Textstelle zum Kirnitzschtal lautet: „Mit gewiß ganz eigenen Empfindungen wandelt er (der Reisende) hier in dem angenehmsten Tal unter den schrecklichsten Felsenwänden dahin und weiß nicht, worauf er mehr sehen soll, auf den reizenden Grund oder auf die fürchterlich schönen Steinmassen, die über seinem Haupt schweben."

Tour 14

Notizen zur Tour:

_____
_____
_____
_____
_____
_____
_____
_____
_____
_____
_____
_____
_____
_____
_____
_____
_____
_____
_____
_____
_____

<u>Tour 14</u> Kartengrundlage: gescannter Ausschnitt aus der Topographischen Karte 1:50000 Blatt AV 1310-1 und AV 1310-2, herausgegeben vom Landesvermessungsamt Sachsen, Olbrichtsplatz 3, O-8060 Dresden.

Thematisch ergänzt durch den Elster Verlag.

Wie kommt die Kuh in diesen Stall?

Der Kuhstall, die größte und bekannteste Höhle der „Schweiz", gab weniger zur obigen als zu der Frage nach ihrer Entstehung Anlaß. Aber da wir weder diese noch jene Frage schlüssig beantworten können, sollten wir uns lieber ganz der schönen Landschaft zwischen Kirnitzschtal, Affensteinen und Kleinem Winterberg widmen.

Tourenlänge:	15 km
Höhenunterschied:	ca. 460 m
Schwierigkeitsgrad:	**
Wegdauer:	4,5 h
Ausgangspunkt:	Kirnitzschtal, Beuthenfall; Kirnitzschtalbahn, Bus
Endpunkt:	Kirnitzschtal, Lichtenhainer Wasserfall; Kirnitzschtalbahn, Bus

Wegbeschreibung
Vom Beuthenfall verläuft der hier mit mehreren Markierungen versehene Weg – wir richten uns zunächst nach dem „Grünen Strich" – über die Kirnitzsch und auf der Zeughausstraße den Dietrichsgrund aufwärts. Der Wanderweg biegt nach rechts in den schmalen Hinteren Heideweg ein, der ansteigend zum Königsweg führt. Dort geht es nach links und auf kurvenreicher Strecke zum Fuß des *Friensteines*. Der „Grüne Strich" führt uns auf dem sehr steilen Pfad durch eine mit Felsblöcken übersäte Rinne. Am oberen Ende gabelt sich der Weg, rechts erreicht man über einen etwas beschwerlichen Aufstieg eine Höhle, die während des Faschismus Widerstandskämpfern als Versteck diente; für diesen Abstecher sind Hin- und Rückweg gleich. Unser Weg verläuft mit der Markierung nach links; mit mäßigen Höhenunterschieden und vielen Kurven gelangen wir auf der Oberen Affensteinpromenade zum Kleinen Winterberg. Der Weg verläuft nicht direkt über den 500 m hohen Gipfel, sondern etwas links unterhalb davon.

Über einen steilen Abstieg, der den Königsweg kreuzt, erreichen wir eine Schutzhütte an der Zeughausstraße. Hier verlassen wir die bisherige Markierung, gehen aber geradeaus weiter. Der Fremdenweg („Roter Punkt") verläuft im Bogen nach links bequem ab- und später auswärts zum kreuzenden Haussteig. Hier beginnt der Aufstieg zum *Neuen Wildenstein* (336 m), der dann am Felsen über Stufen und Eisenleitern zum ersten Plateau führt. Hier sind wir am berühmten *Kuhstall*. Von hier aus gelangt man über die Himmelsleiter weiter aufwärts und genießt nun eine herrliche Aussicht.

Der Abstieg zum unteren Plateau führt über Stufen an der Westseite, von dort nach dem „Roten Punkt" an der Westseite des Neuen Wildensteines abwärts. Der Weg verläuft zum *Lichtenhainer Wasserfall*, dem Tagesziel.

Besonderheiten

① *Frienstein* oder Vorderes Raubschloß; im Mittelalter war es wohl als Warte mit der Felsenburg auf dem Neuen Wildenstein verbunden.

Unter den Ostwänden befindet sich die Idagrotte, eventuell Aufenthaltsort der mittelalterlichen Frienstein-Besatzung.

Der Frienstein kann nur von Bergsteigern bestiegen werden; zur Idagrotte können absolut schwindelfreie Wanderer den Aufstieg, von der Talseite her nach rechts gehend, über ein schmales Felsband wagen.

② Der *Neue Wildenstein* trug im Mittelalter wie viele der umliegenden, schwer zugänglichen Felsmassive eine Burganlage. Bis in das 15. Jh. war sie im Besitz der Berken von der Duba, die auch Hohnstädt besaßen. Vermutlich ist die Version richtig, daß von diesen sicheren Anlagen Raubritter – ob auf eigene Faust oder auf Rechnung der von der Duba, sei dahingestellt – die Bauern und Kaufleute plünderten. Der Lausitzer Sechsstädtebund soll dem Treiben ein Ende gesetzt und die Raubnester zerstört haben. Jedenfalls erkennt der aufmerksame Beobachter noch die Spuren menschlicher Anwesenheit: Balkenlöcher, Auflagen für Aufstiege, Erweiterungen an Felsräumen. Auf dem „Dach" des Kuhstalls ist der Rest einer Zisterne vorhanden.

Auch zu späteren Zeiten diente der Neue Wildenstein als Zuflucht. So brachten die Bauern der Umgebung vor allem ihr Vieh vor den plündernden Kriegshorden im 30jährigen Krieg hier oben in Sicherheit – eben im *Kuhstall*. Auch ihre Vorgänger in der Nutzung des Steins, die Raubritter, sollen für die Höhle ähnliche Verwendung gehabt haben, nur waren es nicht die eigenen Kühe, die im Vorläufer der berühmt-berüchtigten „Rinderoffenställe" zugige Unterkunft fanden.

Sicher aber ist, daß der Kuhstall ein besonders spektakulärer Fall von überall wirksamen und sichtbaren natürlichen Verwitterungsformen des Sandsteins ist.

③ Der *Lichtenhainer Wasserfall* ist, wie Beuthen- und Amselfall, das Endergebnis einer kleinen „Schönheitsoperation". Natürliche Wasserläufe, die in ihrem Unterlauf bis zum Einmünden in den Talgrund noch eine Steilstufe zu überwinden hatten, konnten durch eine Korrektur ihres Laufes auf nur wenigen Metern „zu Fall" gebracht werden.

Tour 15

Notizen zur Tour:

_____
_____
_____
_____
_____
_____
_____
_____
_____
_____
_____
_____
_____
_____
_____
_____
_____
_____
_____
_____

Tour 15 Kartengrundlage: gescannter Ausschnitt aus der Topographischen Karte 1:25000 mit Wanderwegen Blatt 45, herausgegeben vom Landesvermessungsamt Sachsen, Olbrichtsplatz 3, O-8060 Dresden.

Thematisch ergänzt durch den Elster Verlag.

Die Felsenwelt hat viele Wege

Diese Wanderung beginnt am Beuthenfall und endet am Lichtenhainer Wasserfall, wie Tour 15. Und sie führt in das gleiche Gebiet, ohne daß sich die Routenführung auf mehr als kleinen Abschnitten überschneidet. Wir wollen damit zeigen, daß mehr unterschiedliche Routen bestehen, als in unserem Führer vorgestellt werden können. Ja, wir behaupten sogar, daß das Wanderangebot schier unerschöpflich ist ...

Tourenlänge:	14 km
Höhenunterschied:	290 m
Schwierigkeitsgrad:	**
Wegdauer:	4 h
Ausgangspunkt:	Kirnitzschtal, Beuthenfall; Kirnitzschtalbahn, Bus
Endpunkt:	Kirnitzschtal, Lichtenhainer Wasserfall; Kirnitzschtalbahn, Bus

Wegbeschreibung

Am Beuthenfall wird die Kirnitzsch überschritten, und im Dietrichsgrund wird nach etwa 100 m nach links auf den Räumichtweg, Markierung „Roter Strich", eingebogen. Zunächst verläuft der Weg im Bogen nördlich um den Alten Wildenstein (294 m), danach südlich um den Neuen Wildenstein (336 m), den wir bei der vorhergehenden Wanderung bestiegen haben. Den 397 m hohen Hausberg streift der Weg ebenfalls nur am Südfuß, biegt nach rechts in die Ferkelschlüchte ein, die wiederum in den Kleinen Zschand münden. Im Kleinen Zschand geht es auf breitem Fahrweg rechts talauf (Markierung jetzt „Grüner Strich"). Nach etwa 1 km, an den Queenwiesen, biegen wir rechts und wenig später wieder links ein, orientieren uns aber weiterhin am „Grünen Strich". Der Queenweg führt, im Kleinen Zschand steiler werdend, bergauf. Unterhalb des Heringssteines erreichen wir das Heringsloch, wo wir dem kreuzenden Wanderweg „Roter Strich" nach links folgen. Der schmale, etwas anspruchsvollere Weg windet sich in zahlreichen Bogen um das Bärenhorn, die *Bärenfangwände* und die Pechofenhörner, alle rechts vom Weg gelegen. Dann erhebt sich auf der linken Wegseite der *Winterstein* (390 m). Hier (Hinweisschild) steigen wir auf einem links abzweigenden Pfad zu dem durch Stufen und Eisenleitern für Touristen begehbaren Gipfel auf. Die schöne Aussicht auf das umliegende Gebiet entschädigt für den etwas anstrengenden Auf- und auf gleichem Wege erfolgenden Abstieg. Mit dem „Roten Strich" wandern wir weiter und gelangen bald zur Zeughausstraße, auf der wir nach rechts gehend den Großen Zschand erreichen. Auf der im Großen Zschand verlaufenden Fahrstraße gehen wir talab zur *Neumannmühle*. Die belebte Fahrstraße kann man meiden, indem man den etwa 100 m vor Einmündung in den Großen Zschand von der Zeughausstraße links abgehenden Pfad nutzt. Der allerdings etwas beschwerliche Pfad verläuft etwa parallel zum Großen Zschand, weicht an den Spitzsteinschlüchten links „aus der Spur" und fällt durch diese zur Neumannmühle ab. Von der Neumannmühle an nutzen wir den Flößersteig (mit der Lehrpfad-Markierung) für den restlichen Weg zum Lichtenhainer Wasserfall. Sehr zu empfehlen ist eine Fahrt mit der *Kirnitzschtalbahn*.

Besonderheiten

① Die *Bärenfangwände* tragen diesen wörtlich zu nehmenden Namen, weil hier tatsächlich Bären in Fallgruben gefangen wurden. Die Bären wurden zunächst in den Bärengarten unterhalb Burg Hohnstein (siehe Wanderung 8) gebracht, um dann je nach Bedarf für die zahlreichen Jagdfeste – zum Teil als öffentliches Spektakel auf dem Dresdner Altmarkt veranstaltet! – des kursächsischen Hofes verfügbar zu sein.

② Der *Winterstein* (Hinteres Raubschloß) war ein weiterer Platz im engmaschigen System der zu Raubrittersitzen verkommenen Burgstellen und wurde gleichfalls von den aufgebrachten Bürgern des Lausitzer Sechsstädtebundes 1442 zerstört. Von der Burg auf dem Gipfelplateau sind nur Reste vorhanden. Ohnehin entsprachen diese Anlagen auf den schwer zugänglichen Felsen in den wilden Gebirgswäldern wohl kaum der „klassischen" Burganlage der Ritterzeit mit umfangreichen Gebäudekomplexen.

③ *Neumannmühle*; eine der einst 15 an der Kirnitzsch gelegenen Mahl- und Schneidemühlen. Bereits im 14. Jh. als Standort einer zur Felsenburg auf dem Winterstein gehörenden Mühle erwähnt.

Seit 1791 war die Mühle im Neumann'schen Familienbesitz. Sie war die erste, in der die Erfindung des Krippener F. G. Keller (siehe Wanderung 6, Anmerkung 5), der Holzschliff als Grundlage für die Papierherstellung, angewandt wurde. Die erhaltene technische Einrichtung der Holzschliffanlage entspricht einem Stand um 1870, das unterschlächtige Mühlrad hat 4,60 m Durchmesser. Die Mühle, die seit 1961 als Technisches Denkmal geschützt ist, kann besichtigt werden.

④ Die elektrisch betriebene (umweltfreundliche) *Kirnitzschtalbahn*, eine Straßenbahn mit Spurweite 1000 mm, verkehrt seit 1898 und hat schon Millionen Besucher talauf und -ab transportiert. Vorher scheiterten Pläne zur Errichtung einer Pferdebahn, und 1889/90 beschäftigte sich der Sächsische Landtag sogar mit einem Eisenbahnprojekt durch das Tal.

Tour 16

Notizen zur Tour:

Tour 16 Kartengrundlage: gescannter Ausschnitt aus der Topographischen Karte 1:25000 mit Wanderwegen Blatt 45, herausgegeben vom Landesvermessungsamt Sachsen, Olbrichtsplatz 3, O-8060 Dresden.

Thematisch ergänzt durch den Elster Verlag.

Wo sich Fuchs und Hase „Gute Nacht" sagen 17

Nochmals ist der mit der Kirnitzschtalbahn von Bad Schandau gut zu erreichende Beuthenfall Ausgangspunkt einer Wanderung. Sie soll uns in den „Zipfel" der Sächsischen Schweiz führen, in dem Hinterhermsdorf – auf drei Seiten von der deutsch-tschechoslowakischen Grenze umgeben – liegt. Wir wollen doch mal sehen, ob sich in diesem entlegenen Gebiet „Fuchs und Hase ‚Gute Nacht' sagen".

Tourenlänge:	11 km
Höhenmeter Aufstieg:	340 m
Höhenmeter Abstieg:	120 m
Schwierigkeitsgrad:	**
Wegdauer:	3 h
Ausgangspunkt:	Kirnitzschtal, Beuthenfall; Kirnitzschtalbahn, Bus
Endpunkt:	Hinterhermsdorf; Buswendeschleife (Endstelle Buslinie) Bus

Wegbeschreibung

Wie bei den vorherigen Wanderungen mit Start am Beuthenfall überschreiten wir die Kirnitzsch und gehen im Dietrichsgrund bergauf. Wir bleiben aber auf dem breiten Fahrweg (Zeughausstraße), der uns in östliche Richtung zu den Queenwiesen und halblinks in den Kleinen Zschand führt. Nach etwa 100 m gabelt sich der Weg; die markierten Wege verlaufen im Kleinen Zschand talab nach links, wir bleiben auf der Zeughausstraße, die unmarkiert nach rechts führt. Nach 1,5 km mündet der vom Winterstein (Wanderung 16) kommende „Rote Strich" von rechts in die Zeughausstraße. Er verläßt sie nach etwa 200 m wieder nach rechts, verläuft in südöstlicher Richtung parallel zum Großen Zschand und biegt am *Zeughaus* in diesen ein. Etwas rechts davon, am Forsthaus, führt der mit „Blauem Strich" markierte Saupsdorfer Weg ostwärts ansteigend aus dem Großen Zschand[1] und dann wieder abwärts in das Kirnitzschtal. Auf der Thorwalder Brücke wird die Kirnitzsch überschritten. Markierung „Blauer Strich" und ein Hinweisschild weisen uns den Weg nach rechts. Etwa 1 km wandern wir nun

---

[1] Nach Passieren einer mäßigen Steigung zweigt nach links ein breiter Forstweg ab. Dort führt ein schmaler Waldweg nordwestlich, nach ca. 50 m erreichen wir den Bärenfang. In der Grube, 4 m tief in den Felsen gehauen, wurden die durch ein Lamm angelockten Bären mittels eines Fallgitters gefangen, mit Netzen und Seilen gefesselt und dann nach Hohnstein gebracht (siehe Wanderung 16, Anmerkung 1).

entlang der *Kirnitzsch* flußauf bis zur Einmündung des von links kommenden (Hinterhermsdorfer) Dorfbaches. Der ausgeschilderte, aber nicht markierte Weg verläuft nun im Dorfbachgrund zunächst mäßig, dann tüchtig ansteigend nach *Hinterhermsdorf*.

Besonderheiten

① *Zeughaus*; ursprünglich im 17. Jh. zur Aufbewahrung der umfänglichen Jagdgeräte für die zahlreichen und aufwendigen Jagden des kurfürstlichen Hofes bestimmt. Der jetzige Bau von 1870 war allerdings schon für die Bewirtung des anschwellenden Besucherstromes gedacht. Am Zeughaus befindet sich noch die Försterei und – etwas oberhalb – der umfangreiche Gebäudekomplex des ehemaligen Stasi-Ferienheimes.

3 An dieser Stelle ist ein Hinweis auf den Fischreichtum der *Kirnitzsch* angebracht, der sicher dem aufmerksamen Wanderer nicht entgangen ist. Die Kirnitzsch zählt zu den saubersten Fließgewässern Sachsens und wird von alters her bis zur Gegenwart als ausgezeichnetes Forellenwasser gerühmt. Neben den Salmoniden Bach- und Regenbogenforelle und Äsche treten Aal, Schmerle und Groppe im gesamten Lauf, Rotaugen und Döbel im Mündungsbereich zur Elbe auf. Gute Lachsfänge, wie früher, gibt es seit über 100 Jahren nicht mehr.

④ *Hinterhermsdorf*; etwa 850 Einwohner, in der Dorfmitte 380 m hoch (die Höhenunterschiede innerhalb des Ortes sind beträchtlich!). Hinterhermsdorf stellt sich vor als „... die älteste Sommerfrische des Elbsandsteingebirges überhaupt." Die Werbeschrift zählt auf, welche Vorzüge der Ort zu bieten hat, „vergißt" aber ein (bei Redaktionsschluß anhaltendes) Dilemma: alle im Dorf gelegenen Gaststätten sind geschlossen! Ob sich da drinnen vielleicht doch Fuchs und Hase „Gute Nacht" sagen ...?

Erfreuen kann man sich dagegen an den über 50 erhaltenen Umgebindehäusern, die ältesten um 1670 erbaut. Auch die Dorfkirche (1690) ist sehenswert.

Tour 17

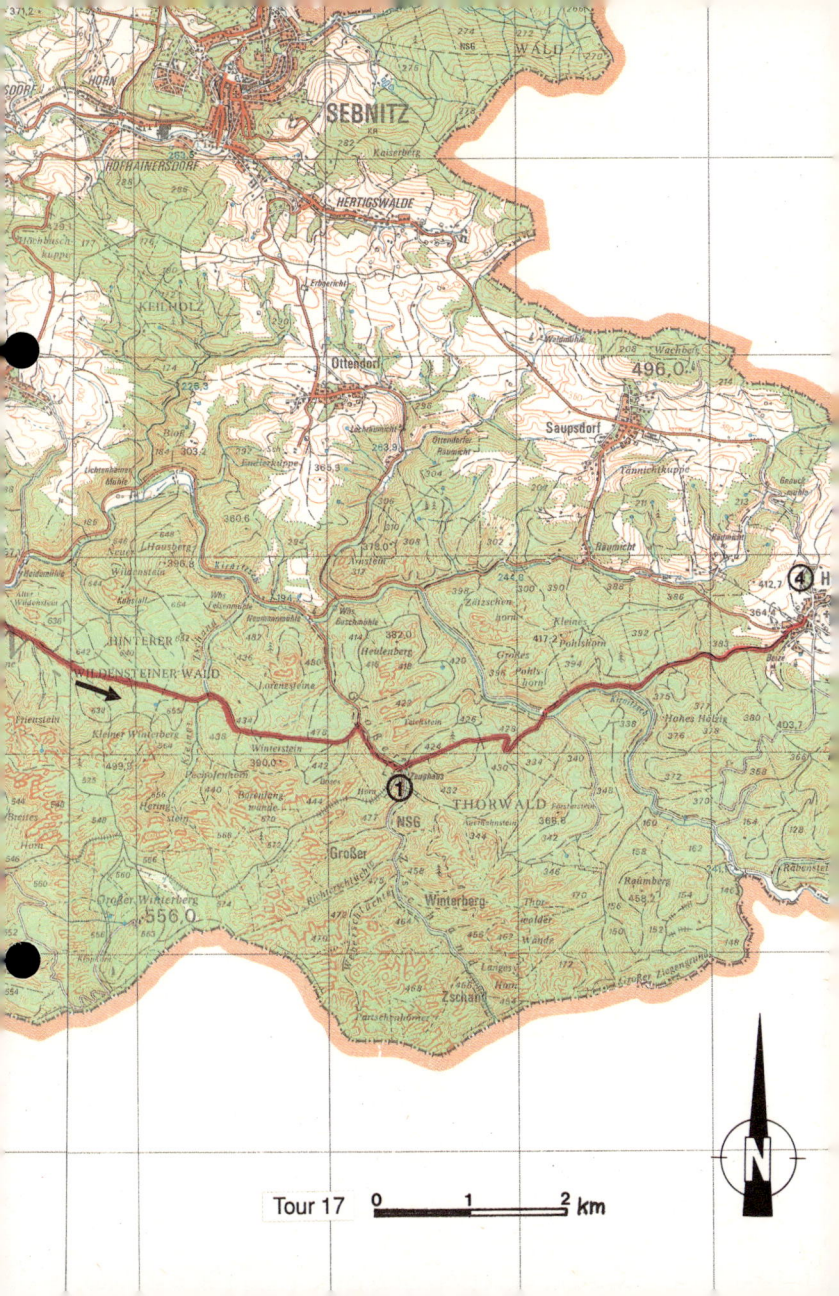

Notizen zur Tour:

Tour 17 Kartengrundlage: gescannter Ausschnitt aus der Topographischen Karte 1:50000 Blatt AV 1310-1 und AV 1310-2, herausgegeben vom Landesvermessungsamt Sachsen, Olbrichtsplatz 3, O-8060 Dresden.

Thematisch ergänzt durch den Elster Verlag.

„Hier, wo dem Blicke bänglich graut ..." 18

Mit den im Titel dieser Wanderung zitierten Worten beschrieb Götzinger Anfang des vorigen Jahrhunderts seinen Eindruck von der Kirnitzschklamm an der Oberen Schleuse. Da uns die vorhergehende Wanderung 17 nach Hinterhermsdorf führte, wollen wir uns nun dort in der Umgebung umsehen. Wir werden dabei eine überraschend schöne und interessante Landschaft kennenlernen und gern bestätigen, daß der Nordostzipfel der Sächsischen Schweiz einzigartige Reize besitzt.

Tourenlänge: 28 km
Höhenunterschied: ca. 770 m
Schwierigkeitsgrad: ***
Wegdauer: 8 h
Ausgangs- und Endpunkt: Hinterhermsdorf, Buswendeschleife (Endstelle Buslinie); Bus

Wegbeschreibung

Mit der Markierung „Gelber Strich" verlassen wir das Dorf in nordöstlicher Richtung. Am Ortsausgang gabelt sich der Weg, links erreichen wir, im Tälchen aufwärts gehend, auf der offenen Höhe einen ersten prächtigen Ausblick nach Süden und Osten. Auf dem Gegenhang einer Senke führt der Weg nach rechts, vorbei am Schäferräumicht, und abwärts in den Talgrund. Nach links (gleiche Markierung, Hinweis „Weißbachtal") geht es über ein Bächlein, dann aufsteigen zu einem breiten Forstweg und dort halblinks abwärts zum Weißbach, der hier die Grenze der ČSFR markiert. Annähernd 9 km verläuft der Weg abwärts am Weißbach, später an der Kirnitzsch, meist direkt entlang der Grenze. Zunächst schlängeln sich Pfad und Bächlein durch das zunächst wild-anmutige, nach dem Übergang vom Lausitzer Granit in das Sandsteingebiet dann streckenweise von steilen und hohen Felsen begrenzte Tal. In einem Wiesengrund mündet der Weißbach in die von links „grenzüberschreitende" Kirnitzsch, der wir jetzt folgen. Wir passieren zwei einsame Häuser[1], dahinter führt von der Oberkante des Hanges ein Stieg ein kurzes Stück abwärts und kürzt den in weitem Bogen talab verlaufenden Fahrweg merklich ab. An der *Niedermühle* führt der markierte Weg vor dem letzten Gebäude rechts hangauf; am Hang bitte aufpassen: jetzt mit der Markierung „Roter Strich" halblinks abbiegen und auf dem Weg abwärts zur Bootsstation an der Oberen

---

[1] An dieser Stelle stand nach alten schriftlichen Zeugnissen „Zentzschels Brettmüll", die auch als „Bredt Mühlen Unter dem Steinberg an der Körnigsch Pach" lokalisiert wurde.

Schleuse[2]) gehen. Hier wechselt wieder die Markierung, und mit dem „Blauen Strich" durchsteigen wir die Kirnitzschklamm und wandern dann auf dem sehr bequemen Fahrweg im Talgrund entlang des Flüßchens. Mehrfach führen markierte bzw. ausgeschilderte Wege rechts abwinkelnd nach Hinterhermsdorf[3]). Nachdem der „Blaue Strich" links über die Kirnitzsch führt und auf dem Saupsdorfer Weg aus dem Tale in Richtung Zeughaus aufsteigt, gehen wir noch weitere 250 m auf dem nun unmarkierten Talweg weiter. An der nächsten Kirnitzschbrücke quert der Wanderweg „Grüner Strich" Flüßchen und Talweg. Wir steigen rechts mit dem verwachsenen, nur mit Aufmerksamkeit zu entdeckenden Pfad steil zum Großen Pohlshorn (391 m) auf. Um die prächtige Aussicht zu genießen, müssen wir ein Stück über den gesicherten Gipfelgrat zur Talseite hin und auf gleichem Weg zurück steigen. Wenig später verläuft der Weg etwas rechts unterhalb des Kleinen Pohlshorns (417 m! Kein Fehler – siehe Bärensteine). Bei der an der Nordseite gelegenen Schutzhütte dem Hinweis Richtung Saupsdorf nach links folgen und durch die Mühlschlüchte abwärts zur Straße gehen. Auf der Straße links ca. 500 m talab, kurz vor dem links gelegenen Parkplatz, steigt rechts der Straße ein steiler Pfad zu Sturmbauers Eck auf. Immer noch nach dem „Grünen Strich" erreichen wir den Waldrand und steigen an der rechten Seite einer mit Obstbäumen bestandenen Wiese zur Höhe. Dort nach links (Hinweis „Saupsdorf") und nach zwei Wegbiegungen rechts Abstieg nach Saupsdorf. Durch das Dorf und an der oberen (Nord-)Seite aufwärts („Roter Strich", Hinweis „Wachberg") zum *Wachberg*. In östlicher Richtung geht es bergab und im ständigen Auf und Ab grenznah bis zu einer alten Fahrstraße. Dort nach rechts zum Westhang des Weifberges (478 m) und abwärts nach *Hinterhermsdorf*.

[2]) Vermutlich seit 1667 wurde hier die Kirnitzsch angestaut, um das nötige Wasser zum Flößen des Holzes zur Verfügung zu haben. Die jetzige Staumauer wurde 1931 errichtet. Sie staut die Kirnitzsch auf 700 m Länge. Seit 1879 finden Bootsfahrten auf dieser Strecke statt; die Fahrt zwischen den engstehenden, steil – zum Teil überhängenden – aufragenden Felsen ist beeindruckend. Auch der Fußweg durch die Klamm bzw. der Aufstieg zum Schleusenhorn, einer 65 m hohen Wand über der Talsohle mit dem Aussichtspunkt Hermannseck, vermittelt imposante Eindrücke.

[3]) Der Weg führt an der Niederen Schleuse vorbei, die dem gleichen Zweck wie die Obere Schleuse – dem Anstauen der für das Flößen nicht ausreichenden normalen Wasserführung – diente. Ihr fehlt aber alles, was die Obere Schleuse zum Touristenmagnet macht.

Tour 18

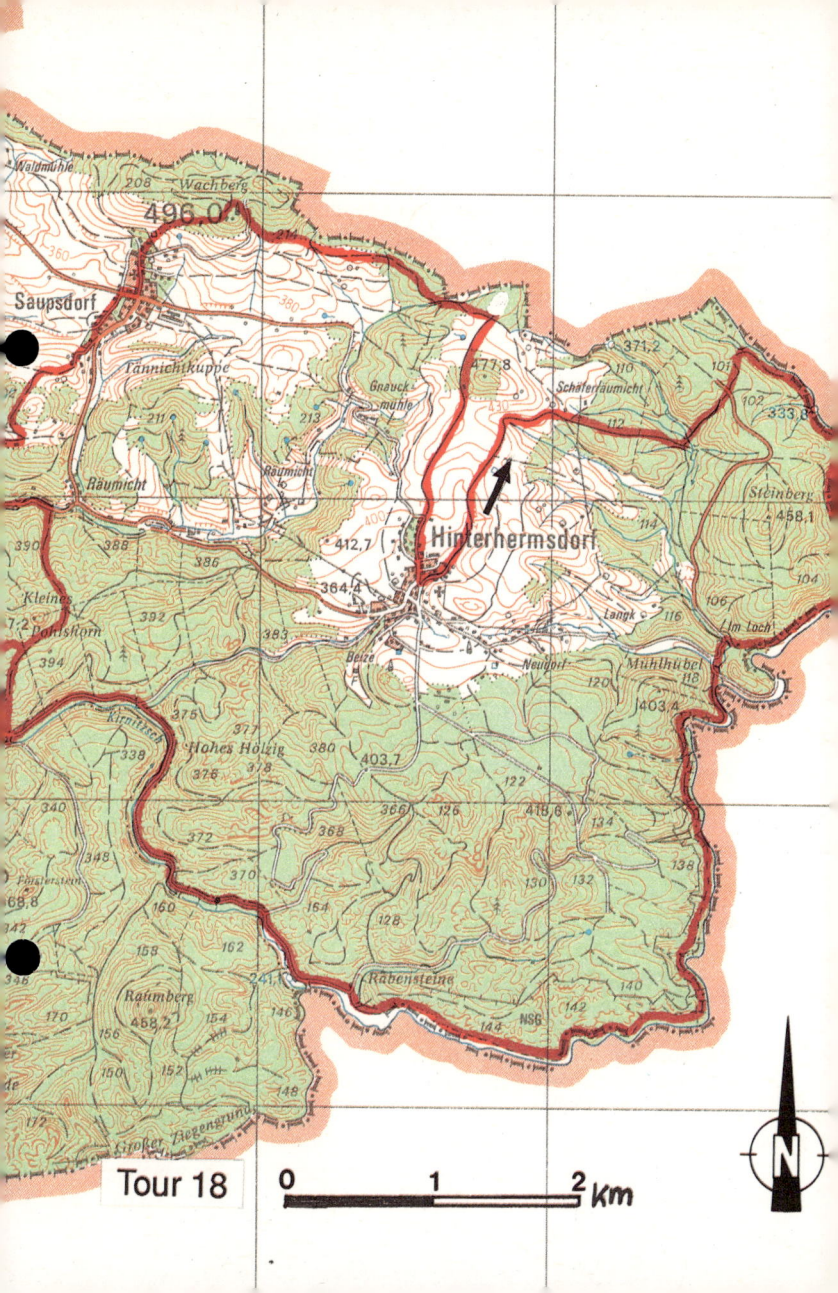

Besonderheiten

1. *Niedermühle*; bereits 1592 als „Brett müll der hermsdorfer bauern" genannt. 1920 wurde der Mahlgang stillgelegt, bis zu Beginn der 80er Jahre wurde noch im Lohnschnitt Holz bearbeitet.

2. *Wachberg*, 496 m; wegen seiner herrlichen Aussicht seit langem beliebtes Wanderziel und als „Schweizerkrone" tituliert. Die Berggaststätte besteht seit 1851. Tafeln erleichtern dem Besucher die Bestimmung der zahlreichen Aussichtspunkte, von denen ein Großteil jenseits der Grenze liegt.

3. Mehrfach, so in *Hinterhermsdorf*, bei Saupsdorf, nahe der Niedermühle und an weiteren Orten, wird der Wanderer Tafeln des Gedenkens an die Opfer des Todesmarsches von etwa 500 KZ-Häftlingen im April 1945 vorfinden. Weiteres zu Hinterhermsdorf siehe Wanderung 17, Anmerkung 4.

Der „Pate" der Titelzeile wird bei Wanderung 23 vorgestellt.

Tour 18 Kartengrundlage: gescannter Ausschnitt aus der Topographischen Karte 1:50000 Blatt AV 1310-1 und AV 1310-2, herausgegeben vom Landesvermessungsamt Sachsen, Olbrichtsplatz 3, O-8060 Dresden.

Thematisch ergänzt durch den Elster Verlag.

Über Steige und durch Schluchten

Beeindruckende Wände, tiefe Schluchten und fordernde Steige – so läßt sich diese Tour charakterisieren, die uns nochmals in das fluß- und grenznahe Gebiet der rechtselbischen Sächsischen Schweiz führt. Kein Problem, im Gewirr der Steine und Schluchten stets neue Wege auch für ausgedehnte Wanderungen zu finden. Fast beliebig lassen sich in dieser Landschaft interessante und abwechslungsreiche Routen kombinieren. Und so ist diese Wanderung nur eine von vielen Möglichkeiten.

Tourenlänge:	21 km
Höhenunterschied:	ca. 730 m
Schwierigkeitsgrad:	***
Wegdauer:	6 h
Ausgangs- und Endpunkt:	Schmilka; Schiffsanlegestelle, Bus, Weiße Flotte, DR (übersetzen mit Fähre)

Wegbeschreibung
Vom Elbufer gelangen wir in wenigen Minuten, die zur Grenze führende Bundesstraße querend, an den bergseitigen Ausgang des winzigen Ortes und gehen den breiten Fahrweg geradeaus weiter talauf, bis an der Zwieselhütte (Schützhütte) der Wurzelweg, Markierung „Grüner Punkt", erreicht wird. Auf diesem steigen wir nach rechts zuerst mäßig, dann steiler bis zur Einmündung auf den mit mehreren Markierungen versehenen Gratweg. Wir folgen nun der Markierung „Blauer Strich" nach rechts bis zum Fuß des Aufstieges zum Gipfel des Großen Winterberges, dort aber geht es auf dem *Roßsteig* in östlicher Richtung zum Katzenstein und weiter bergab. Am Übergang zu einem ziemlich steil fallenden Wegstück können wir auf dem nach rechts führenden Pfad einen Abstecher zur lohnenden Goldsteinaussicht unternehmen; zur Linken befindet sich ein *Natur-Reservat*. Auf dem nun steil abfallenden Roßsteig erreichen wir den Großen Zschand nahe des *Zeughauses*. Mit der Markierung „Grüner Strich" gehen wir nach rechts den Großen Zschand aufwärts und biegen nach etwa 250 m links auf den steil ansteigenden Hochhübelweg ein. Auf der Höhe führt die Markierung nach rechts auf den Reitsteig. In einer riesigen Anzahl von Windungen, aber mit nur geringen Höhenunterschieden, erreichen wir schließlich die Hickelhöhle. Hier steigen wir nach rechts auf dem mit „Roten

Strich" markierten Pfad steil durch die Hickelschlüchte zum *Großen Zschand* ab und wandern diesen talab in Richtung Zeughaus. Nach knapp 1,5 km zweigt der erste markierte Weg ("Grüner Punkt") nach links ab. Auf ihm steigen wir in den romantischen Richterschlüchten an. Bis zur *Richtergrotte* steigt der Weg nur mäßig, danach steil an. Am Katzenstein (freistehender kleiner Felsen mit überhängendem Gipfel; direkt am Weg) halten wir uns nach links auf den aufsteigenden Fremdenweg bzw. an den daran anschließenden Müllerwiesenweg, der am Südhang des Großen Winterbergs entlangführt und auf die Winterbergstraße mündet. Diese gehen wir über mehrere enge Kurven (3 Rechts- und 2 Linkskurven) bergab, biegen danach mit der Markierung "Roter Punkt" ab und steigen im Erlsgrund steil nach Schmilka ab.

Besonderheiten

① Der *Roßsteig* wurde vom 15. bis zum 19. Jh. fast ausschließlich für die Zufuhr von Floßholz vom Großen Winterberg zur Kirnitzsch genutzt.

② Das *Natur-Reservat* unterliegt besonders strengen Schutzbestimmungen, jegliches Betreten ist (auch für Bergsteiger) verboten. Es ist Bestandteil des Naturschutzgebietes "Großer Winterberg und Zschand", mit dem ein 861 ha großer charakteristischer Landschaftsausschnitt mit seinen Landschaftsformen, der Pflanzen- und Tierwelterhalten werden soll. Nachdem die ursprünglichen Wälder durch zeitweise intensive Holznutzung verloren gingen, soll u. a. versucht werden, die natürliche Bestockung zu rekonstruieren. Speziellen Schutz genießt auch die Tierwelt mit zum Teil sehr seltenen Arten. Der Schutzstatus sollte vor allem die im Gebiet als Brutvögel auftretenden Uhu's, Auerhühner, Wald-, Sperlings- und Rauhfußkäuze, Schwarz- und Grauspechte, Waldschnepfen, Ziegenmelker u. a. erhalten. Die 1914 erstmals ausgesetzten Gemsen halten sich in der Regel im NSG auf.

Schaden erleidet die geschützte Natur häufig durch die Besucher des Gebietes, durch Abweichen von den zugelassenen Wegen, Lärmen, Boofen[1] u. a. Es wird an alle Besucher appelliert, durch vernünftiges Verhalten der bedrohten Natur zu helfen.

[1] Boofen: In der Regel Bezeichnung für das Campieren (der Bergsteiger) in den natürlichen Auswitterungen, meist am Fuße der Sandsteinfelsen.

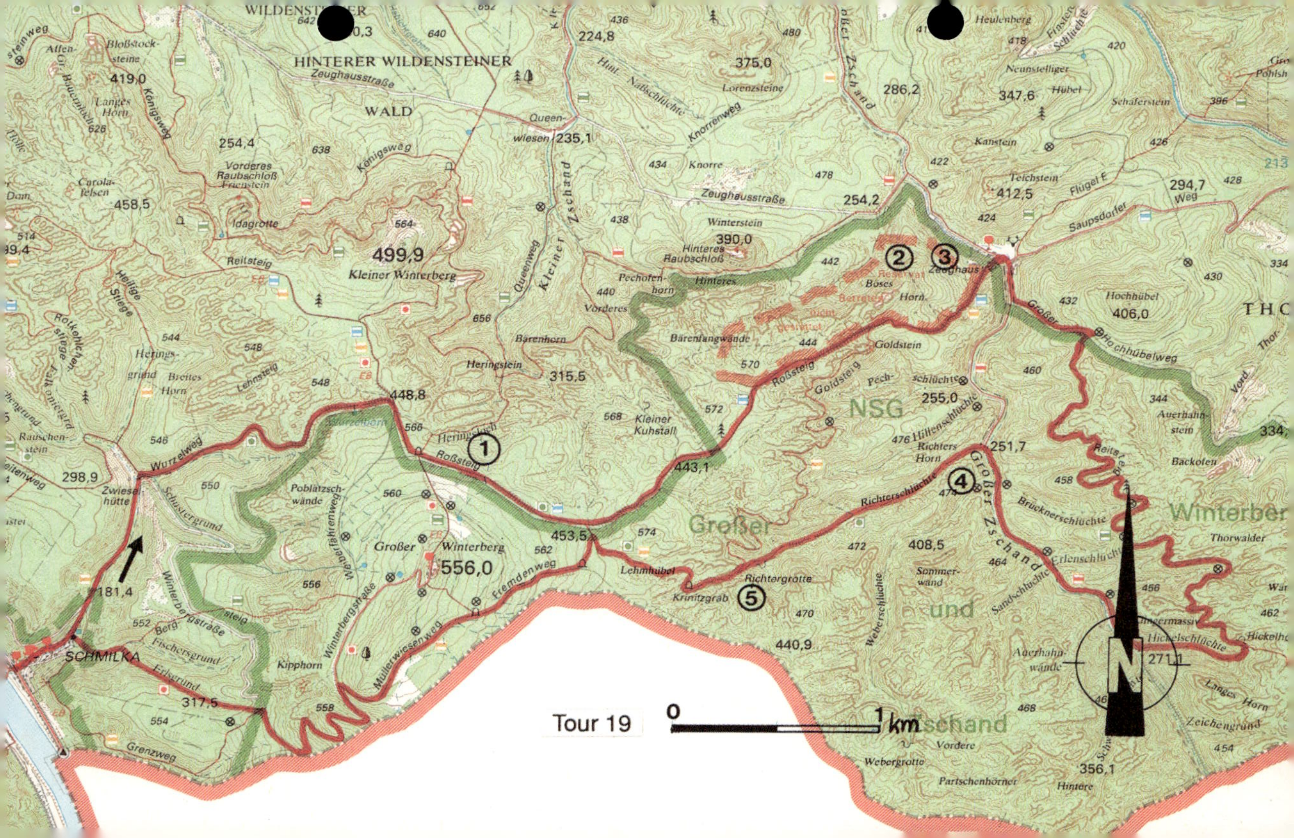

Tour 19
0
1 km
HINTERER WILDENSTEINER
WALD
SCHMILKA
Großer Winterberg
556,0
Kleiner Winterberg
499,9
Großer Zschand
Kleiner Zschand
NSG
Zeughaus
Hinteres Raubschloß
Vorderes Raubschloß Frienstein
Idagrotte
Richtergrotte
Kuhstall
Bärenfangwände
Goldstein
Roßsteig
Reitsteig
Königsweg
Zeughausstraße
Queenweg
Fremdenweg
Müllerwiesenweg
Winterbergstraße
Wurzelweg
Zwieselhütte
Heilige Stiege
Rotkehlchenstiege
Hochhübelweg
Thorwalder

③ *Zeughaus*; siehe Wanderung 17, Anmerkung 1.

④ Der *Große Zschand*, bereits 1410 erwähnt, galt als wichtigste Verbindung vom Kirnitzschtal über einen 344 m hohen Paß nach Böhmen.

⑤ Die *Richtergrotte*, entstanden durch Auswitterung der unteren Felspartien und dadurch stark überhängender Felswände, verleiht den romantischen Schluchten noch zusätzliche imposante Wirkung. Besonders bei Frost, wenn das aus den Felsspalten ständig tropfende Wasser bizarre Eisgebilde hervorbringt, ist die Grotte von eigenartigem Reiz.

Tour 19 Kartengrundlage: gescannter Ausschnitt aus der Topographischen Karte 1:25000 mit Wanderwegen Blatt 45, herausgegeben vom Landesvermessungsamt Sachsen, Olbrichtsplatz 3, O-8060 Dresden.

Thematisch ergänzt durch den Elster Verlag.

Brotzeit zwischen Heringsgrund und Heiliger Stiege

Mit dieser letzten Tour im Schrammsteingebiet nehmen wir Abschied von den elbnahen Steinen und Schluchten der Sächsischen Schweiz, steigen nochmals auf steilen Pfaden zu herrlichen Aussichten – wieder auf Wegen, die wir bei unseren bisherigen Wanderungen nicht gegangen sind. Und die Titelzeile soll nicht den Ort Ihrer Gaumenfreuden fixieren, sondern als Hinweis auf die unterwegs fehlenden Gaststätten dienen.

Tourenlänge:	18 km
Höhenunterschied:	etwa 750 m
Schwierigkeitsgrad:	***
Wegdauer:	6 h
Ausgangs- und Endpunkt:	Bad Schandau; Schiffsanlegestelle, Bus, Weiße Flotte, DR (mit Fähre übersetzen)

Wegbeschreibung
Von der Schiffsanlegestelle führt die Elbpromenade über die Kirnitzschmündung und – ab hier markiert mit dem „Gelben Strich" – zum OT Postelwitz. Wir gehen noch etwa 1 km auf dieser Straße weiter, biegen in den Zahnsgrund ein und steigen gleich darauf von der Straße nach rechts, anfangs sehr steil, auf dem Obrigensteig zur Wegspinne am *Großen Schrammtor* auf. Dort gehen wir auf dem Elbleitenweg („Grüner Punkt") rechts und im Bogen um den Vorderen Torstein (südlichster Gipfel der Torsteinkette). Nun verläuft der Weg recht bequem, etwa parallel zum Gratweg auf den Schrammsteinen (aber über 100 m tiefer) und zur Elbe – allerdings rund 200 m über dem Fluß. Nach reichlich 3 km Wanderung gelangen wir auf gleichem Weg zum *Rauschenstein*. Vom Elbleitenweg unterhalb des Rauschensteines kann ein Abstecher auf dem rechts abgehenden Weg „Grüner Strich" zur Kleinen Bastei gemacht werden. Die Entfernung zu der prächtigen Aussicht beträgt etwa 400 m bei mäßigem Gefälle.

Zurück auf dem „Grünen Punkt", umrunden wir nun den Rauschenstein und biegen ausgangs der S-Kurve links in den Heringsgrund, jetzt der Markierung „Gelber Strich" folgend. Bald gelangen wir zur Heiligen Stiege. Angesichts des bevorstehenden anstrengenden Aufstiegs über die sehr steile Heilige Stiege (Stufen, Eisenstiege) erinnern Sie sich vielleicht an den im Motto dieser Wanderung enthaltenen Vorschlag!

Auf der Höhe wird der Kammweg („Blauer Strich") gekreuzt, und mit dem „Gelben Strich" geht es geradeaus und leicht bergab. Wegen der Sperrung des Abstiegs im Felskessel des Großen Doms verläuft unser Weg kurvenreich um die Felsgruppe der Zerborstenen Türme und führt über den steilen Abstieg in den Kleinen Dom. Wir verfolgen weiter die Markierung „Gelber Strich" auf dem Sandlochweg, halten uns an den nächsten beiden Gabelungen des Wanderweges erst links, dann rechts und gelangen so zur Wildwiese. Im leichten Linksknick des Weges etwa in der Mitte der Wiese biegt ein unmarkierter Weg nach rechts ab. Auf ihm erreichen wir nach etwa 450 m einen kreuzenden Pfad und auf diesem links nach weiteren knappen 100 m den mit „Rotem Strich" markierten Oberen Liebenweg. Der Weg führt stark steigend zur *Hohen Liebe* (401 m) und dann absteigend am Südhang der Kleinen Liebe (344 m) aus dem Waldgebiet heraus und zur Straße. Auf dieser geradeaus geht es weiter zum OT Ostrau und, immer noch dem „Roten Strich" folgend, hinter dem Parkplatz nach links zum Abstieg – eventuell per Aufzug – nach *Bad Schandau*.

Besonderheiten

① *Großes Schrammtor*; siehe Wanderung 12, Anmerkung 2.

② Der *Rauschenstein* wird von einer Felsgruppe oberhalb von Schmilka gebildet. Auf ihm befanden sich im Mittelalter Beobachtungsposten und Signalwarte der Wildensteiner Burgherren, die den Verkehr im Elbtal und auf dem Fluß kontrollierten.

③ *Hohe Liebe*; etwas unterhalb des Gipfels befindet sich ein Gedenkstein; hier gedenken die Bergsteiger jährlich am Totensonntag ihrer toten Bergkameraden.

④ Der 1904 errichtete elektrische Aufzug hebt bzw. senkt seine Benutzer um 50 m. Das Eisengerüst ist 62 m hoch und wegen der originellen Konstruktion unter Denkmalschutz gestellt.
Weiteres zu *Bad Schandau* siehe Wanderung 13, Anmerkung 4.

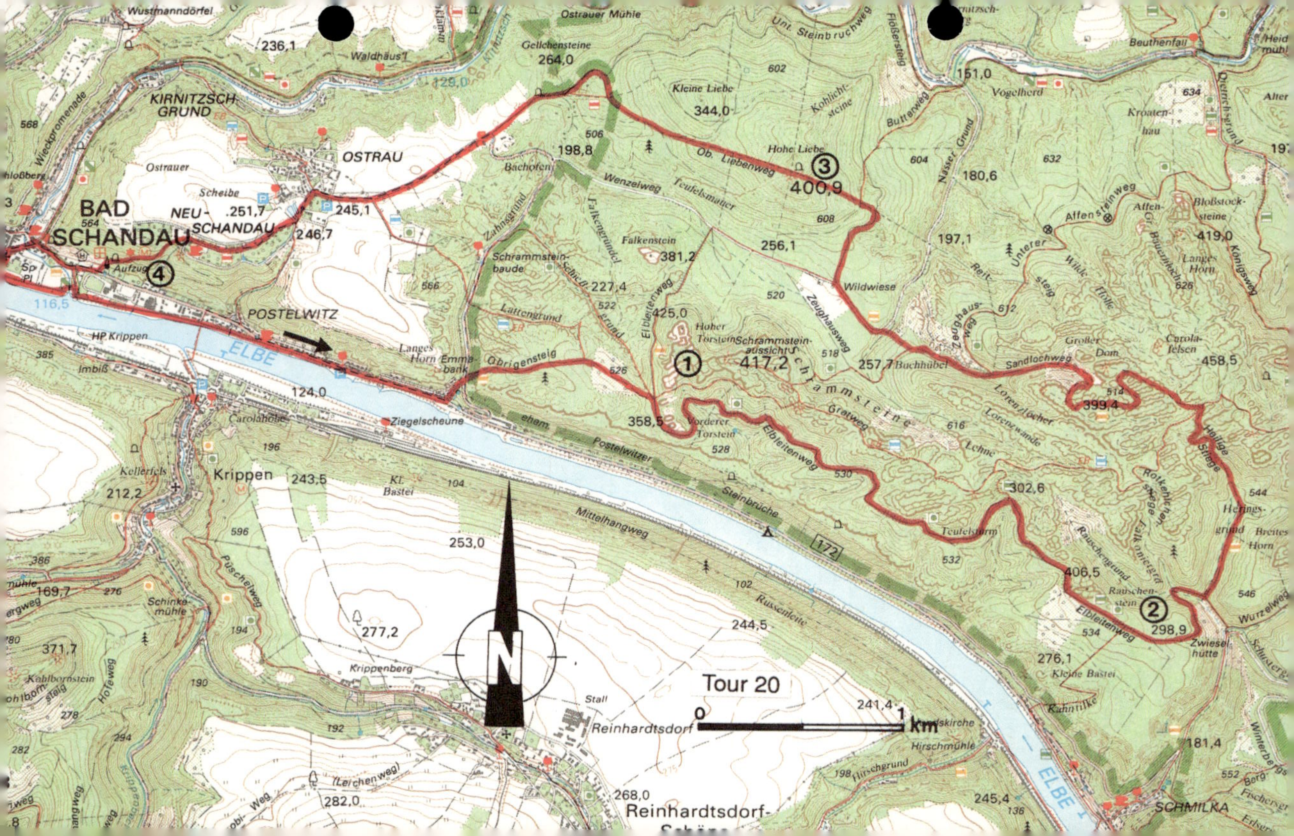

Tour 20
0
1 km
BAD SCHANDAU
NEU-SCHANDAU
OSTRAU
POSTELWITZ
KIRNITZSCH-GRUND
Krippen
Reinhardtsdorf
SCHMILKA
ELBE
Schrammsteine
Schrammsteinaussicht
417,2
400,9
Hohe Liebe
Ob. Liebenweg
Elbleitenweg
Wildwiese
Zeughausweg
Sandlochweg
Großer Dom
Carolafelsen
Heilige Stiege
Rotkehlchenstiege
Falkoniergrund
Rauschengrund
Rauschenstein
Zwieselhütte
Teufelsturm
Vorderer Torstein
Hoher Torstein
Obrigensteig
Falkenstein
Schrammsteinbaude
Wenzelweg
Teufelsmauer
Kleine Liebe
Affensteinweg
Wilde Hölle
Unterer Reitsteig
Lorenzlöcher
Gratweg
Aufzug
Ziegelscheune
Postelwitzer Steinbrüche
Mittelhangweg
Kleine Bastei
Wurzelweg
Beuthenfall
Ostrauer Mühle
Gellchensteine
Flößersteig
Unt. Steinbruchweg
Königsweg
Zahnsgrund
Lattengrund
HP Krippen
Krippenberg
Püschelweg
Schinkemühle
Kellerfels
172

Die Sächsische Schweiz – Nationalpark und Kletterparadies

Die Sächsische Schweiz, eine der schönsten deutschen Landschaften mit einzigartigen Landschaftsformen und erhaltenswerter Pflanzen- und Tierwelt, wurde zum Nationalpark erklärt. Damit erhielt ein ca. 93 km² großes, Teile der vorderen und hinteren Sächsischen Schweiz umfassendes Gebiet die höchste Schutzkategorie, die einer Landschaft zuteil werden kann.

So wie die Aufsichtsbehörden trägt auch jeder Besucher des Nationalparks eine Verantwortung für den Schutz der Natur. Diesem Prinzip dient auch die Nutzung der Sächsischen Schweiz durch die Bergsportler. Nur wenige Gebiete und Gipfel sind zeitweilig oder ständig auch dem Bergsteiger verboten. Bergsteiger und Wanderer, Ausflügler und Bewohner, alle sind aufgerufen, diese einzigartige Landschaft zu schützen. Dafür stehen über 1000 freistehende Felsen mit mehr als 10 000 Aufstiegen den Kletterern zur Verfügung.

Tour 20 Kartengrundlage: gescannter Ausschnitt aus der Topographischen Karte 1:25000 mit Wanderwegen Blatt 45, herausgegeben vom Landesvermessungsamt Sachsen, Olbrichtsplatz 3, O-8060 Dresden.

Thematisch ergänzt durch den Elster Verlag.

Jubelnd und schimpfend durch's Sebnitztal

Auf dieser Wanderung erlebt man erneut, wie eng in der Sächsischen Schweiz schroffe Felsen und tiefe Schluchten des Sandsteingebietes und die oftmals eher sanften Kuppen und breiten Rundungen des Lausitzer Granit beieinander liegen. Nahe beieinander liegen bei dieser Tour auch Freude und Fluchen. Freude über die romantischen und interessanten Wegabschnitte. Fluchen über den streckenweise üblen und schlecht markierten Weg. Trotzdem: Eine lohnende Tour!

Tourenlänge:	13 km
Höhenmeter Aufstieg:	380 m
Höhenmeter Abstieg:	210 m
Schwierigkeitsgrad:	**
Wegdauer:	4 h
Ausgangspunkt:	Bad Schandau; Waldhäusl im Kirnitzschtal, Kirnitzschtalbahn, Bus
Endpunkt:	DR, Bus

Wegbeschreibung

Von der Talbahn- bzw. Busstation Waldhäusl erreichen wir auf dem Flößersteig (den wir natürlich auch ab Bad Schandau benutzen können, wodurch sich die Wegstrecke um 2 km verlängert), links am bewaldeten Hangfuß talauf, nach knapp 400 m die (Altendorfer) Dorfbachklamm. Mit der Markierung „Roter Strich" steigen wir auf steilem Pfad, später auf mäßig steigendem breiten Fahrweg nach Altendorf auf, überqueren am östlichen Ortsausgang die befahrene Hohe Straße und gehen auf der anderen Seite bequem abwärts in das Sebnitztal. Am Waldrand im Talgrund jetzt nach der Markierung „Roter Punkt" (Hinweis „Sebnitztalweg/ehem. Buttermilchmühle") spitz nach rechts, dann über die Sebnitz. Direkt vor der Eisenbahnbrücke[1] geht es nach rechts auf ziemlich verwachsenem Pfad entlang der Bahnlinie (unterhalb und oberhalb des Bahndammes, auch mal auf dem Schotter des Dammes – wenn nicht gerade „Die *Sächsische Brennerbahn*" kommt!).

---

[1] Wer einen Abstecher zum Goßdorfer Raubschloß unternehmen will, geht durch die Eisenbahnbrücke und gleich dahinter auf dem nach links führenden Pfad steil bergauf. Die Burganlage hatte wohl ein gleiches Schicksal wie die „Raubschlösser" auf dem Frienstein, dem Neuen Wildenstein, dem Arnstein u. a., jedenfalls sind nur noch Ruinen vorhanden. Aber auch der schöne Blick auf das Sebnitztal lohnt Auf- und Abstieg.

Etwa 500 m hinter dem *„Bahnhof" Mittelndorf* steigt der Weg auf und verläßt nach links den Uferhang. Dort rechts den Hang abwärts nehmen (Markierung fehlt). Jetzt wechselt der Weg zwischen (meist verwachsenen und manchmal feuchten) Strecken im Talgrund und schönen felsigen Partien[5] – teilweise mit Ketten gesichert – am Steilufer; eine kurze Strecke lang verläuft er auch rechts der Bahnlinie. Am Bahnhof Ulbersdorf steigen wir über einige Stufen zum Bahnsteig auf, gehen nach rechts zur Straße und auf dieser links im Bogen aufwärts. Noch vor dem Ortseingang führen uns Markierung und Hinweisschilder nach rechts und leicht ansteigend zum Waldrand. Hier schwenkt der kaum kenntliche Pfad im Bogen sanft hangab zum unteren Waldrand (in Richtung der davor stehenden großen Birke), zum Talgrund und zur Straße nach Sebnitz, die an der Sebnitzbrücke erreicht wird. Diese Straße müssen wir zunächst etwa 1 km gehen, können in Höhe des Bahnhaltepunktes Amtshainersdorf auf das andere Ufer der Sebnitz wechseln, müssen aber nach knapp 500 m wieder auf die Straße zurück. Nach weiteren 600 „Straßenmetern" können wir wieder rechts über die Sebnitz, steigen leicht an bis zur Lichtenhainer Straße, gehen diese links abwärts, bleiben auf dem südlichen Ufer der Sebnitz und kommen rechts durch eine Gasse in das Stadtinnere von *Sebnitz*.

Besonderheiten

1. Eine der übelsten „Besonderheiten" unseres Wandergebietes sind die zahlreichen Mülldeponien als Altlasten eines sträflichen Umganges mit der Umwelt, z.B. die Altendorfer Mülldeponie hier im Wald am Sebnitztal.

3. Die volkstümlich als *„Sächsische Brennerbahn* (bzw. *Semmeringbahn)"* bezeichnete Bahnstrecke überwindet zwischen Bad Schandau und Krumhermsdorf (eine Station hinter Sebnitz) auf 21 km einen Höhenunterschied von 285 m. 27 Brücken, 2 Viadukte und 7 Tunnel passiert die 1877 in Betrieb genommene Bahn.

4. Der Bahnhof *Mittelndorf* besteht aus einer kleinen Holzhütte mitten im Wald. Wer hier zu- oder aussteigen will, muß seine Absicht irgendwie gut erkennbar bekunden!

[5] Recht deutlich festzustellen ist auch für den geologisch nicht „Vorbelasteten" der Unterschied zwischen dem Granodiorit, der hier zu sehen ist, und dem Sandstein, der zum Beginn dieser Tour z.B. im Kirnitzschtal zu sehen war.

Tour 21

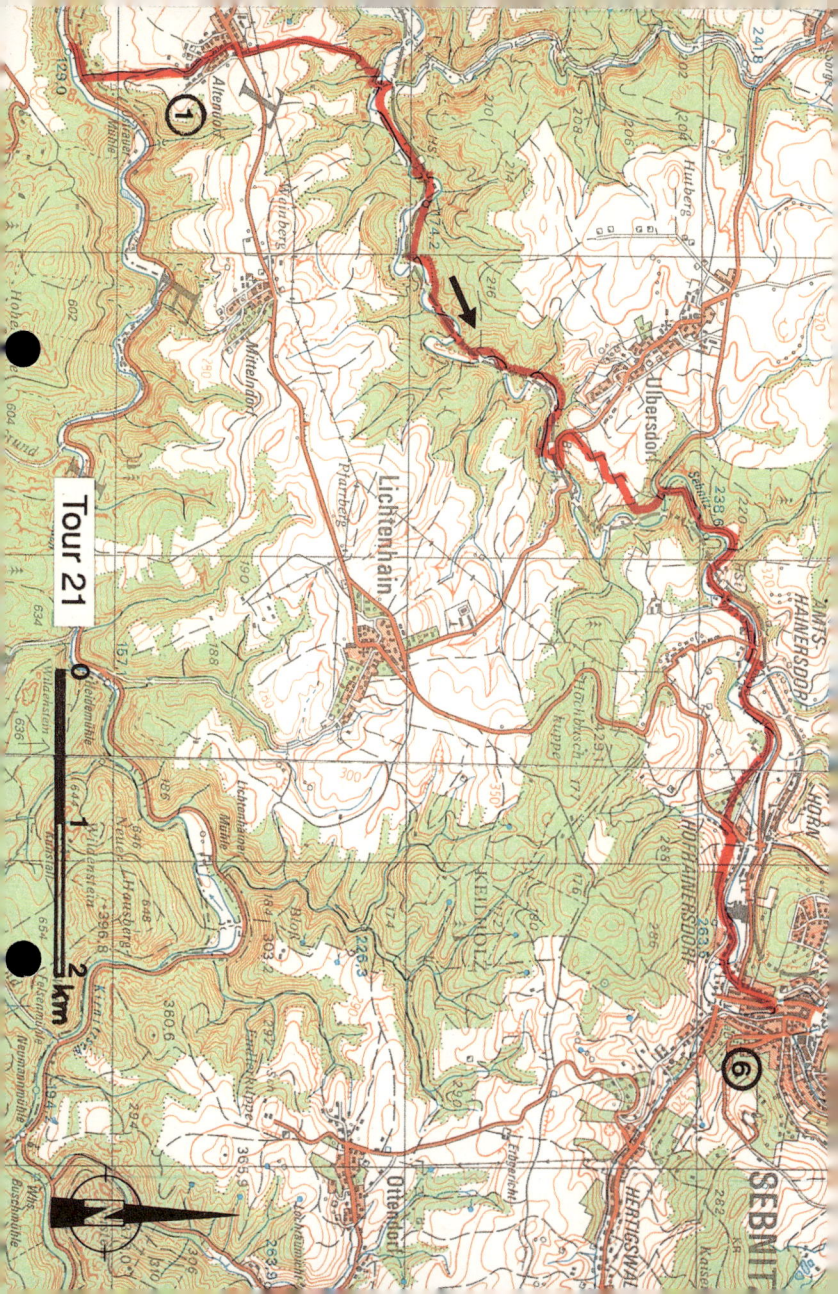

⑥ *Sebnitz*; im 13. Jh. im Talkessel des gleichnamigen Flüßchens wohl von Anfang an als kleine städtische Siedlung angelegt. Nach großen Stadtbränden von 1633 und 1854 ist wenig alte Bausubstanz erhalten, aber in den äußeren Stadtgebieten sind noch zahlreiche Umgebindehäuser zu sehen. Sehenswert die Stadtkirche von 1619 mit Bauteilen des 15. Jh. und Stücken der Innenausstattung des 15.–17. Jh.

Das Heimatmuseum informiert über Stadtgeschichte und die heimische Industrie, unter der die (ehemalige?) Kunstblumenproduktion eine dominierende Bedeutung hatte. Der Interessent kann im Museum eine Fülle heimatkundlicher Literatur, darunter ausgezeichnete regionale Wanderführer, erhalten.

Tour 21 Kartengrundlage: gescannter Ausschnitt aus der Topographischen Karte 1:50000 Blatt AV 1310-1 und AV 1310-2, herausgegeben vom Landesvermessungsamt Sachsen, Olbrichtsplatz 3, O-8060 Dresden.

Thematisch ergänzt durch den Elster Verlag.

„... wach auf Gesell, die Ferne lockt – die wundervolle Ferne"

Vom Aussichtsturm auf dem Unger, der bei dieser Tour sowohl den höchsten als auch den nördlichsten Punkt markiert, ergibt sich ein ausgezeichneter Blick über das Wandergebiet um Sebnitz und zu den höchsten Erhebungen der Sächsischen Schweiz diesseits (Großer Winterberg) und jenseits (Großer Zschirnstein) der Elbe sowie dem Hohen Schneeberg, dem auf böhmischer Seite gelegenen und mit 726 m höchsten Gipfel im Elbsandsteingebirge. In nordöstlicher Richtung grüßen mit dem nahen Valtenberg und dem sagenumwobenen Czorneboh schon die Berge der Oberlausitz – die Ferne lockt!

Tourenlänge:	16 km
Höhenunterschied:	ca. 600 m
Schwierigkeitsgrad:	**
Wegdauer:	5 h
Ausgangs- und Endpunkt:	Sebnitz, Markt; Bus, DR

Wegbeschreibung

Wir verlassen den Markt durch die Brauhausstraße in nördlicher Richtung und finden dort schon die Markierung „Blauer Strich" und die Hinweise „Finkenberg-Unger". Aufwärts gehen wir zur Ausfallstraße, weiter auf dieser und hinter der Eisenbahnbrücke geradeaus aufwärts zur Finkenbergbaude. Vor dieser nach links auf einen Pfad absteigen und nach rechts durch den Wald abwärts gehen. Nicht ganz zur Straße absteigen, sondern auf dem Waldweg rechts in zunehmendem Abstand zur Straße vorbei am Hinteren Finkengut (ehem. Stadtgut, jetzt Ferienheim) und dahinter nach links auf der Straße zur Eisenbahnbrücke gehen. Hinter dieser rechts um das Gebäude herum und links zwischen diesem und dem *Sportplatz* im Wald aufwärts steigen. Der Pfad führt in wechselnder Richtung an *alten Steinbrüchen* vorbei (Vorsicht, gefährlicher Steinabfall zur Linken!) aufwärts. Unterhalb der Bergkuppe geht es wieder mäßig bergab, und der jetzt breite Weg erreicht an der Einmündung der Rugiswalder Straße die Landstraße nach Neustadt. Auf dieser geht es 200 m weiter, an der Bushaltestelle (Markierung ist auf der entgegengesetzten Seite angebracht) links mäßig aufwärts zum *Unger* (537 m).

Beim Abstieg nach der Markierung „Gelber Strich" verläuft der oft kaum wahrnehmbare Weg nach Süden, quert Eisenbahngleise und führt nach Schönbach.

Im Dorf die Straße links abwärts bis zur Linkskurve nehmen, dort am Bach entlang rechts auf den Fahrweg, weiter nach der Markierung „Gelber Strich" talab durch die *„Goldgruben"* nach Amtshainersdorf. Nach der Unterquerung der Bahnlinie wird die Hauptstraße erreicht, auf dieser geht es 250 m nach rechts. Jetzt gehen wir über die Kirnitzsch, steigen zur Straße nach Lichtenhain auf, gehen auf dieser ca. 200 m aufwärts zum oberen Waldrand und nun halblinks zunächst am Waldrand, dann im Wald aufwärts bis zur *Hohen Straße*, die die Markierung „Roter Strich" trägt. Auf dieser etwa 500 m nach links und dann wieder links zu den Aussichtspunkten „Sauers Ruhe" (427 m) und „Endlers Ruhe". Von hier aus steigen wir in wenigen Minuten nach Sebnitz ab.

Besonderheiten
1 Etwa 300 m nördlich vom *Sportplatz* liegt links vom Weg (Hinweisschild) im Schutz mannshoher Granodioritblöcke der Peststein. Er erinnert an das Pestjahr 1680, als in Neustadt 137 und in 3 Dörfern der Umgebung weitere 60 Menschen an der Pest starben, Sebnitz aber davon verschont blieb.

2 Die *alten Steinbrüche* sind ehemalige Granodioritbrüche; vor allem im vorigen Jahrhundert wurde der Bruch zur Materialgewinnung für Straßen- und Eisenbahnbau betrieben; 1902 arbeiteten hier 40–50 Steinbrecher. Der letzte Bruch wurde 1962 stillgelegt und diente zuletzt als Deponie.

3 Seit Mitte des 19. Jh. befinden sich auf dem Gipfel des aus Granodiorit bestehenden *Unger* Gasthaus und Aussichtstürme. Von der 28 m hohen Plattform des Aussichtsturmes bietet sich der vielgepriesene Rundblick. Im Gasthaus finden wir den Vers, dem das Motto dieser Tour entstammt:

> „Wer immer nur zuhause hockt,
> der wird verbockt und ganz verstockt,
> wach auf, Gesell, die Ferne lockt
> – die wundervolle Ferne!"

Tour 22

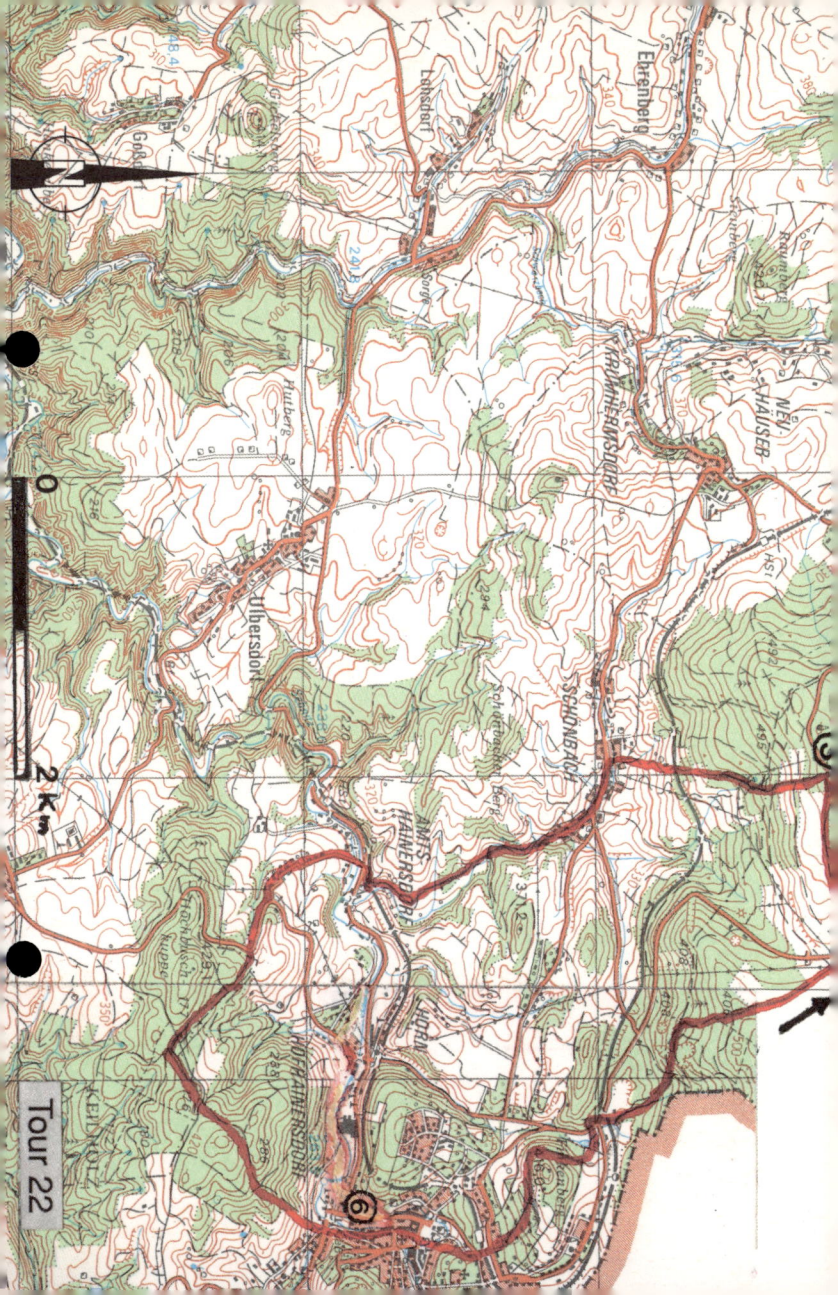

Teile des Bergwaldes am Unger stehen unter Naturschutz. Ziel ist, den „naturnahen, niedermontanen Bergmischwald" zu erhalten.

4 *Goldgruben*; im Tal sind Spuren alter Bergbauversuche zu erkennen; daß diese tatsächlich auf Gold gerichtet waren, ist nicht nachgewiesen.

5 *Hohe Straße*; eine der ältesten Verkehrsverbindungen des Gebietes, bereits in der Oberlausitzer Grenzurkunde von 1223 genannt. Von großer Bedeutung war sie im 16. Jh. für den Frachtverkehr von Schandau zur Oberlausitz nach Böhmen.

⑥ *Sebnitz* siehe Wanderung 21, Anmerkung 6.

Tour 22 Kartengrundlage: gescannter Ausschnitt aus der Topographischen Karte 1:50000 Blatt AV 1310-2, herausgegeben vom Landesvermessungsamt Sachsen, Olbrichtsplatz 3, O-8060 Dresden.

Thematisch ergänzt durch den Elster Verlag.

Wo im Tal die Märzenbecher blühn ...

In ihrem oberen Lauf zwischen Neustadt und Hohnstein windet sich die Polenz durch ein reizvolles Tal, gräbt sich immer tiefer in den felsigen Untergrund und hat schließlich bei ihrem Eintritt in das Sandsteingebiet bei Hohnstein eine imposante Uferkulisse. In hellen Scharen strömen die Besucher in das liebliche Tal zur Blütezeit der Märzenbecher, wenn die zahllosen Blüten die Talwiesen wie verschneit erscheinen lassen.

Tourenlänge:	19 km
Höhenmeter Aufstieg:	225 m
Höhenmeter Abstieg:	175 m
Schwierigkeitsgrad:	*
Wegdauer:	4 h
Ausgangspunkt:	Hohnstein, Markt; Bus
Endpunkt:	Neustadt, Bahnhof; DR, Bus

Wegbeschreibung
Wir beginnen die Wanderung unterhalb der Burg Hohnstein am Marktplatz und gehen an der Kirche nach der Markierung „Grüner Strich" bergab. Der Weg kreuzt mehrfach die in Serpentinen ins Polenztal absteigende Straße, in deren zweiter Linkskehre ein etwas verwachsener Pfad (etwa 10 m rechts von der Tafel des Honsteiner Lehrpfades am talseitigen Straßenrand mit der Erklärung zum eben abgestiegenen Maiweg), Markierung „Roter Punkt", nach rechts hangab zur Talsohle der *Polenz* führt. Wir müssen nun auf der Straße talauf wandern, nur hinter der Russigmühle verläuft der Wanderweg ein kurzes Stück im Talgrund neben der Straße. Nach ca. 1,5 km biegen wir rechts ab und wandern weiter entlang Polenz und „Rotem Punkt", zuerst auf einem Fahrweg vorbei an Heeselichtmühle und Scheibenmühle. Dahinter wird der Weg streckenweise schmal, bleibt aber bis auf wenige, kleinere, felsige Partien bzw. Feuchtstellen bis zum Ziel sehr bequem. Der Talweg ist durchweg mit dem „Roten Punkt" meist gut markiert und ohnehin kaum zu verfehlen. Ausnahme: Im ersten Teilstück des Talweges gabelt er sich; der hier nicht markierte Wanderweg biegt vom aufsteigenden Forstweg nach links ab und führt am Hang abwärts.

Da wir talauf gehen, verlieren die zuerst sehr steilen, markanten Talhänge allmählich an Höhe und Schroffheit. Unter- und oberhalb der Bockmühle werden wir am Naturschutzgebiet *„Märzenbecherwiesen"* auch außerhalb der Blütezeit auf diese botanische Kostbarkeit hingewiesen.

Nach dem vollständigen Zurückweichen der bewaldeten Uferhänge erreichen wir Polenz; das einzige Dorf, durch welches wir bei unserer Talwanderung kommen. Nach reichlich 250 m auf der Dorfstraße führt die Markierung über die Polenz und verläuft jetzt auf der Südlichen Uferseite. Rund 3 km wandern wir durch das langgestreckte Dorf, ehe im nahtlosen Übergang das Tagesziel *Neustadt* erreicht wird. Zum Bahnhof gelangen wir – immer noch dem „Roten Punkt" folgend – aus dem Tal nach rechts zum Neubauviertel aufsteigend, auf der Maxim-Gorki-Straße über die Bahnlinie und nach rechts gehend.

Besonderheiten

1 Das *Polenztal* weist auf 22 km Länge des Flüßchens zwei geomorphologisch sehr verschieden geprägte Teile auf. Das untere Polenztal (Wanderung 11) beginnt am Hockstein als U- oder Trogtal mit canonartigem Charakter. Das obere Polenztal, das bei der hier vorgestellten Tour auf seiner gesamten Länge durchwandert wird, bildet ein V- oder Kerbtal mit Prall- und Gleithängen sowie vielen Talwiesen. Zahlreiche Mühlen, heute meist Gaststätten, wurden von dem Flüßchen über Jahrhunderte angetrieben.

2 Naturschutzgebiet *„Märzenbecherwiesen"*; 6,5 ha große Fläche. Auf den Talwiesen der Polenz wurden diese Märzenbecher bereits seit 1928 geschützt. Sie sind jährlich zur Blütezeit Besuchermagnet. Da die Besucher in der Regel auf der hier das Tal kreuzenden Straße „anwandern", wird unsere Tour durch das Polenztal auch in der Blütezeit des „Leucojum vernum" nur wenig von ihrer beschaulichen Stille verlieren.

3 *Neustadt*; Anfang des 14. Jh. wahrscheinlich als Siedlung von Bergleuten gegründet und 1333 erstmals genannt. Die gitterförmig angelegten Straßen, der große quadratische Markt mit dem Rathaus (Portal von 1703, auf dem hohen abgewalmten Satteldach thront ein hübscher Dachreiter) in der Mitte lassen auf eine planmäßige Anlage des Ortes schließen, der lange Zeit böhmischer Besitz der Berken von der Duba war. Die ehemals mit 4 Toren versehene Stadtbefestigung ist nicht mehr vorhanden.

Stadtkirche; Neubau 1884 mit Resten aus dem 14. Jh. im Chor und mit zwei guten Epitaphien (Sandstein) des 16. Jh. Bemerkenswert auch ein Wohnhaus am Markt mit dreiseitigem Vorbau (18. Jh.) und ganz besonders das Pfarrhaus (siehe dazu Wanderung 30, Anmerkung 6).

Heute leben ca. 12 000 Einwohner in der Stadt.

Tour 23

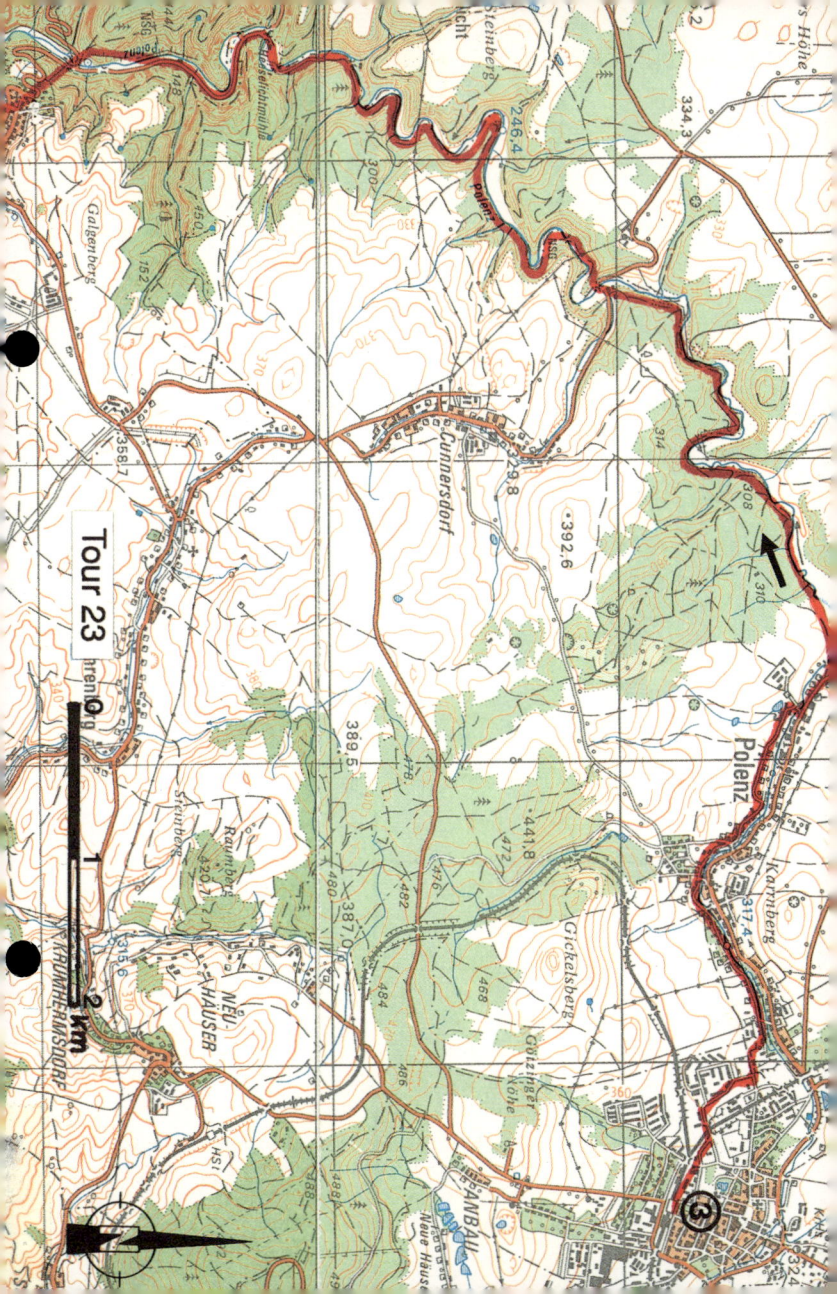

Notizen zur Tour:

Tour 23 Kartengrundlage: gescannter Ausschnitt aus der Topographischen Karte 1:50000 Blatt AV 1310-1 und AV 1210-3, herausgegeben vom Landesvermessungsamt Sachsen, Olbrichtsplatz 3, O-8060 Dresden.

Thematisch ergänzt durch den Elster Verlag.

Elbhangwatze zum Pillnitzer Balkon 24

Die Wanderung führt auf dem rechten Elbufer von Dresden nach Graupa und Pillnitz. Zum großen Teil verläuft der Weg auf dem Elbhang und bietet großartige Blicke über die Kulturlandschaft in der Elbtalweitung im Süden von „Elbflorenz". Die Fülle von Sehenswürdigkeiten läßt diese Wanderung zu einer der erlebnisreichsten Touren in unserem Wandergebiet werden.

Tourenlänge:	20 km
Höhenunterschied:	ca. 350 m
Schwierigkeitsgrad:	**
Wegdauer:	5,5 h[1]
Ausgangspunkt:	Dresden, Körnerplatz; Straßenbahn, Bus
Endpunkt:	Pillnitz; Bus, Weiße Flotte

Wegbeschreibung

An Dresdens *„Blauem Wunder"* starten wir und gehen am Körnerplatz den Veilchenweg aufwärts. Bereits zu Beginn des Weges finden wir die Markierung „Gelber Strich" und eine Hinweistafel. Nach Unterquerung der *Schwebeseilbahn* führt vom Veilchenweg links abzweigend der 2. Steinweg steil hinauf (Stufen) zur Höhe. Dort noch ein Stück auf der Straße mäßig aufwärts und dann, auf Waldwegen den Wachwitzgrund durchquerend, aufwärts nach Wadewitz. Wer Lust hat, kann hier zum und auf den *Fernsehturm* steigen, muß bei schönem Wetter und guter Sicht für den prächtigen Ausblick das Getümmel der Ausflügler in Kauf nehmen. Der zuverlässigen Markierung folgend, kommen wir durch Pappritz und den Helfenberger Grund aufwärts zum *Park Helfenberg* und weiter nach Rokkau. Vor dem Ort haben wir einen herrlichen Blick über das Elbtal zur Sächsischen Schweiz und dem Osterzgebirge. In Rockau gehen wir am Gasthof geradeaus über den Dorfplatz (links Bushaltestelle) und finden am Gäßchen auf der Gegenseite den „Gelben Strich" wieder. Auf einem Wiesenweg erreichen wir den Keppgrund und die *Keppmühle*. Im Keppgrund abwärts zur Dresdner Straße. Wenige Schritte auf dieser nach links bringen uns zur *Weber-Gedenkstätte*. Weiter auf der Dresdner Straße; dieses Stück verläßt den „Gelben Strich" bis zur nach links führenden Straße „An der Schäferei" und, nun wieder mit dieser Markierung, ein Stück auf der Wünschendorfer Straße rechts aufwärts. Der Weg führt jetzt entlang der Weinbergsmauer. Der prächtige Ausblick über Pillnitz, das Elbtal und die

---

[1] Zur angegebenen Zeit muß der hohe Zeitaufwand zugerechnet werden, der für den Besuch des Fernsehturmes, der Gedenkstätten für Weber und Wagner und vor allem von Schloß und Park Pillnitz benötigt wird.

weitere Umgebung lassen den „Balkon von Pillnitz" zu einem Erlebnis werden!

Am Ende der Weinbergsmauer geht es den oberen Hangweg (Leithenweg) ein Stück aufwärts und im Hangwald in zahlreichen Wegwindungen, bis zur Weggabelung nach Abstieg in den Tiefen Grund. Dort den mit „Rotem Punkt" markierten Weg rechts abwärts nach Graupa nehmen. Im Ort befindet sich die *Wagner-Gedenkstätte*, die mit einem kleinen Abstecher zu erreichen ist. Der Wanderweg „Roter Punkt" führt am Ausgang des Tiefen Grundes (vor Erreichen des Ortes) nach rechts auf dem Weinbergsweg nach Oberpoyritz und geradeaus weiter nach Pillnitz. Über die Hauptstraße und etwas links geht es zum Schloßpark (Hintereingang) und nach *Schloß Pillnitz*.

Von der Vorderseite des Schloßparkes treten wir die Rückfahrt an.

Besonderheiten

1. *„Blaues Wunder"* wird die eiserne Hängebrücke von den Dresdnern liebe- und achtungsvoll genannt. 1891–93 entstand die 270 m lange und 141,5 m lichte Weite überspannende 3500 t schwere Brücke, zur Entstehungszeit eine technische Meisterleistung! Bis 1923 wurde Brückenzoll erhoben. Die Brückensprengung 1945 wurde von Erich Stöckel und Paul Zickler unter Lebensgefahr verhindert (Gedenktafel).

2. Die Loschwitzer *Schwebeseilbahn* wurde 1898–1900 als Weltneuheit gebaut und überwindet 84 Höhenmeter; Technisches Denkmal.

3. Der *Fernsehturm* auf der Wachwitzer Höhe (230 m) wurde 1969 in Betrieb genommen. Mit 252 m ist er das höchste Dresdner Bauwerk. Die Aussichtsplattform in 148 m Höhe bietet einen herrlichen Blick.

4. Der *Park* des 1775 erbauten ehemaligen Rittergutes *Helfenberg* (mit Brauerei, Winzerei, Schäferei) hat einen prächtigen Baumbestand.

5. *Keppmühle*, 1781 erbaut; C. M. von Weber weilte hier gern (Gedenktafel); zahlreiche weitere Erinnerungstafeln sind studentischen Feten an dieser romantischen Stelle gewidmet.

6. *Carl-Maria-von-Weber-Gedenkstätte*; in dem einstigen Winzerhäuschen verbrachte der Komponist mit seiner Familie zwischen 1818 und 1824 mehrere Sommeraufenthalte. Hier entstanden Kompositionen (z. B. Teile des „Freischütz"). Die im Stil der Zeit Webers eingerichteten Räume enthalten Zeugnisse von Webers Wirken.

Tour 24

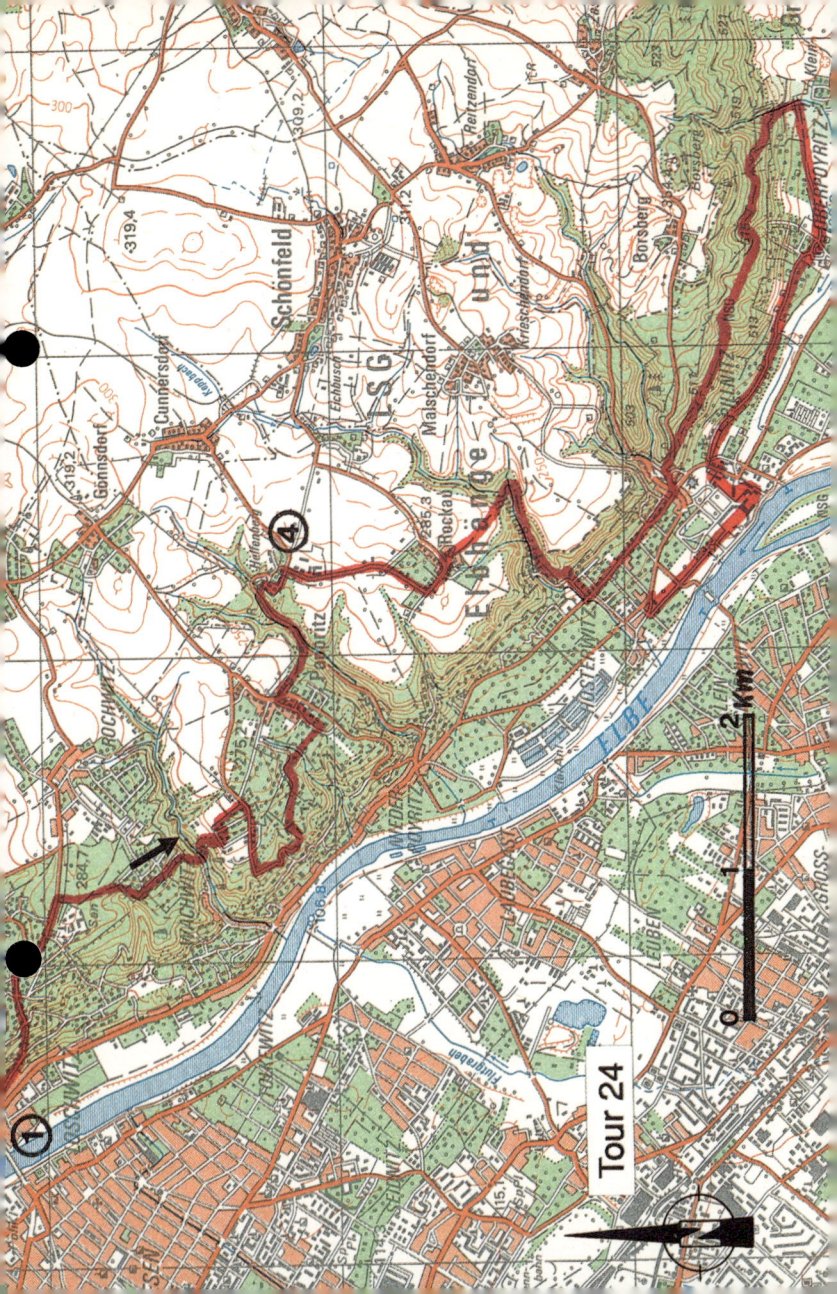

7 *Richard-Wagner-Museum* Graupa; im ehemaligen Bauerngut weilte der Komponist 1846 mehrere Monate und konzipierte hier die Oper „Lohengrin". Die von Wagner seinerzeit genutzten Räume sind im Stil der Zeit eingerichtet und stellen sein künstlerisches Wirken und seine Rolle im Dresdner Maiaufstand 1849 vor.

8 Das heutige *Schloß Pillnitz* hatte Vorläufer, die im wesentlichen unter August dem Starken gebaut wurden (Wasserpalais 1720/21 von M.D. Pöppelmann; 1722/23 Bergpalais). 1818 wurde nach einem Brand das Neue Palais als harmonische Verbindung zwischen Wasser- und Bergpalais errichtet. Der einmalige Reiz des Ensembles ergibt sich aus der Harmonie von Gebäuden und Park sowie der Einbeziehung der Landschaft in das Gesamtbild. Schloß Pillnitz war bis 1918 Sommersitz der sächsischen Königsfamilie, seitdem ist es als Staatsbesitz öffentlich. Im Palais befindet sich das Museum des Kunsthandwerks.

Tour 24 Kartengrundlage: gescannter Ausschnitt aus der Topographischen Karte 1:50000 Blatt AV 1209-4, herausgegeben vom Landesvermessungsamt Sachsen, Olbrichtsplatz 3, O-8060 Dresden.

Thematisch ergänzt durch den Elster Verlag.

Ochsenkopf und Gänsefuß

Reichlich 50 km² umfaßt die Dresdner Heide; hunderte Kilometer sind die Forst- und Wanderwege lang, die als dichtes Netz das geschlossene Waldgebiet im Nordosten der sächsischen Landeshauptstadt durchziehen. Die Heide ist beliebtes Wander- und Ausflugsziel der Dresdner. Doch die zahlreichen Besucher – zunehmend vor allem die Radfahrer – verlieren sich fast im weiten Heidegebiet. Der Wanderer genießt kilometerweit die Stille und Einsamkeit des Heidewaldes und ist dann plötzlich an der Hofewiese oder am Prießnitzfall, oft im Trubel. Unsere Tour führt durch typische Heidelandschaft und berührt die meisten Sehenswürdigkeiten.

Tourenlänge:	26 km
Höhenunterschied:	250 m
Schwierigkeitsgrad:	*
Wegdauer:	6,5 h
Ausgangs- und Endpunkt:	Dresden, Straßenbahnhaltestelle Weißer Hirsch bzw. Straßenbahnhaltestelle Am Weißen Adler

Wegbeschreibung

Wir überqueren die Bautzener Straße und erreichen auf der rechtwinklig in Richtung Norden abzweigenden Straße nach wenigen Schritten den Heiderand am Stechgrund. Im mäßig eingetieften Grund gehen wir entlang des winzigen Bächleins mit dem schauerlichen Namen „Mordgrundwasser" nach rechts talauf bis zur ersten Brücke und dort auf der südlichen Seite des wenig oberhalb auslaufenden Grundes (Markierung „Roter Punkt") weiter ostwärts. Diese Markierung führt uns auf den Nachtflügel[1]. Wir bleiben auf dem Nachtflügel. Nach etwa 1 km zweigt der „Rote Punkt" rechts ab. Kurz danach biegt die Markierung „Roter Strich" von rechts auf den Nachtflügel ein. Dieser folgen wir jetzt, im weiten Bogen nach Norden einbiegend, zu einem kleinen *Stausee*. Jetzt führt der „Rote Strich" in nordwestlicher Richtung zur Prießnitz und in dem überraschend steil eingekerbten Tal zur Heidemühle.

Dort wird die Radeberger Straße überquert, und es geht auf dem „Gänsefuß" in Richtung Hofewiese. Etwa 200 m nach Überschreiten der Prießnitz zweigt halbrechts vom ansteigenden breiten Weg ein gleichfalls aufwärts

---

[1] Ein Großteil der Wege in der Dresdner Heide trägt jahrhundertalte Waldzeichen, die wahrscheinlich ihren Ursprung in der kolonialistischen Erschließung der Mark Meißen haben und im 12. und 13. Jh. entstanden sind.

führender Weg ab, der die „8" schneidet und zur südöstlichen Schmalseite der Hofewiese führt. Gleich am Ende der Wiese links abbiegen, immer in Nähe der Hofewiese bleiben und an allen Gabelungen und Kreuzungen die nach links führenden Wege benutzen. Etwa in der Mitte queren wir nun die langgestreckte Hofewiese. Rechts am Gebäudekomplex vorbei zum nahen Waldrand. Dort führt nach wenigen Metern ein Pfad ein kleines Stück nach rechts. Er verläuft entlang des Steingründchenwassers zuerst etwas verwachsen, dann sehr reizvoll in dem sich schnell eintiefenden Grund zur Prießnitz. Auf der Talstraße nach rechts bis zur Andersbrücke gehen und nun auf dem Naturlehrpfad auf dem linken Ufer weiter talab zum *Prießnitzfall* und zum Waldbad. Hier müssen wir wieder auf das rechte Ufer und auf die Talstraße. Nach 300 m gabelt sich die Straße; wir gehen links talab, queren letztmalig die Prießnitz und erreichen nach weiteren reichlich 400 m einen nach links abzweigenden breiten Forstweg, der zügig aus dem Talgrund aufsteigt. Auf der Höhe führt der Weg dann in südöstliche Richtung und quert am Königsplatz (Schutzhütte) einen gleichfalls breiten Weg. Etwa 150 m dahinter zweigt leicht nach links ein mit „Z" gekennzeichneter schmaler Weg ab, dem wir nun über knapp 3 km folgen. Dann geht er – in gleicher Richtung weiterführend – in den Mühlweg über (mit MW bezeichnet), der schließlich in den breiten HG-Weg (Markierung „Grüner Strich") mündet. Auf diesem gelangen wir nach reichlich 1 km zum Stechgrund, dem Heiderand und der Bautzner Landstraße[2].

Besonderheiten

1 Während der Regierungszeit des Kurfürsten August von Sachsen (1553–1586) waren die Waldzeichen besonders häufig verwendet worden, wobei mit schwarzen Zeichen markante Punkte (Brücken, Borne, Bildstöcke u.a.), mit roten aber Wege gekennzeichnet wurden. Die historischen Wegzeichen sind nach dem ehemaligen Zweck der Wege (Verkehrswege, jagdliches Wegenetz, Forstwirtschaftssystem usw.) gruppiert und ersetzen natürlich nicht die Wanderwegmarkierung, erleichtern aber die Orientierung. Darüber hinaus wird man sicher seine Freude daran haben, ständig weitere dieser originellen Zeichen zu entdecken, sei es nun „Reichsapel", „Fensterchen", „Stuhl" und „Brille" oder eben „Ochsenkopf" und „Gänsefuß".

[2] Eine Empfehlung zum Abschluß des Wandertages und ein Kontrapunkt zur Tour durch die Heide: gehen Sie noch etwa 600 m weiter in Richtung Elbe zum Luisenhof, Bergstation der Standseilbahn, wo sich ein prächtiger Blick über Stadt und Elbtal bietet.

Tour 25

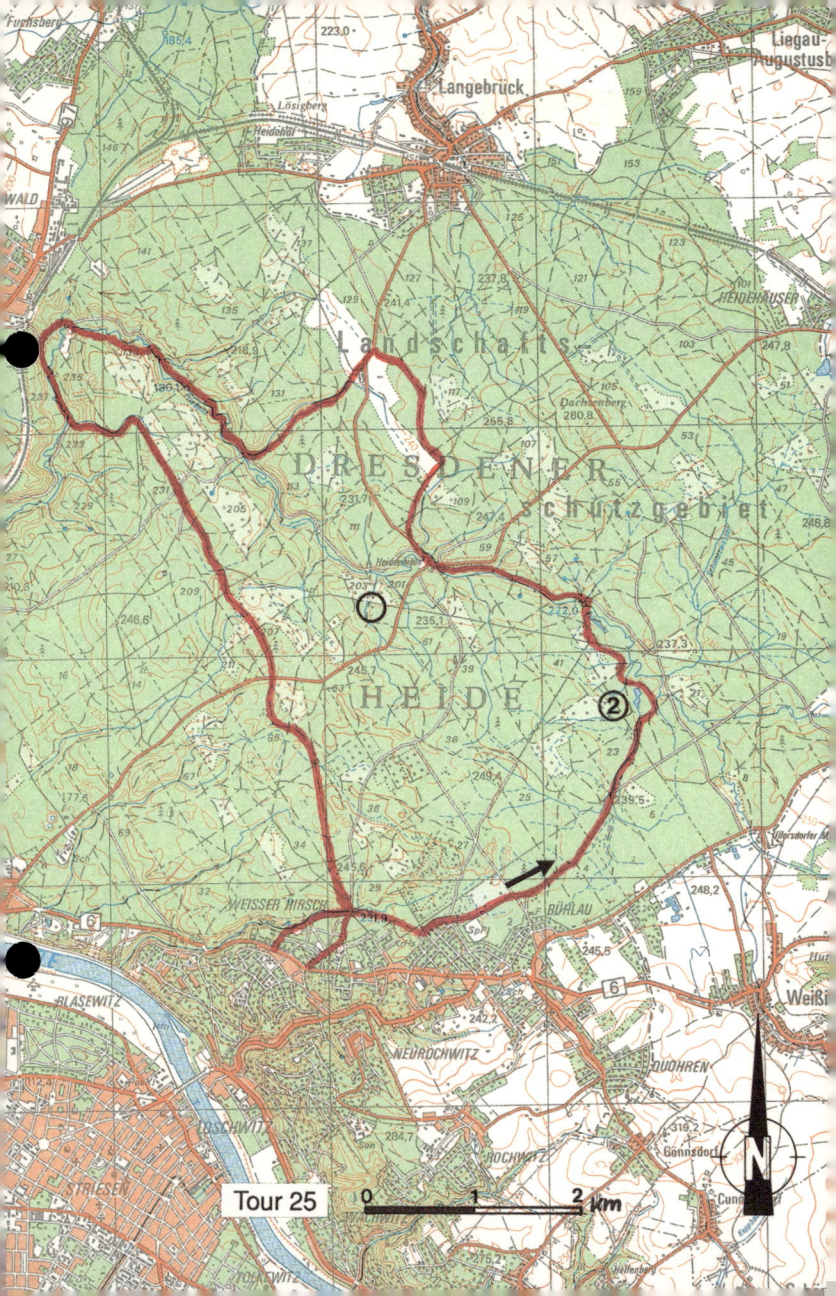

2. Der *Stausee* entstand 1920 durch Stau des Haarweidenbaches und ist ein beliebtes Wanderziel. Größtes Gewässer im Heidegebiet ist die Prießnitz, die dem Rossendorfer Teich entspringt und nach 24 km Lauf in Dresden Neustadt in die Elbe mündet. Nicht alle der ihr zustrebenden 35 Nebenbäche erreichen die Prießnitz, einige versickern vorher im Heidesand.

3. Die *Heide* bietet eine überraschende Vielfalt von Landschaftsformen. Vollständig ebene Flächen, sanft geschwungene Hügel, tief eingeschnittene Gründe mit erstaunlich steilen Anstiegen bis hin zu felsigen Steilhängen. Angenehm empfunden werden auch die oft alten Mischwaldbestände; nur in abgelegeneren Gebieten finden sich häufiger öde Kiefernforstungen.

4. Am *Prießnitzfall* hat sich das Flüßchen nicht nur durch die eiszeitlichen Ablagerungen bis zur Granitplatte (Granodiorit) durchgegraben, sondern auch den ihr Bett querenden Felsriegel eingeschnitten. Die Umgebung des kleinen Wasserfalles erweckt eher den Eindruck einer Bergregion denn den einer Heide.

Tour 25 Kartengrundlage: gescannter Ausschnitt aus der Topographischen Karte 1:50000 Blatt AV 1209-4, herausgegeben vom Landesvermessungsamt Sachsen, Olbrichtsplatz 3, O-8060 Dresden.

Thematisch ergänzt durch den Elster Verlag.

Auf den Spuren des starken August

Rund um Dresden geht es dem Wanderer mit dem sächsischen Kurfürsten und polnischen König wie weiland dem Hasen mit dem Igel: August war schon da, wo immer man auch hinkommt! Kein Wunder, denn die Wanderung führt durch die reizvollsten Landschaften, und der kursächsische Hof wußte diese zu würdigen. Eine dieser Landschaften war Weinbaugebiet, die andere Jagdgebiet – und an beiden war der Sachsenherrscher höchst interessiert.

Tourenlänge:	12 km
Höhenmeter Aufstieg:	190 m
Höhenmeter Abstieg:	130 m
Schwierigkeitsgrad:	*
Wegdauer:	3,5 h (ohne Besuch Schloß und Park Moritzburg)
Ausgangspunkt:	Radebeul, Weißes Roß; DR, Straßenbahn
Endpunkt:	Moritzburg, Schloß; DR, Bus

Wegbeschreibung

Wir beginnen die Wanderung am Haltepunkt Weißes Roß der Schmalspurbahn. Die dampfenden und tutenden Oldtimer der Schmalspurstrecke Radebeul-Radeberg werden wir unterwegs mit Sicherheit sehen oder zumindest hören! Wir gehen rechts der Bahnstrecke (Mühlstr., Lößnitzgrundstr.) bis zur Einmündung der Weinbergstraße. Dort stoßen wir auf die Toreinfahrt (Haus Nr.19) und steigen auf Stufen zum *Schloß Hoflößnitz* auf. Hinter dem Schlößchen führt der Weg über die 365 Stufen der Großen Treppe durch die Weinberge steil zur Hangkante der Hochfläche. Am Fuß des häßlichen (z.Z. obendrein geschlossenen) Aussichtsturmes (ehem. Bismarckturm) haben wir eine schöne Aussicht auf das Elbtal. Dem Fluidum des Weinbaugebietes Lößnitz entspricht das nahegelegene *Spitzhaus*. Auf der Straße geht es nach links bis Wahnsdorf und dort nach links auf die Dorfstraße Alt-Wahnsdorf. Dabei müssen Sie sich an zwei Gabelungen rechts halten. Kurz nach Verlassen des Ortes in nordwestliche Richtung erblicken wir schon unser Tagesziel Moritzburg.

Erst mäßig, dann kräftiger abwärts erreichen wir wieder die Straße im Lößnitzgrund. Auf der Straße nach rechts gehen, die Schmalspurgleise und die Lößnitz queren und gleich nach rechts abbiegen. Auf der linken Talseite links am Haltepunkt Friedewald vorbei bis zum Ende der Friedewaldstr. (Kurz hinter Einmündung der Karlstr.) Dort führt der Wanderweg „Gelber Punkt" ein Stück durch eine felsige Talstrecke mit üppiger Vegetation, vorbei an der ehemaligen Kaisermühle. Der Weg steigt bald aus dem Tal und führt über eine kleine Straße zu einem von Grünanlagen gesäumten, kleinen Platz. Halbrechts gegenüber verläuft der Weg zwischen den Gebäuden des Gasthofs und dahinter als Pfad zwischen Feldern nach Dippelsdorf. Dort kreuzt er auf der Straße nach wenigen Schritten die Großenhainer Straße und verläßt gegenüber auf der Teichstraße den Ort. Der breite Weg führt in nördliche Richtung zum *Dippeldorfer Teich*. An der Wegegabel (Tafel mit Erläuterungen zum NSG) nach links gehen, auf der kleinen Straße bis zur Nordwestseite des Teiches (Straße biegt nach rechts ab und führt direkt nach Moritzburg) den nach links führenden Weg wählen, der über Weiden zwischen Waldstücken mehrfach gewunden zum Waldrand führt. Um das Gehen auf der stark befahrenen Straße abzukürzen, sollte man (bei trockenem Wetter) am Waldrand weiter bis zur vorderen Waldecke gehen. Dann braucht man nur noch etwa 300 m auf der Straße nach rechts laufen, biegt rechts auf einen Waldweg ein und erreicht nach 1 km das Gelände des *Hengstdepots Moritzburg* und den Ort. Weiter auf der Straße nach links gehen; in wenigen Minuten stehen wir am Schloßteich und haben das beeindruckende *Schloß* vor uns. Das Schloßgelände ist von Teichen umgeben. Zurück geht es mit der dampfbetriebenen *Schmalspurbahn*.

Besonderheiten

1 *Schloß Hoflößnitz*; 1650 unter Kurfürst Johann Georg I. inmitten eines umfangreichen Weinberggrundstückes erbaut. Schlichter Bau mit Walmdach und Treppenturm. Bis 1889 im Besitz der Landesherren, war das Schlößchen lange Zeit Stätte höfischer Vergnügungen zur Zeit der Weinlese. Jetzt ist es Museum des Weinbaus im Elbtal.

2 Das *Spitzhaus* wurde 1650 auf der Höhe über dem Weinberg als Weinberghaus errichtet. Durch Anbauten (1901) wurde es entstellt, heute ist es Gaststätte. Spitzhaus und Hoflößnitz rühmen sich gleichermaßen der früheren Anwesenheit Augusts des Starken.

3 Der 42 ha große *Dippelsdorfer Teich* wurde 1528 angelegt. Auch die 34 anderen Teiche des Moritzburger Teichgebietes sind künstlich entstanden. Als bedeutender Brut- und Rastplatz für Sumpf- und Wasservögel steht der Großteil des Teichgebietes unter Naturschutz.

4 Das *Hengstdepot Moritzburg* besteht seit 1828; alljährlich werden publikumswirksame Hengstparaden vorgeführt (letzter Sonntag im August, 1. und 2. Sonntag im September).

5 *Jagdschloß und Park Moritzburg* zählen zu den bedeutendsten und schönsten Anlagen in Sachsen. Die Einbeziehung der natürlichen und

Tour 26

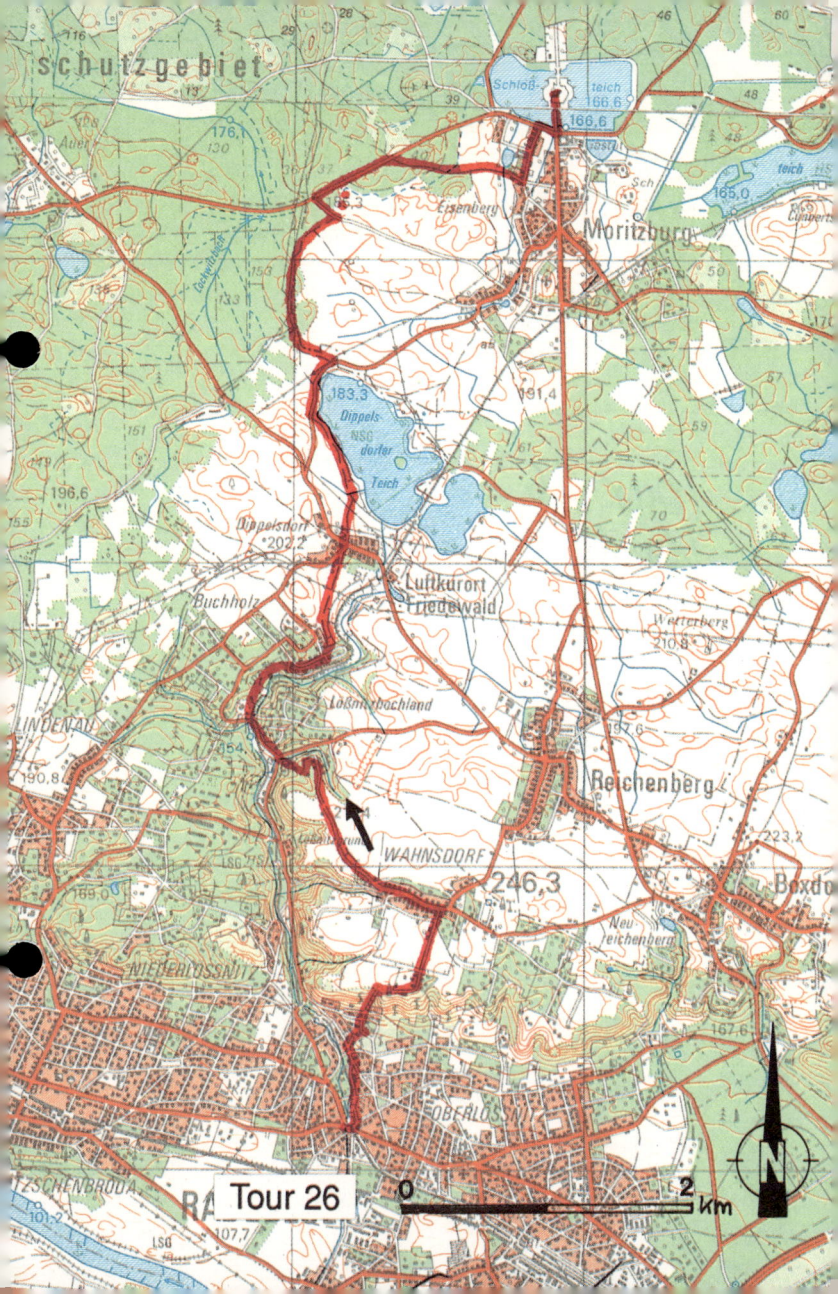

künstlich angelegten Landschaft führte zu dem treffenden Begriff der „Moritzburger Kulturlandschaft". Die Großteiche, Frauen- und Mittelteich bilden den engeren Kreis der zahlreichen Teiche des Gebietes um das Schloßgelände, das Jagdschloß selbst liegt inmitten des Schloßteiches. Das barocke Schloß, eine Vierflügelanlage mit 4 runden Ecktürmen, entstand 1723–1736 (Baumeister M.D. Pöppelmann u.a.). Das Schloß (Museum) ist reich mit Prunkmöbeln, Porzellan, Jagdwaffen und -trophäen, Gemälden, Galakutschen usw. ausgestattet. Im Parkgelände stehen das Fasanerie-Schlößchen (vogelkundliche Ausstellung), Skulpturen u.a. Am Großteich erinnern Hafen und Leuchtturm an die zum Vergnügen des Hofes veranstalteten „Seeschlachten". Die weiten, wildreichen Wälder um Moritzburg waren bevorzugtes Jagdgebiet der Landesherren und natürlich war *Er* vor uns da – der starke August.

6 Seit 1884 windet sich der „Lößnitzdackel" (auch „Grundwurm" genannt) auf seiner 750 mm-Spurweite in einer guten Stunde über die 16,5 km lange Strecke. 11 Stationen, 17 Brücken und 75 „Durchlässe" passiert das Bähnle pro Tag; zusätzlich verkehrt an manchen Wochenenden der Traditionszug mit den wohl ältesten noch betriebsfähigen *Schmalspurwagen*.

Bei der Rückkehr von Moritzburg auf der schmalen Spur braucht man für die 8,5 km „nur" 30 Minuten.

Tour 26 Kartengrundlage: gescannter Ausschnitt aus der Topographischen Karte 1:50000 Blatt AV 1208-4, herausgegeben vom Landesvermessungsamt Sachsen, Olbrichtsplatz 3, O-8060 Dresden.

Thematisch ergänzt durch den Elster Verlag.

Im kleinsten Gebirge der Welt 27

Von Moritzburg wandern wir durch den Friedewald wieder zurück an die Elbe. Bevor wir sie in Meißen – der Stadt der Albrechtsburg, des Domes und der weltberühmten Porzellanmanufaktur – erreichen, queren wir in einem knappen Stündchen das Spaargebirge auf seiner ganzen „gewaltigen" Ausdehnung. Wieder eine Wanderung durch abwechslungsreiche Landschaft mit praller Tradition und berühmten kulturhistorischen Sehenswürdigkeiten, aber auch mit zahllosen kleinen Entdeckungen am Rande des Weges.

Tourenlänge:	19 km
Höhenmeter Aufstieg:	110 m
Höhenmeter Abstieg:	170 m
Schwierigkeitsgrad:	*
Wegdauer:	5 h
Ausgangspunkt:	Moritzburg, Schloß; DR, Bus
Endpunkt:	Meißen, Bahnhof; DR, Bus, Weiße Flotte

Wegbeschreibung
Schloß Moritzburg dient der Wanderung als Ausgangspunkt, da sich von hier aus – ausreichend Zeit und Kondition sowie nicht allzulanger Aufenthalt bei den Moritzburger Sehenswürdigkeiten vorausgesetzt – die vorhergehende Wanderung nahtlos weiterführen läßt. Wir wandern zur Südwestecke des Schloßteiches, wo von der Landstraße nach Weinböhla die Straße nach Bärwalde rechts abzweigt. Genau zwischen den Straßen, rechts vom Forsthaus, gehen wir auf dem mit der Markierung „Blauer Strich" versehenen Weg – übrigens ein Teilstück des Hauptwanderweges Zittau-Wernigerode – in den Wald und bemerken wenig später links vom Weg einen etwa 25 m hohen Hügel, die *Hohburg*. Der gut markierte, teilweise zusätzlich ausgeschilderte Weg mündet kurz vor dem *OT Auer* auf die befahrene Straße, führt auf dieser nach rechts und hinter der etwa 300 m entfernten Straßenkreuzung auf einen breiten Waldweg 300 m nach links in südlicher Richtung. An diese Stelle gelangen wir unter Vermeidung der Straße, indem wir bei Erreichen der Straße auf der Gegenseite auf einem unmarkierten Waldweg weitergehen, eine weitere Straße queren und dann nach rechts wieder auf einen Waldweg kurz hinter dem stillen Ilschenteich auf den „Blauen Strich" treffen. Geradeaus weiter geht es zur Straße Auer-Coswig und darauf nach links zum *Forsthaus Kreyern*. Vor dem ersten Haus nach rechts und am ersten Abzweig links abbiegen[1]. Wir erreichen kurz vor Weinböhla den Waldrand und hinter einer Gartenanlage den Ort. Auf der halblinks verlaufenden Straße geht es geradeaus auf leider unangenehmer,

langer Strecke durch den Ort. Nach dem Queren mehrerer Gleise und Straßen, immer geradeaus in südwestlicher Richtung, mündet die Straße schließlich in Neusörnewitz in eine Hauptstraße; wir gehen nach rechts zum Ortsende und dort nach links zum Dorf Sörnewitz. Es liegt an der 80 m steil aus der Ebene aufragenden Bosel, der Südostkante des *Spaargebirges*. Von der Straße am Fuß der Bosel führt ein Pfad (Hinweisschilder) steil zur Höhe. Die beim Aufstieg abzweigenden Pfade vereinen sich später wieder und erreichen am Ende des *Botanischen Gartens* die *Boselspitze* (189 m). Auf dem Bergrücken gehen wir auf dem in eine Fahrstraße übergehenden Weg nördlich. Nach etwa 900 m steigen wir aus einer leichten Senke auf und biegen hinter der von rechts einmündenden Neulandgasse nach links zur Karlshöhe („Juchhöh", 188 m) ab. Dort haben wir nochmals einen vorzüglichen Blick in das Elbtal und auf die umliegenden Weinberge. Etwas bergwärts vom Aussichtspunkt führt ein Pfad nach links und bergab nach Niederspaar. Am Hang führt der markierte Weg über Gassen und auf Straßen zum Ziel in *Meißen*.

Besonderheiten

① *Hohburg*, Syenitkuppe mit Wallresten einer wahrscheinlich mittelalterlichen Wehranlage. Unter der Hohburg befindet sich ein 100 m langer, 5 m breiter und 4 m hoher Tunnel, der zu Beginn des 18. Jh. für höfische Feste angelegt wurde.

Hier im vorderen Teil des Waldes nahe dem Touristenziel Moritzburg treffen wir schöne Waldbestände mit prächtigen alten Rotbuchen; in den weniger frequentierten Waldgebieten überwiegen eintönige Bestände.

2 *Auer*, OT von Moritzburg; 1726 durch Verlegung von Wisenten hierher „Auergarten" genannt. Einer der Tierwärter errichtete an der Poststraße 1728 einen Ausschank, der heute als Gasthof fortbesteht, allerdings nach einem Brand (1869) als Neubau an anderer Stelle.

3 *Forsthaus Kreyern* diente als Jägerhaus kurfürstlichen Jagdgesellschaften. Zwei Zimmer des 1628 umgebauten, nach einem Brand 1847 in

---

[1]) 600 m nach dem Abzweig weist ein Schild „Wolfsdenkmal" den Weg zu einem Abstecher nach rechts. Nach etwa 200 m auf einem Waldweg finden wir ungefähr 20 m rechts vom Weg das interessante Denkmal. Auf der 5,5 m hohen Sandsteinsäule, von der lebensgroßen Plastik eines Wolfes gekrönt, ist die Jagdgesellschaft Johann Georgs I. verzeichnet, die 1618 hier einen Wolf erlegte. Von 1611 – 1717 weisen die Jagdbücher 6937 erlegte Wölfe aus.

Tour 27
0
2 km
Niederau
Weinböhla
ZASCHENDORF
NEUSÖRNEWITZ
SÖRNEWITZ
BRÖCKWITZ
COSWIG
KÖTITZ
NEUCOSWIG
ZITZSCHEWIG
LINDENAU
NIEDERLÖSSNITZ
RADEBEUL
WAHNSDORF
Luftkurort Friedewald
BURGGRAFENHEIDE
FRIEDEWALD
schutzgebiet
schafts
Schaftenberg
Riemsdorf
Reichenbach
Neustadt
ELBE
LSG
210,9
205,7
222,7
246
177
101
6
8
1

den alten Formen wieder aufgebauten Hauses, waren dem Kurfürsten vorbehalten. Das frühere Dorf mußte der Jagdleidenschaft von Kurfürst August weichen. Bis 1557 hatten Richter, Gastwirt und 19 Bauernfamilien Kreyern verlassen müssen.

Im Waldgebiet um das Forsthaus wurden Siedlungsreste aus der Bronzezeit gefunden, Hügelgräber befinden sich südlich und südöstlich davon.

5 *Spaargebirge*; granitisches Gebirge von 3 km Länge und bis 1,5 km Breite. Auf der Elbseite bestehen günstige Bedingungen für Weinbau. Der hier angebaute, ausschließlich trockene Wein wird von Kennern außerordentlich geschätzt.

6 Der *Botanische Garten* wurde 1930 auf 1400 m² Fläche angelegt; vor allem die ehemalige und heutige Flora des Spaargebirges und der Umgebung werden hier von der TU Dresden betreut. Die Bosel ist ein pflanzengeographisch bedeutender Standort.

7 Der Biotitgranodiorit der *Bosel* wurde bis 1935 im Steinbruchbetrieb abgebaut, die Felspartien an der Südostseite zeugen davon. Die Bosel trug in der Bronzezeit eine befestigte Siedlung, deren Wall noch auf einer Länge von 160 m zu sehen ist. Er sicherte die Boselspitze etwa 150 m vor dem Steilabfall.

⑧ *Meißen* zählt zu den sächsischen Städten, deren außerordentlicher Reichtum an kulturhistorisch wertvollen Bauwerken und geschichtlichen Ereignissen sich einer Darstellung im Rahmen eines Wanderführers entzieht. Der interessierte Wanderer muß auf die entsprechende Literatur verwiesen werden.

<u>Tour 27</u> Kartengrundlage: gescannter Ausschnitt aus der Topographischen Karte 1:50000 Blatt AV 1209-3, herausgegeben vom Landesvermessungsamt Sachsen, Olbrichtsplatz 3, O-8060 Dresden.

Thematisch ergänzt durch den Elster Verlag.

Ein langer Umweg zum Weinkeller 28

Bei dieser Tour führt unser Weg in den nordwestlichen Zipfel des Wandergebietes. Knapp 110 km Luftlinie liegen zwischen Seußlitz an der Elbe und dem östlichsten Punkt unserer Wanderungen, den wir in Görlitz an der Neiße erreichen. Noch ein markanter Punkt wird auf unserer Route erreicht: die Nordgrenze des Meißner Weinbaugebietes, zugleich auch nördlichster Punkt der Weinbaugebiete Europas.

Tourenlänge:	28 km
Höhenunterschied:	250 m
Schwierigkeitsgrad:	**
Wegdauer:	7,5 h
Ausgangs- und Endpunkt:	Meißen, Bahnhof; DR, Bus, Weiße Flotte

Wegbeschreibung
Vom Bahnhof gehen wir halblinks zur Straßenbrücke über die Elbe, bleiben auf dem rechten Ufer und steigen auf der Nordseite auf dem Adlersteig (Stufen) zum Elbufer ab. Auf dem Dammweg geht es entlang der Elbe zum Winterhafen und zur Elbtalstraße. Nach rechts abbiegen, bis zum Ende der eine Gartenanlage begrenzenden Hecke, dort links zum Steilhang gehen, wo – sehr verwachsen – der Aufstieg über die *Katzenstufen* sehr steil zur rebenbestandenen Höhe führt. Auf der Hochfläche erreichen wir Proschwitz, biegen am Ende der Mauer um das *Schloßgelände* links ab und steigen in den Knorregrund ab. Dort geht es aufwärts zur Fahrstraße, auf dieser nach links durch Winkwitz und weiter zur Landstraße. Halblinks gegenüber führt ein Landwirtschaftsweg (Betonplatten, später ohne Belag) zur Straße nach Naundörfel. An der Straßengabelung im Ort nach links gehen und in nordwestlicher Richtung auf einem breiten Fahrweg sanft zum Talgrund abwärts laufen. An der Waldecke überschreiten wir ein Bächlein, gehen halblinks weiter nordwestwärts und gelangen leicht aufwärts durch ein Waldstück auf eine Fahrstraße. Diese nach rechts gehen, entlang des Waldrandes und durch offenes Gelände nördlich bis Laubach. Am Nordausgang des winzigen Dörfchens gehen wir nach Überschreiten des Baches (Bokkau) nach links. Der ständig leicht abfallende Weg führt sehr bequem durch den reizvollen *Seußlitzer Grund* nach Seußlitz. An der Talöffnung zum Elbtal hin liegt rechts das *Schloß Seußlitz*. Gegenüber dem Eingang zum Schloß und -garten steigen wir, ab jetzt der Markierung „Gelber Strich" folgend, zur linken Hangkante auf[1]. Der Pfad führt durch ein Tor[2] in einen umzäunten Weinberg und verläßt ihn auf der Gegenseite im Bogen nach links wieder durch ein Tor. Auf breitem Fahrweg gehen wir vorbei am ehemaligen Vorwerk Radewitz und nach rechts zur Straße Löbsal-Laubach. Auf der

Straße gehen wir nach rechts und verlassen dabei die Markierung. Gegenüber dem Gasthaus „Jägerheim" in Löbsal nach links, Orientierung nach den Hinweisen „Golk" bzw. „Talhaus". Durch den Golkwald vorbei am Talhaus, abwärts nach dem Dorf Golk und dort an der Straßenkreuzung links. Kurz hinter dem letzten Haus an der linken Straßenseite rechts gehen auf dem Feldweg über Weideland, den Bach queren und halblinks aufwärts nach Diera. Am Gasthaus „Zur Post" führt ein schmaler Weg rechts aus dem Dorf, unterquert in einem Tunnel eine Fahrstraße und führt als Pfad auf eine von links kommende Fahrstraße. Auf dieser abwärts zur Elbtalstraße, die an der „Karpfenschenke" erreicht wird. Auf der Straße gehen wir zur *Knorre* und weiter auf dem rechts etwas unterhalb der Straße verlaufenden Fußweg nach Meißen. Hier können wir wieder über Dammweg und Adlersteig zum Ausgangspunkt zurückkehren. Nach der ausgiebigen Wanderung könnte nun der Besuch eines Meißner Weinkellers auf dem Programm stehen ...

Besonderheiten

1 *Katzenstufen*; etwa 200 im Jahr 1667 teilweise in den Felsen gehauene Absätze, die in einer Rinne zum Bocksberg führen.

2 *Schloß* von 1707, im 19. Jh. und 1914 erheblich verändert; jetzt Heim für behinderte Kinder.

3 *Seußlitzer Grund*; rund 1,5 km langes, vielgestaltiges und teilweise steiles, mit schluchtartigen, schroffen Kerben gegliedertes Tal. Seine Vegetation im Typus des elbnahen Hügellandes bietet Wanderern und Aus-

---

[1] Der Geländerücken zwischen Elbtal und Seußlitzer Grund – die höchste Stelle wird als Goldkuppe bezeichnet – trägt den umfangreichsten von 3 großen Burgwällen aus der Bronzezeit in der Umgebung. Der Wanderweg berührt gleich nach dem Aufstieg von Seußlitz die Reste des Walles, mit dem ein Areal von etwa 1100 m Länge und einer maximalen Breite von fast 400 m gesichert wurde.

[2] Zur Reifezeit des Weines kann es passieren, daß die Tore geschlossen sind. Dann können wir den Anschluß an den Wanderweg am „Jägerheim" Löbsal so erreichen: Auf der Straße von Seußlitz nach Diesbar; kurz vor der Bushaltestelle „Rosengarten" quert der Wanderweg mit der Markierung „Roter Strich" die Straße. Wir folgen der Markierung nach links (Schulstraße), am folgenden Abzweig geht es rechts und danach wieder rechts. Wir erreichen den Bahngrund und biegen links ein. Wenig später weist uns das Schild „Löbsal-Schulweg" die Richtung, und auf abwechslungsreichem Weg leicht ansteigend, kommen wir nach Löbsal.

Tour 28

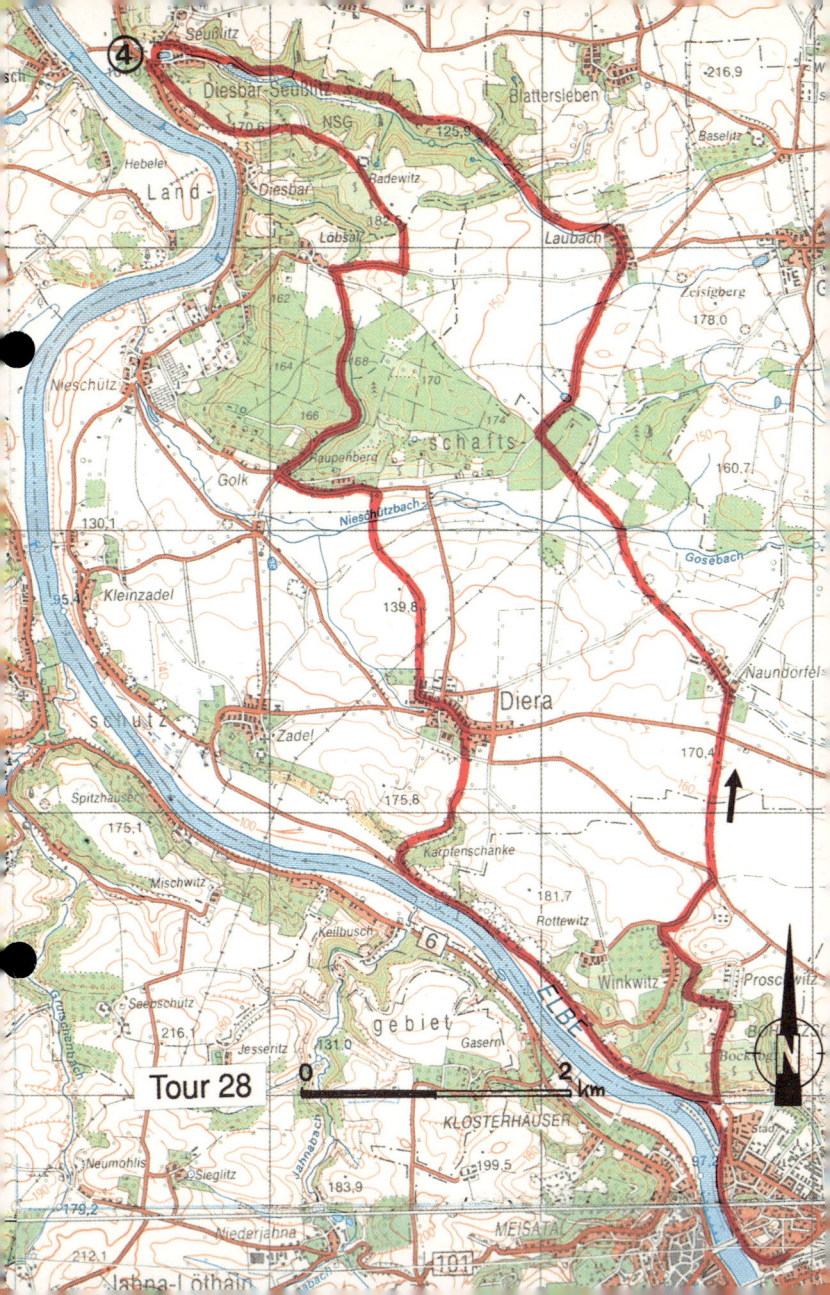

flüglern schöne Waldbilder. Im abwechslungsreichen Grund finden 59 Vogelarten geeignetes Brutbiotop. Etwa 106 ha des Tales sind Naturschutzgebiet.

④ *Schloß Seußlitz*; wahrscheinlich von George Bähr 1725/26 an der Stelle eines mittelalterlichen Klarissinnen-Klosters erbaut. Das von einem gut gestalteten, barocken Garten- und Parkgelände umgebene und schön in die Landschaft eingebettete Schloß ist heute Altersheim.

Auf der gegenüberliegenden Talseite ergibt sich zwar ein schöner Blick auf das Schloßensemble, der desolate Zustand des (kulturhistorisch wenig bedeutenden) Gebäudes und des umliegenden Geländes ist aber z. Z. nicht erfreulich.

7 *Knorre*; granitisches Felsmassiv (Hornblende-Biotitgranodiorit); durch seine Fortsetzung im Flußbett bildete es früher ein gefährliches Hindernis für die Flußschiffer.

Tour 28 Kartengrundlage: gescannter Ausschnitt aus der Topographischen Karte 1:50000 Blatt AV 1208-2 und AV 1208-4, herausgegeben vom Landesvermessungsamt Sachsen, Olbrichtsplatz 3, O-8060 Dresden.

Thematisch ergänzt durch den Elster Verlag.

Zum Tal der gefühlvollen Seelen

Im Norden und Nordosten der Dresdner Heide bieten sich entlang der Großen Röder abwechslungsreiche Wanderungen durch schöne Landschaften mit zahlreichen Sehenswürdigkeiten an. Schloß und Park Hermsdorf, das Hüttertal, Schloß Klippenstein und das denkmalgeschützte Seifersdorfer „Tal der gefühlvollen Seelen" bieten dem Wanderer einen erlebnisreichen Tag – und schließlich endet die Tour an der „Quelle" sächsischer Braukunst!

Tourenlänge:	23 km
Höhenmeter Aufstieg:	190 m
Höhenmeter Abstieg:	110 m
Schwierigkeitsgrad:	*
Wegdauer:	6 h
Ausgangspunkt:	Weixdorf, Endst. Straßenbahn; DR, Bus, Straßenbahn
Endpunkt:	Radeberg, Bahnhof; DR, Bus

Wegbeschreibung

An der Endstelle der Straßenbahn nach rechts gehen (Markierung „Grüner Strich"), Bahnlinie und Lausabach queren und auf dem ersten Abzweig links einbiegen. Entlang der Teichkette durch den OT Friedersdorf und an der Kirche ca. 450 m auf der befahrenen Hauptstraße durch den OT Lausa. Am Abzweig der Straße nach Grünberg führt der Wanderweg zwischen beiden Straßen nach *Hermsdorf*. Dort geht der Weg durch den Schloßhof und den Park; an dessen Ende geht es nach links zur Großen Röder und an dieser flußauf. Vor Grünberg mündet der Weg auf die am Talrand verlaufende Straße, führt auf dieser durch den Ort und steigt am Ortsende nach links aufwärts durch Feldflur, um dann wieder in das Tal und zum Flüßchen abzusteigen. Der sehr schöne Wanderweg im jetzt engeren Tal mit teilweise schroffen Felsufern wechselt mehrfach die Ufer und führt zwischen Nieder- und Grundmühle durch das Natur- und Denkmalschutzgebiet *„Seifersdorfer Tal"*. Hinter der Grundmühle wird der Ortsrand von Liegau-Augustusbad gestreift. Nach einem Wegstück auf der Straße direkt vor der Röderbrücke biegen Sie nach links ab, wo der Weg aus dem Tal aufwärts zum *Silberberg* führt. Der Weg verläuft von hier aus über Feldfluren abwärts zu den ersten Häusern von *Radeberg*. Im Ort zum Markt gehen und am unteren linken Eck links einbiegen. Am *Schloß Klippenstein* und der Schloßmühle vorbei gelangen wir nun in das *Hüttertal*. Wiederum wirkt – inmitten einer eigentlich offenen Landschaft – auch dieser Talabschnitt, wie schon vorher das Seifersdorfer Tal und einige Teilstrecken davor, wie ein weitgehend von der Umwelt abgeschnittenes Tal eines Gebirgsbaches. Kurz vor Wallroda, dem ersten Dorf seit Radeberg, weitet sich das Tal, und der bisherige Eindruck verliert sich vollständig. Der Weg erreicht Wallroda nahe der Kirche; wir gehen auf der Dorfstraße wenige Schritte nach links und gleich wieder nochmals links, biegen von der Straße ab, gehen nördlich in paralleler Richtung wie auf dem Hinweg aus dem Ort. Auf diesem (unmarkierten) Weg gehen wir am linken Hang etwas unterhalb der Kuppe des Hutberges (296 m) bis zur Straße und den Randhäusern und können von dort mit dem Bus nach Radeberg zurückfahren. Mit dem in Anmerkung 4 erwähnten berühmten Radeberger Produkt können wir den Wandertag zünftig ausklingen lassen ...

Besonderheiten

1 Schloß *Hermsdorf*; 18. Jh., wohl aus einer Wasserburg hervorgegangen. Mansarddach, der Giebelaufbau zur Gartenseite sowie der mittlere Treppenturm mit geschweifter Haube (1724/29) bestimmen das Äußere. Aus dem 16. Jh. stammen die Eingangsportale, Fenstergewände sowie Anlage und Bauteile der Ecktürme und Mauern, die den Schloßhof umgeben. Heute wird das Schloß als Altersheim genutzt.

Der anschließende, langgestreckte Park ist gleichfalls eine Schöpfung des 18. Jh.; seine Hauptachse bildet der von der Großen Röder gespeiste Kanal. Um 1720 entstanden die Plastiken des Parks.

2 *Seifersdorfer Tal*; das NSG dient dem Erhalt naturnaher Laubmischwälder der teilweise steilen Uferbereiche im Engtal der Großen Röder. Unter Denkmalschutz steht ein etwa 2 km langer Abschnitt des Tales, der in den Jahren 1781–1833 vom „wilden Rödertal" zu einem Landschaftspark mit den Attributen der „sentimentalen Empfindsamkeit", dem verbreiteten romantischen Gefühl und Stil dieser Zeit, umgestaltet wurde. Unter rücksichtsvollem Umgang mit der Natur und maßvoller Einbeziehung natürlicher Gegebenheiten wurde das Tal mit Tempeln, Grotten, Ruhesitzen, Standbildern und Denkmalen mit Inschriften – sehr gefühlvollen selbstverständlich – belebt.

3 *Silberberg* (272 m); im 16. Jh. Abbau unter anderem von Silbererzen (wenig erfolgreich).

4 *Radeberg* (ca. 17 000 Einwohner); 1233 erstmals urkundlich erwähnt, vor 1300 Stadt, im 15. Jh. Stadtbefestigung (nach 1815 größtenteils abgetragen). Stadtkirche im Kern von 1486, nach einem Brand 1714 neu ausgebaut; diesem Brand fiel fast die gesamte Stadt zum Opfer, so daß

Tour 29

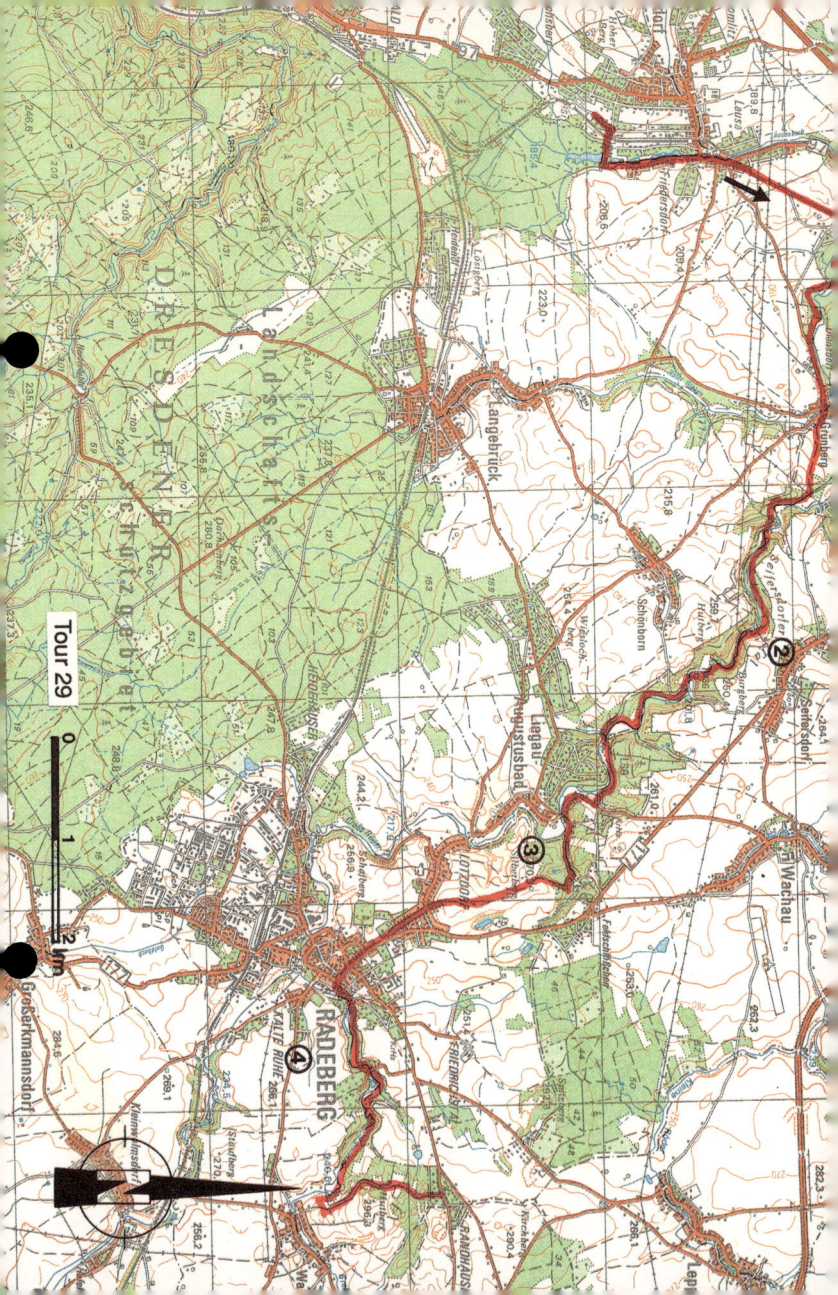

(außer dem Schloß) keine nennenswerten älteren Bauwerke vorhanden sind.

Radebergs Ruhm stammt aus der Zeit, als sein beliebtes Bier nur gelegentlich erhältlich war!

5 *Schloß Klippenstein*; unter Verwendung mittelalterlicher Reste mehrfach umgebaut, aber mit deutlich burgartigem, wehrhaftem Charakter.

Im Schloß befindet sich ein Heimatmuseum mit Abteilungen zur Geologie, Geschichte, Burg- und Stadtgeschichte u.a.

6 *Hüttertal* wird ein etwa 2 km langer Abschnitt des Rödertales genannt, der zwischen der Radeberger Schloßmühle und Wallroda liegt. Das Kerbsohlental hat über lange Strecken steile, felsige Hänge.

Tour 29 Kartengrundlage: gescannter Ausschnitt aus der Topographischen Karte 1:50000 Blatt AV 1209-4, herausgegeben vom Landesvermessungsamt Sachsen, Olbrichtsplatz 3, O-8060 Dresden.

Thematisch ergänzt durch den Elster Verlag.

Lausitz für Anfänger

Neustadt, das wir als letztes Ziel bei unseren Wanderungen durch die Sächsische Schweiz erreichten, soll nun Ausgangspunkt für die „Eroberung" der Lausitz sein. Die erste Tour im neuen Wandergebiet führt zum Hohwald, einer 500 m hohen Granitrumpffläche. Das ca. 3000 ha große Waldgebiet wird vom Valtenberg gekrönt, von dessen 587 m hohem Gipfel eine prächtige Aussicht weit über unser bisheriges und zukünftiges Wandergebiet zu genießen ist.

Tourenlänge:	20 km
Höhenunterschied:	390 m
Schwierigkeitsgrad:	**
Wegdauer:	6 h
Ausgangs- und Endpunkt:	Neustadt, Bahnhof; DR, Bus

Wegbeschreibung
Vom Bahnhof aus führt uns der mit der Markierung „Roter Strich" bezeichnete Wanderweg durch das Stadtinnere, überschreitet am nördlichen Stadtkern die winzige Polenz und führt auf einer Nebenstraße nach Norden. Am Ortseingang von *Berthelsdorf* mündet der Weg auf die Hauptstraße ein, verläßt sie nach ca. 250 m rechts der Straße, eine Kurve abschneidend, um gleich wieder auf diese einzubiegen. Nach weiterem 1 km auf der Dorfstraße (etwa 400 m hinter dem Gasthaus „Erbgericht") verlassen wir auf einem breiten Fahrweg das Dorf nach rechts. In östlicher Richtung – nur durch ein kleines Wegstück unterbrochen, welches uns nördlich führt – erreichen wir den Waldrand des Hohwaldes, gehen dort nach links und steigen nach Überschreiten des Lohbaches bergan zum *Forsthaus Klunker*. Den breiten, nach rechts führenden Forstweg verlassen wir gleich darauf und steigen links auf einem verwachsenen Pfad bergan zum Rückenweg. Dieser führt bequem nach rechts und nicht allzu steil auf den Gipfel des *Valtenberges* (587 m). Versäumen Sie nicht den Aussichtsturm zu besteigen!

Beim Abstieg richten wir uns nach der Markierung „Blauer Strich", die von der Gipfelkuppe nach Osten abgeht, aber noch im Gipfelbereich in südlicher Richtung absteigt. Am Hang entspringt in 510 m Höhe die Wesenitz dem Mundloch eines alten Erzstollens. Am Hangfuß gabelt sich der Wanderweg, wir gehen nach rechts, haben nach 500 m wieder Anschluß an die Markierung „Blauer Strich", der wir nun bis Neustadt folgen. Der Weg führt jetzt am Westhang zweier Kuppen des Hohwaldes, des Angstberges (517 m; auf der Ostseite Steinbruchbetrieb) und des Nestelberges (512 m) entlang[1]), verläßt dann den breiten Forstweg und steigt zur Hohwaldschänke auf. Auf der Straße erreichen wir in westlicher Richtung abwärts nach etwa 350 m den nach links abzweigenden Hängeweg, der die Zufahrtstraße zum Gebäudekomplex der Heilstätte Hohwald quert. 250 m dahinter zweigen wir rechts ab und steigen wieder etwas auf zur Kuppe des 510 m hohen Steinberges und biegen am Westhang kurz vor Erreichen der vorhin begangenen Straße nach links ab. Nach einer Bachsenke wird die Straße nach rechts überquert und nach weiterem Absteigen zum Waldrand am Westhang von Krügers Berg (434 m) nochmals erreicht. Diesmal gehen wir auf der Straße knapp 100 m nach links und dann rechts nach *Langburkersdorf* abwärts. Auf der Dorfstraße laufen wir rechts ein kurzes Stück, dann etwas links entlang der Polenz zum nahtlos angrenzenden *Neustadt*.

Besonderheiten

① *Berthelsdorf*; vermutlich zu gleicher Zeit wie Neustadt entstanden. Aus böhmischem Besitz kam das Dorf 1443 zu Kursachsen. Auf den Berthelsdorfer Fluren kam es zwischen 1550 und 1700 zu umfangreichen Bergbauversuchen.

② *Forsthaus Klunker*; das 1712 errichtete Forstaufseherhaus in 375 m Höhe wurde später als Gasthaus, zuletzt als Ferienhaus genutzt.

③ *Valtenberg*; der 587 m hohe Gipfel des aus Granodiorit bestehenden Berges ist zugleich die höchste Erhebung des Lausitzer Berglandes (dem das Zittauer Gebirge mit seinen bis zu 200 m höheren Gipfeln nicht zugerechnet wird). Gasthaus und Aussichtsturm auf dem Valtenberg bestehen schon seit 1857.

⑤ *Langburkersdorf*; von 1223 bis Mitte 15. Jh. böhmischer Besitz. Das „Lang-" im Namen ist sehr berechtigt: das Dorf zieht sich über 5 km von Neustadt bis zur Grenze. Das Schloß datiert von 1611; es ist aus einer ehemaligen Wasserburg hervorgegangen. Der schlichte Bau besitzt einen achteckigen Treppenturm mit Laterne und einen schönen Park; das Schloß wird als Altersheim genutzt.

---

[1] Vor allem zwischen dem Schmidtweg und den Hangflächen links bis zum Kamm breitet sich ein in seinen Ausmaßen für das Lausitzer Bergland einzigartiges Blockschuttmeer aus. Die meist aus Granodiorit, seltener aus Lamprophyren bestehenden Blöcke und Gesteinstrümmer sind durch eiszeitliche Einwirkungen entstanden.

Tour 30

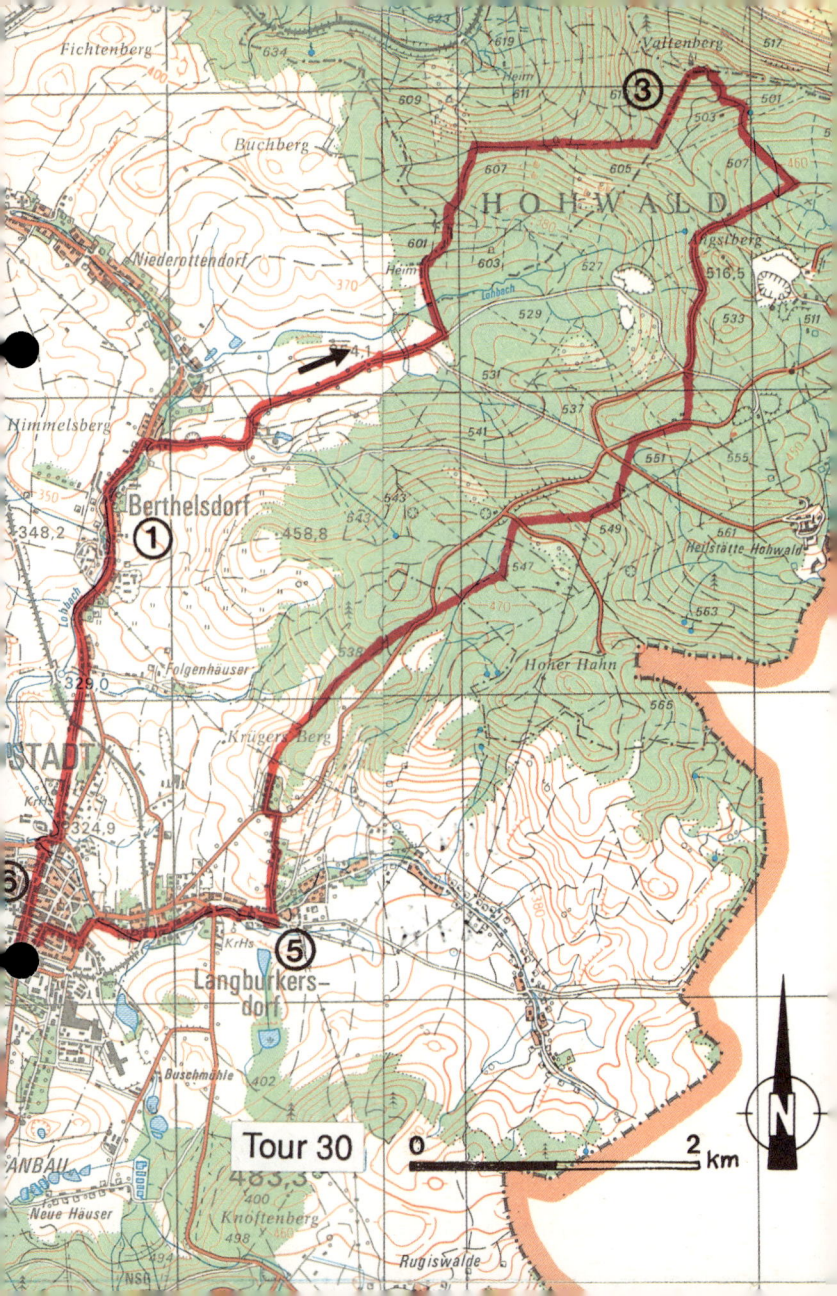

⑥ *Neustadt* (siehe auch Hinweise zur Wanderung 23, Anmerkung 3). Im Pfarrhaus, einem neben der Stadtkirche gelegenen, mit einem Sitznischenportal ausgestatteten Gebäude von 1616, wirkte W. L. Götzinger von 1787 bis 1818 als Diakon und Pfarrer. Wegen seiner heimatgeschichtlichen Arbeiten gilt Götzinger als einer der Erschließer der Sächsischen Schweiz. In der Anlage zwischen Kirche und Pfarrhaus ist ihm ein Denkmal gewidmet; mit seinen Werken, u. a. „Schandau und seine Umgebungen oder Beschreibung der sogenannten Sächsischen Schweiz" (1812) setzte er sich selbst ein Denkmal. Liebevoll in der allgemein recht sachlichen „Beschreibung..." hat er die Neustädter Umgebung beschrieben: „Denn – so sagen weit Gereis'te – nirgends hätten sie einen Platz gesehn, wo die fleißig cultivierte Natur so anziehend in die Augen springe, als hier um Neustadt, und von hier nach Schandau hin und nach Stolpen zu ..."

Tour 30 Kartengrundlage: gescannter Ausschnitt aus der Topographischen Karte 1:50000 Blatt AV 1210-3 und AV 1210-4, herausgegeben vom Landesvermessungsamt Sachsen, Olbrichtsplatz 3, O-8060 Dresden.

Thematisch ergänzt durch den Elster Verlag.

Visite bei der Gräfin Cosel 31

Die Cosel – wohl jedem fällt angesichts der Burg Stolpen auf dem landschaftsbeherrschenden Basaltkegel zuerst die schöne Gräfin ein. Nur wenige der zahllosen Burgbesucher aber werden die nahe Wesenitz kennen, in deren reizvollem Tal unser Wanderweg über eine lange Strecke verläuft. Wir wollen bei dieser Tour beides kennenlernen – die Wesenitz und die Cosel! Und noch ein bißchen mehr ...

Tourenlänge:	18 km
Höhenmeter Aufstieg:	290 m
Höhenmeter Abstieg:	240 m
Schwierigkeitsgrad:	**
Wegdauer:	5 h (zuzüglich Rundgang Burgberg/Burgmuseum)
Ausgangspunkt:	Dittersbach (Dürrrohrsdorf); DR, Bus
Endpunkt:	Großharthau; DR, Bus

Wegbeschreibung
Von der Kirche *Dittersbach* gelangt man vorbei am Schloß auf der Straßenbrücke über die Wesenitz. Dahinter verläuft der Wanderweg mit der Markierung „Blauer Punkt" auf der ersten nach links abzweigenden Nebenstraße aufwärts bis zum Dorfende. Vor dem letzten Haus links abbiegen und auf dem Fahrweg talab zu einem Betriebsgebäude gehen. Rechts am Betriebsgelände vorbei führt ein Pfad zunächst durch verwachsenes Gelände, bald aber entlang des meist felsigen Uferhanges im reizvollen Tal aufwärts. Im fischreichen Gewässer findet hier der farbenprächtige Eisvogel seine Nahrung; der aufmerksame Wanderer kann ihn hier entdecken und vielleicht sogar bei der Jagd beobachten!

Nachdem der Weg das Flüßchen quert, steigen wir nach Helmsdorf auf, gehen auf der nach links bis zur Straßenkreuzung führenden Straße und dort im spitzen Winkel auf dem pappelbestandenen Weg rechts zur Wesenitz. Auf dem Wiesenweg, später auf einer Nebenstraße entlang der Wesenitz geht es durch das Dorf zur Hauptstraße. Auf dieser etwa 100 m links und dort nach rechts auf einen Fahrweg, später Wiesenpfad; auf der Fußgängerbrücke gehen Sie über die Wesenitz und dann nach links über eine Nebenstraße zur Straße nach Stolpen. Jetzt folgt ein genau 1 km langer, unerfreulicher Abschnitt auf der vielbefahrenen Straße, ehe der Wanderweg im unteren Teil des Anstiegs nach Stolpen bereits in der Ortslage der Niederaltstadt links abbiegt und über Nebenstraßen und Wege aufwärts führt[1]). Auf einem letzten kurzen Stück verläuft der Wanderweg nochmals auf der Hauptstraße und biegt dann nach links ab. Hier sollten Sie die Markierung verlassen und zur *Stadt* und der *Burg Stolpen* aufsteigen. Danach kehren wir zur Markierung zurück, folgen ihr (jetzt aus dem Stadtinneren absteigend) nach rechts und orientieren uns nach knapp 150 m an den Wegweisern vor der Bushaltestelle. Merkwürdigerweise führt der „Wesenitztalweg" in östliche Richtung; erst nach knapp 2 km sieht man das Flüßchen wieder! Wir halten uns deshalb an den mit „Grünem Strich" markierten Weg, hangab an Kleingartenanlagen vorbei und im Bogen nach rechts zu einer Wegegabel. Der mittlere der 3 Wege trägt (die sehr verdeckte) Markierung und führt uns in mehreren Bogen zur Wesenitz. Dort bringt uns eine sehr bequeme Fahrstraße zur Buschmühle. Der Weg führt durch den Gebäudekomplex und auf das andere Ufer. Die hier meist steilen Felsenufer lassen die Wesenitz als munteres Bergflüßchen erscheinen. Wir erreichen nun die Scheibenmühle und – nun wieder auf einer Fahrstraße wandernd – den unteren Dorfausgang von Schmiedefeld. Weiter auf der Straße gelangen wir nach *Bühlau*, streifen aber auch hier nur das talseitige Dorfende. Der Weg führt über die Straßenbrücke und auf dem anderen Ufer gleich nach links, quert im Bogen wieder die Wesenitz und geht nach 200 m rechts über Felder. Der Feldweg gabelt sich ein Stück vor dem Waldrand (keine Markierung!); gehen Sie den linken Weg, der wieder in das jetzt flache Tal zur Wesenitz führt. Gleich darauf aber biegt der Weg nach links ab, führt auf der Schneise der E-Leitung aufwärts und im Bogen nach rechts durch ein Waldstück, über die Bundesstraße 6 und nach weiteren knapp 250 m zum Bahnhof Großharthau.

Besonderheiten

① *Dittersbach*; Kirche von 1662 mit Westturm von 1725. Die Orgel wurde 1726 vom berühmten sächsischen Orgelbauer Gottfried Silbermann geschaffen.

④ *Stolpen*; ca. 2000 Einwohner. Das malerisch auf dem Nordhang des Schloßberges gelegene Städtchen Stolpen wurde dorthin erst nach den Zerstörungen im Hussitenkrieg 1429 vom Fuß des Berges auf die Kuppe unterhalb der Veste verlegt und 1470 mit einem Mauerring umgeben. Von den ehemals 2 Stadttoren ist eines erhalten – wir passie-

---

[1] Am Wiesenberg, etwas oberhalb der kleinen Kirche, steht ein Steinkreuz, dessen lesbare Inschrift von einem tödlichen Sturz vom Pferd berichtet. Das Mal trägt die Jahreszahl 1572.
Die erwähnte Kirche ist romanischen Ursprungs, aber mehrfach verändert. Holzempore auf allen 4 Innenseiten.

Tour 31

ren es beim Auf- und Abstieg. Den zahlreichen Stadtbränden fielen die meisten älteren Gebäude zum Opfer, am Markt sind das Amtshaus (um 1690) und ansprechende Wohnhäuser (18. Jh.) erhalten. Der anheimelnde Gesamteindruck des Städtchens entsteht wohl vor allem durch das einheitliche kleinstädtische Gepräge auf engem Raum und natürlich durch die exponierte Lage des Ortes.

5 *Burg Stolpen*; vermutlich im 12. Jh. entstanden, wobei die für Befestigungen ideale Basaltkuppe wohl weit früher diesem Zwecke diente. Seit 1222 im Besitz der Meißner Bischöfe, die sie als Grenzfestung gegenüber Böhmen ausbauten (Bau der massiven Türme, des Korn- und des Bischofshauses). Die Hussiten konnten die Burg 1429 nicht einnehmen. 1559 gelangten Burg, Stadt und Amt Stolpen an den sächsischen Kurfürsten und überstanden auch im Dreißigjährigen Krieg alle Angriffe und Belagerungen. 1675 erfolgte ein weiterer Ausbau zur Festung, jedoch hat Stolpen fortan keine militärische Bedeutung mehr erlangt. Spektakulärstes Ereignis war und blieb die Inhaftierung der einstigen Geliebten August des Starken, Reichsgräfin von Cosel, ab 1716 bis zu ihrem Tode 1765 im Johannisturm (1509 erbaut), dem jetzigen Coselturm. Nach den letzten Befestigungsbauten durch die französische Armee 1813 und anschließender Sprengung wichtiger Teile beim Rückzug verfiel die Anlage. Seit 1877 ist die Anlage für Besichtigungen freigegeben. Der Besucher kann jetzt vier der ehemaligen fünf Burghöfe sowie das Burgmuseum einschließlich des Coselturmes besichtigen. Die bekannten Basaltsäulen und die prächtige Sicht lohnen einen Besuch.

6 *Bühlau* besitzt eine Heimatstube; der Besucher sollte sich beim Rat der Gemeinde anmelden.

Tour 31 Kartengrundlage: gescannter Ausschnitt aus der Topographischen Karte 1:50000 Blatt AV 1210-3 und AV 1209-4, herausgegeben vom Landesvermessungsamt Sachsen, Olbrichtsplatz 3, O-8060 Dresden.

Thematisch ergänzt durch den Elster Verlag.

Zwischen Barockschloß und Pfefferkuchen ...

... verläuft diese Tour. Sachlicher ausgedrückt: Diese Wanderung erschließt uns den Nordteil des Westlausitzer Hügel- und Berglandes. Die Landschaft zwischen Elbtal und Oberlausitz wird von sanften Höhenzügen, aufragenden Bergen, stillen Tälern und dem Wechsel zwischen Wald und offener Feldflur bestimmt. Der Mensch hat seit Jahrhunderten diese Landschaft gestaltet, in ihr gelebt und gewirkt. Und manchmal hatte er dabei sogar eine glückliche Hand – wie beim Barockschloß Rammenau und ... beim Pulsnitzer Pfefferkuchen!

Tourenlänge:	25 km
Höhenmeter Aufstieg:	450 m
Höhenmeter Abstieg:	430 m
Schwierigkeitsgrad:	**
Wegdauer:	7 h
Ausgangspunkt:	*Bischofswerda*, Bahnhof; DR, Bus
Endpunkt:	Pulsnitz, Bahnhof; DR, Bus

Wegbeschreibung

Vom Bahnhof aus wenden wir uns stadteinwärts, gehen durch das Zentrum und erreichen die Markierung „Roter Punkt" (sie beginnt am Bahnhof, umgeht aber den Stadtkern) an der Stadtdurchfahrt der B 6, reichlich 200 m östlich vom Markt. Die Markierung führt uns nach links aus der Stadt und auf einem Fahrweg aufwärts durch offene Feldflur, weiter zum Waldrand und mäßig ansteigend zum Gipfel des Butterberges (384 m). Am Nordhang – weiter mit dem „Roten Punkt" – nur bis zum ersten Querweg absteigen und diesen nach links gehen. Wir gehen jetzt auf dem stark verwachsenen und gewundenen Pfad bergab. Die Markierung erfordert hier große Aufmerksamkeit. Der Pfad führt zu einem Landwirtschaftsweg mit zwei getrennten Fahrzeugspuren (Betonplatten). Auf diesem geht es nach links zu dem schon sichtbaren Dorf und *Schloß Rammenau*. Vom Schloß aus laufen Sie auf dem nordwestlich nach Röderbrunn führenden Fahrweg nach der Markierung „Grüner Strich" etwa 1 km bis zum ersten, rechts liegenden Teich. Direkt vor diesem nach rechts und am Teichende links auf den Wanderweg „Roter Punkt" einbiegen. Dieser verläuft im Bogen zur Autobahn, unterquert sie und steigt am ersten Abzweig rechts zügig hangauf zu einem breiten Forstweg. Diesen nach links gehen. Jetzt aufpassen, an dem vom bequemen Forstweg nach rechts zum Kamm führenden Weg ist die Markierung durch überhängende Zweige verdeckt! Der Kammweg führt zum *Hochsteingipfel* (449 m) und erreicht absteigend eine Wegkreuzung (Schutzhütte). Dort nach links zur Luchsenburg (Hinweisschild, Markierung „Roter Strich") absteigen und nach rechts weiter mit der gleichen Markierung gehen. Sie verläuft, mehrfach die Richtung ändernd, eine lange Strecke im Wald. Kurz nach Verlassen des Waldes ergibt sich ein sehr schöner Blick auf die Umgebung. Unserem Standort gegenüber liegt der Schwedenstein (420 m), zu dem wir aber erst nach dem Abstieg zum Sattel kräftig aufsteigen. Vom Gipfel führt der Weg, zunächst steil, abwärts und bringt uns bald zum Ziel, in die Stadt der Pfefferkuchen, *Pulsnitz*.

Besonderheiten

1. *Bischofswerda* (etwa 13 000 Einwohner); im 12. Jh. vom Meißner Bischof gegründet und 1227 erstmals urkundlich erwähnt. Marktsiedlung an der Straße Dresden-Polen. Beim Stadtbrand von 1813 wurde die gesamte Stadt zerstört; der Wiederaufbau erfolgte im zeitgemäßen klassizistischen Stil und prägt das Stadtbild um den großen Marktplatz.

2. Eine besonders „unsichere" Stelle sei hier genauer beschrieben: Am Ende des Abstiegs wird nach einer Schonung der Waldrand erreicht. Dann geht es am Waldrand entlang bis zur linken unteren Waldspitze, dort führt ca. 10 m vor der Waldspitze ein Pfad rechts waldein, und wir finden dort die Markierung wieder.

3. Das *Barockschloß Rammenau* entstand 1721–37 nach Plänen des sächsischen Oberlandbaumeisters J. C. Knöffel. Das stattliche Schloß hat einen hufeisenförmigen Grundriß, ein geschwungenes Mansard-Walmdach, einen dreiachsigen Mittelrisalit mit Giebelabschluß und schlichte Fronten.

    Durch die einheitliche Komposition von Schloß, Wirtschaftsgebäuden und Park wurde ein beeindruckendes Ensemble geschaffen – Rammenau zählt zu den schönsten Schlössern Sachsens. Es hat eine prächtige Innenausstattung. Das Schloß ist als Museum zugänglich, es enthält die Johann-Gottlieb-Fichte-Gedenkstätte und das Schloßrestaurant. Im Spiegelsaal finden Konzerte statt.

4. *Hochstein*, typischer Blockfels des Granodiorit; vom gut gesicherten Felsgipfel hat man eine gute Aussicht. Am Bergrücken befinden sich Blockfelder und ein schöner, oft „uriger" Waldbestand. Gipfelklippen und Blockmeer sind geschützte Naturdenkmäler.

5. *Pulsnitz* (6600 Einwohner); im Zuge der Ostexpansion Siedlung deutscher Bauern, 1318 Marktflecken, Stadtrecht 1375. Von der Stadtbefestigung ist nichts erhalten. Die Kirche (spätgotische Anlage Anfang 16.

Tour 32

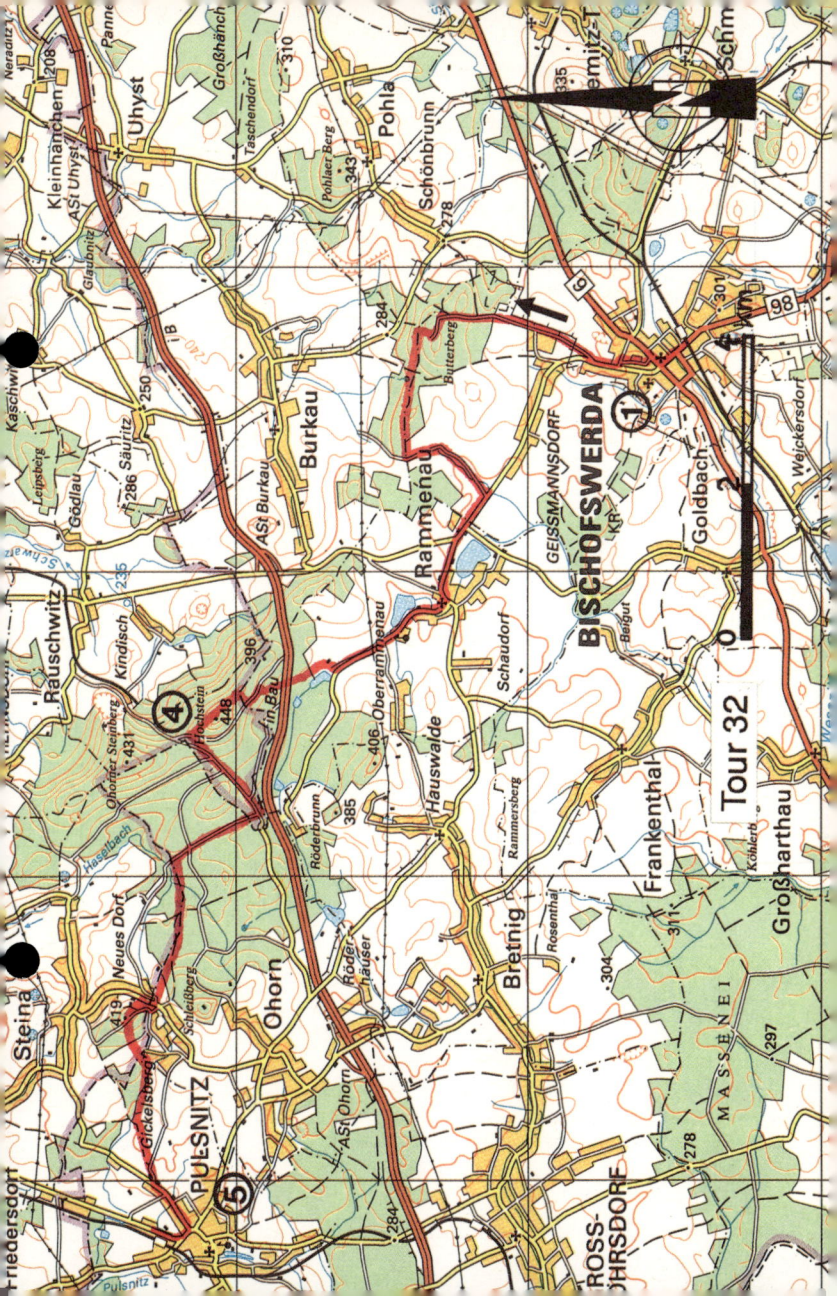

Jh.) wurde durch weitgehenden Neubau nach einem Brand 1742–45 und Restaurierungen verändert; das Rathaus (16. Jh., mit Sitznischportal von 1555) ist ebenfalls verändert. Die Wohnhäuser stammen aus dem 18. Jh. Interessant ist der „Perfert", ein für Verteidigungszwecke eingerichteter Speicher, wahrscheinlich aus der Zeit der Hussiteneinfälle um 1420; er ist die älteste erhaltene Anlage seiner Art und zugleich der älteste Fachwerkständerbau Sachsens. In Pulsnitz ist seit 1558 die Pfefferkuchenbäckerei nachgewiesen. Sie erfreut auch heute noch Gaumen, Augen und Nase des Besuchers. Weitere bodenständige Handwerke wie Töpferei und Blaudruck werden in dem Städtchen noch heute betrieben. Im Museum im Rathaus werden die Stadtgeschichte und das heimische Handwerk präsentiert.

Tour 32 Kartengrundlage: gescannter Ausschnitt aus der Topographischen Karte 1:100000 Blatt ΛV 1210, herausgegeben vom Landesvermessungsamt Sachsen, Olbrichtsplatz 3, O-8060 Dresden.

Thematisch ergänzt durch den Elster Verlag.

Westwärts über sieben Berge 33

Das Lausitzer Bergland wird von 3 Höhenzügen – in Ost-West-Richtung verlaufend – und den dazwischen liegenden Talwannen klar gegliedert. Am markantesten ist die nördliche Bergkette, die jäh aus dem Vorland aufsteigt. Durch die Spree in zwei ziemlich gleich große Teile zerschnitten, bildete die Natur sozusagen maßgeschneiderte Vorlagen für unsere Touren – der Mensch tat ein übriges und legte über den gesamten Höhenzug einen Wanderweg, den Nördlichen Kammweg. Auf diesem wandern wir nun (zumindest streckenweise) über den Westteil der nördlichen Bergkette.

Tourenlänge:	24 km
Höhenmeter Aufstieg:	550 m
Höhenmeter Abstieg:	530 m
Schwierigkeitsgrad:	**
Wegdauer:	7 h
Ausgangspunkt:	Wilthen, Bahnhof; DR, Bus
Endpunkt:	Schmölln, Bahnhof; DR, Bus

Wegbeschreibung
Vom Bahnhof in nördlicher Richtung zur Durchfahrtsstraße und auf dieser nach rechts gehen, vorbei (!) an der Weinbrennerei und dem *Kirchengut*, dahinter links (Markierung „Grüner Strich") in die Gasse „Linkshäfen" einbiegen.

Beim Anstieg hinter dem Ort: Unter der Hochspannungsleitung nach rechts gehen und an der Obstbaum-Reihe dem verwachsenen Pfad aufwärts zum Weg am Waldrand folgen. Etwas nach links, dann den Pfad rechts steil aufwärts zum Fahrweg nehmen und auf diesem jetzt bequemer aufwärts zum Gipfel des *Mönchswalder Berges* (447 m) steigen. An der Nordostseite des Gipfels (an der rechten Hinterseite des Gasthauses) geht es abwärts und auf dem ersten Querweg links um die Bergkuppe zum „Jägerhaus". Links am Gebäude den westwärts ansteigenden Weg (immer auf dem Bergrücken bleiben, nicht links auf markiertem Weg abbiegen!) nehmen zur sagenumwobenen Teufelskanzel. Bald führt der Weg aus dem Wald und senkt sich – eine herrliche Aussicht bietend – zur „Bautzener Alm" um Sora. Auf der kleinen Straße abwärts gehen, auf dem ersten Fahrweg der Siedlung Neuarnsdorf links abbiegen und an der Wegbiegung nach rechts zur Talstraße absteigen. In Höhe der Einmündung der Fahrstraße nach Bautzen (Schild) geht es nach links („Blauer Punkt") und über die Viehweiden zum Waldrand und steil aufwärts zum Großen Picho (499 m). Nun führt der Wanderweg „Blauer Punkt" meist recht bequem und mit kleineren Abweichungen genau westwärts. Über lange Strecken verläuft er durch (zumindest nach einer Seite) offenes Gelände und bietet zahlreiche schöne Ausblicke. Auf der halbrechts abwärts führenden Fahrstraße hinter den Gickelshäusern – der einzigen Siedlung in diesem Abschnitt des Höhenweges – biegt der Weg nach etwa 450 m links ab und führt durch die Anpflanzung aufwärts zum Wald und, etwas unterhalb der Kuppe bleibend, zum Neukircher Berg (404 m). Der Weg senkt sich jetzt mäßig, gabelt sich, und wir gehen nun nach der Markierung „Grüner Strich" (Hinweis „Klosterberg"), nur ganz wenig nach rechts abbiegend, weiter leicht abwärts. Am nächsten Abzweig wird die Orientierung schwieriger: etwa 200 m nach der Wegegabel verlassen wir den bequemen Forstweg und steigen nach rechts auf einem leicht zu übersehenden Pfad (Markierung aus der Wanderrichtung nicht erkennbar) zügig ab. Nach Erreichen der Landstraße gehen wir etwas links und auf dem Fahrweg am Waldrand weiter in bisheriger Richtung. In der Rechtskurve des Fahrweges geradeaus weiter zum Waldrand, dort wieder ein diesmal etwas größeres Stück nach links und dann rechts aufwärts gehen. Der Weg verläuft jetzt über den *Kapellenberg*. Vor dem *Berggasthaus* auf dem Gipfel (394 m) führt der Weg (Markierung „Grüner Punkt") links bergab. Am Ende eines eingezäunten Grundstückes wird ein Wegestern (ohne Markierung bzw. Hinweise) erreicht; wir gehen halblinks (2. Weg von links) weiter, erreichen den Waldrand, gehen dort geradeaus weiter und finden an der Bruchsteinmauer oberhalb des Steinbruches die Markierung wieder. Auf dem Pfad steigen wir rechts nach Schmölln ab. Wir erreichen den Ort am nordöstlichen Ende, der Bahnhof liegt etwa 1,5 km entfernt am südwestlichen Dorfausgang.

Besonderheiten

1 Das *Kirchengut des Domstiftes Bautzen* (Anfang 18. Jh.) und einige Umgebindehäuser sind die einzigen nennenswerten, älteren Gebäude des Ortes. Der Besucher braucht deshalb für Wilthen (ca. 6000 Einwohner) keine längeren Verweilzeiten einzuplanen – es sei denn, er will das berühmteste heimische Produkt gleich an Ort und Stelle ausgiebig probieren ...

2 *Mönchswalder Berg*; der Mönchswald gehörte teilweise dem Franziskanerkloster in Bautzen.

Neben der Gaststätte steht ein kreisförmiges Gebäude mit rotbraunem Hutdach, der „Riesenpumphut". Wie die Pumphut-Figur am Bahnhof erinnert dies an die gleichermaßen sorbische wie deutsche Sagengestalt, deren magische Kräfte im hohen spitzen Hut steckten.

Tour 33

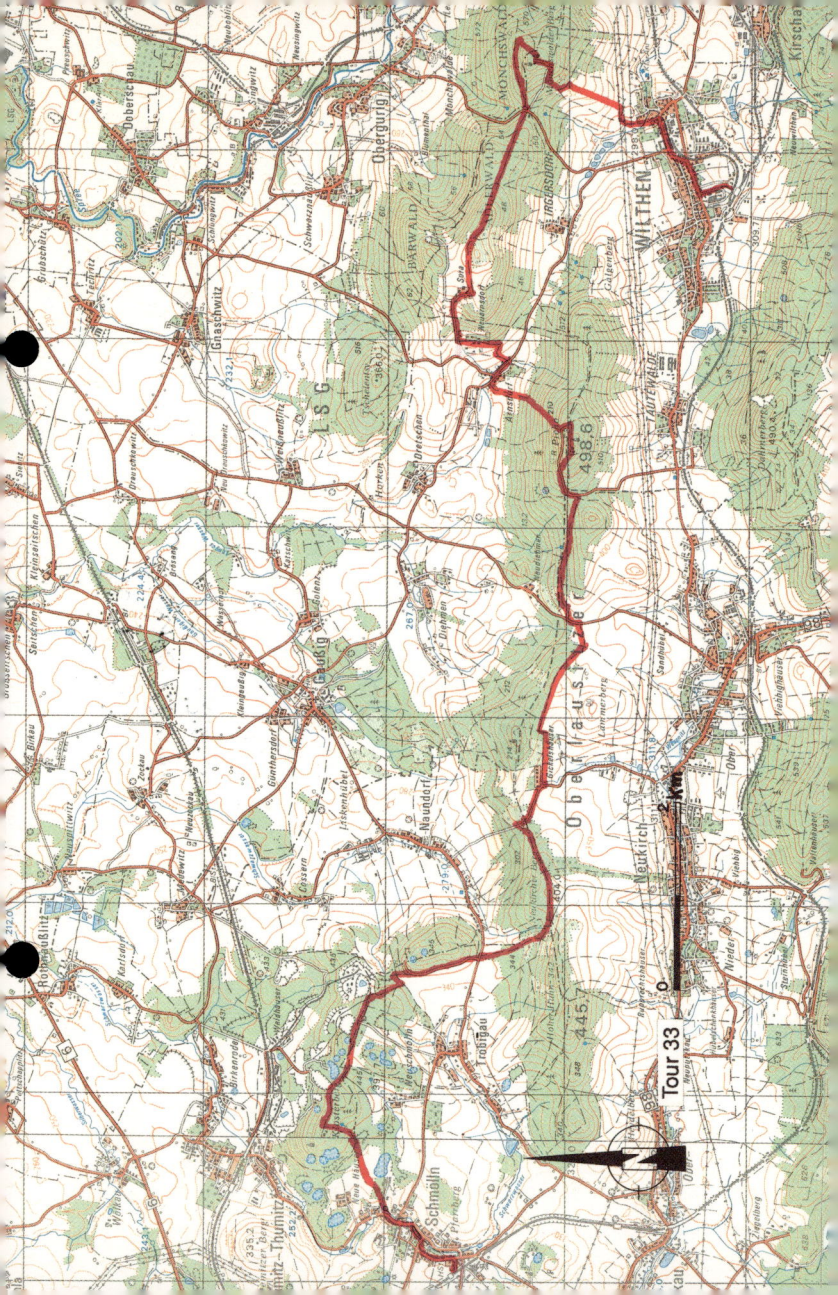

3. Zur Zeit der Wanderung des Autors im September 1991 war der Weg zwischen Arnsdorf und dem Gipfel schlecht zu finden. Man geht beliebig vom Ort über die Viehweiden, sucht sich am Waldrand oder beim Aufstieg im Wald einen der Forstwege und geht aufwärts. Im Gipfelbereich stößt man auf die Fahrstraße, die bequem zum Gipfel führt. 200 Höhenmeter sind von Arnsdorf bis zum Gipfel des Großen Picho zu überwinden.

4. *Kapellenberg*, „Berg der Steinarbeiter"; die Oberlausitz ist eines der Zentren der europäischen Natursteinindustrie. Der mit den Ortsnamen Demitz-Thumitz verbundene Bruchbetrieb am Kapellenberg nimmt in dieser Industrie einen herausragenden Platz ein. Zahlreiche Brüche überziehen den Berg; bis zu 100 m tief wird das Gestein abgebaut. Der gewonnene Granodiorit wird als Werk- und Dekorationsstein, Pflaster, Schotter und Splitt verarbeitet, aus den weitaus geringeren Vorkommen des Lamprophyrs werden Dekorationssteine gewonnen.

   Achtung! Da im Steinbruch noch gearbeitet wird, sind die Warnschilder mit den Vorsichtsmaßnahmen bei Sprengungen ernstzunehmen!

5. An der Stelle der jetzigen, sehr unscheinbaren Berggaststätte stand früher das größte *Berggasthaus* der Gegend mit 750 Sitzplätzen, Fremdenzimmern und einem 22 m hohen Turm. Noch im Mai 1945 soll es durch ein deutsches Wehrmachtskommando mit 15 Teller-, 12 Kastenminen, 405 Sprenggranaten und einer Kiste Pulver gesprengt worden sein.

6. Will man die Wanderung nicht in Schmölln, sondern in Demitz-Thumitz beenden, so wird der (etwas kürzere) Weg mit der Markierung „Grüner Strich" am Berggasthof vorbei empfohlen.

<u>Tour 33</u> Kartengrundlage: gescannter Ausschnitt aus der Topographischen Karte 1:50000 Blatt AV 1210-3 kund AV 1210-4, herausgegeben vom Landesvermessungsamt Sachsen, Olbrichtsplatz 3, O-8060 Dresden.

Thematisch ergänzt durch den Elster Verlag.

Im Bergland zwischen Spree und Wesenitz 34

Der mittlere der 3 Höhenzüge besitzt zwar mit dem Valtenberg an seiner Westflanke die höchste sächsische Erhebung des Lausitzer Berglandes, tritt aber ansonsten nicht so markig in Erscheinung wie die nördlich vorgelagerte Bergkette. Auch die deutliche Talung nach Süden fehlt. Dafür hat eine Reihe kleiner Gewässer eine eher regellose Zertalung des Gebietes geschaffen. Deutlich dagegen ist das von Süd nach Nord verlaufende Spreetal ausgeprägt.

Tourenlänge:	32 km
Höhenunterschied:	650 m
Schwierigkeitsgrad:	**
Wegdauer:	9 h
Ausgangs- und Endpunkt:	Schirgiswalde, Bahnhof; DR, Bus, Sch.-Kirschau

Wegbeschreibung
Vom *Bahnhof* gehen wir zum südöstlich gelegenen Zentrum und entscheiden hier, ob wir zunächst auf der Hauptstraße durch die Stadt oder auf dem am östlichen Spreeufer entlangführenden Weg südwärts gehen. Nach etwa 750 m erreichen wir die Wanderwege „Roter Punkt" und „Grüner Strich", die über die Spree führen. Der „Rote Punkt" steigt zügig ostwärts zu den Kälbersteinen auf; wir folgen dem nach Süden am Ufer spreeauf führenden „Grünen Strich" zum *Stausee*. Nach Überschreiten der B 98 halten wir uns jetzt nach der Markierung „Blauer Strich" so nahe am Ufer wie möglich, gehen nach etwa 500 m über die *Himmelsbrücke* und gelangen durch den Eisenbahn-Viadukt nach *Sohland*.

Gut 2,5 km gehen wir auf einer kleinen Nebenstraße am rechten Ortsrand zunehmend stärker aufwärts und steigen dann nach rechts zügig zur Grenzbaude auf. Der zuerst in Richtung Westen am Waldrand verlaufende Weg erreicht, nordwärts einschwenkend, nach etwa 1 km den *Dreiherrenstein*. Hier führt uns ein Wanderweg mit der Markierung „Gelber Punkt" nach links, 3 km entlang der Grenze zur ČSFR durch ein abwechslungsreiches Waldgebiet. Dann wendet sich der Weg spitzwinklig nach Norden. Auf einem Wiesenweg erreichen wir Steinigtwolmsdorf, halten uns aber in dem langgezogenen Dorf nur im oberen Zipfel auf und verlassen den Ort, ein Stück die Dorfstraße nach links aufwärts gehend, gleich wieder in westlicher Richtung (Hinweis „Waldhaus"). Der Weg steigt zum Waldrand auf, führt auf der Gegenseite einer Lichtung – hier ist sein Verlauf nicht erkennbar – weiter und mündet im spitzen Winkel kurz vor dem Waldhaus (Gasthaus) in die Straße. An der Westseite des Gasthauses verläuft der Weg „Grüner Punkt" nach rechts, also nordöstlich zum Waldrand und dort zügig abwärts in das Wesenitztal. Auf dem Talweg geht es ca. 200 m links, dann durch den idyllischen Grund auf der Gegenseite bergauf und auf der Höhe am Waldrand auf dem querenden Weg („Roter Punkt") rechts abwärts nach Ringenhain im Wesenitztal. Auf der Straße (B 98) 150 m talauf, dann halblinks auf der Straße nach *Weifa*. In der Ortsmitte von Weifa nach der Markierung „Gelber Strich" rechts gehen und aus dem Ort in südöstlicher Richtung bis zum kreuzenden Wanderweg „Roter Strich" wandern. Auf diesem nach links talab. Dort dem Hinweis „Schirgiswalde-Sohland" folgen und dem Bächlein nach rechts, zuerst auf verwachsenem Pfad, dann auf einem Forstweg, folgen. Am Waldrand wird ein breiter Fahrweg erreicht, auf dem wir nach links, dem „Grünen Strich" folgend, bequem nach *Schirgiswalde* gelangen.

Besonderheiten

① Den *Bahnhof* teilen sich Schirgiswalde und das benachbarte Kirschau; im Fahrplan nicht darüber stolpern!

② *Stausee Sohland*; 1937–41 wurde zum Schutz vor Hochwasser der 80 m lange Damm angelegt, der die Spree auf 1,3 km staut.

3 Der Hauptwanderweg Zittau-Wernigerode, jetzt mit dem „Blauen Strich" markiert, hatte vorher die Markierung „Blaues liegendes Kreuz". Gelegentlich ist die alte Markierung noch vorhanden.

4 Die *Himmelsbrücke* wurde 1796 erbaut und überspannte mit ihrem steilen Bogen früher die Spree. Heute, nach der Flußregulierung, führt sie nur noch über den Dorfbach.

⑤ *Sohland* (4600 Einwohner); bereits 1222 als Kirchort genannt. Sohland hat 10 Ortsteile und erstreckt sich kilometerlang zwischen Spreetal und Staatsgrenze.

Der Ort besitzt noch zahlreiche Umgebindehäuser, im ältesten, noch im ursprünglichen Zustand erhaltenen Fachwerkhaus, einem etwa 250 Jahre alten Leineweberhaus, ist ein Heimatmuseum eingerichtet. Das Museum stellt die Wohn- und Arbeitsverhältnisse der Weber im 19. Jh. dar. Die Weberei war damals in weiten Teilen der Lausitz der wichtigste Erwerbszweig.

Tour 34

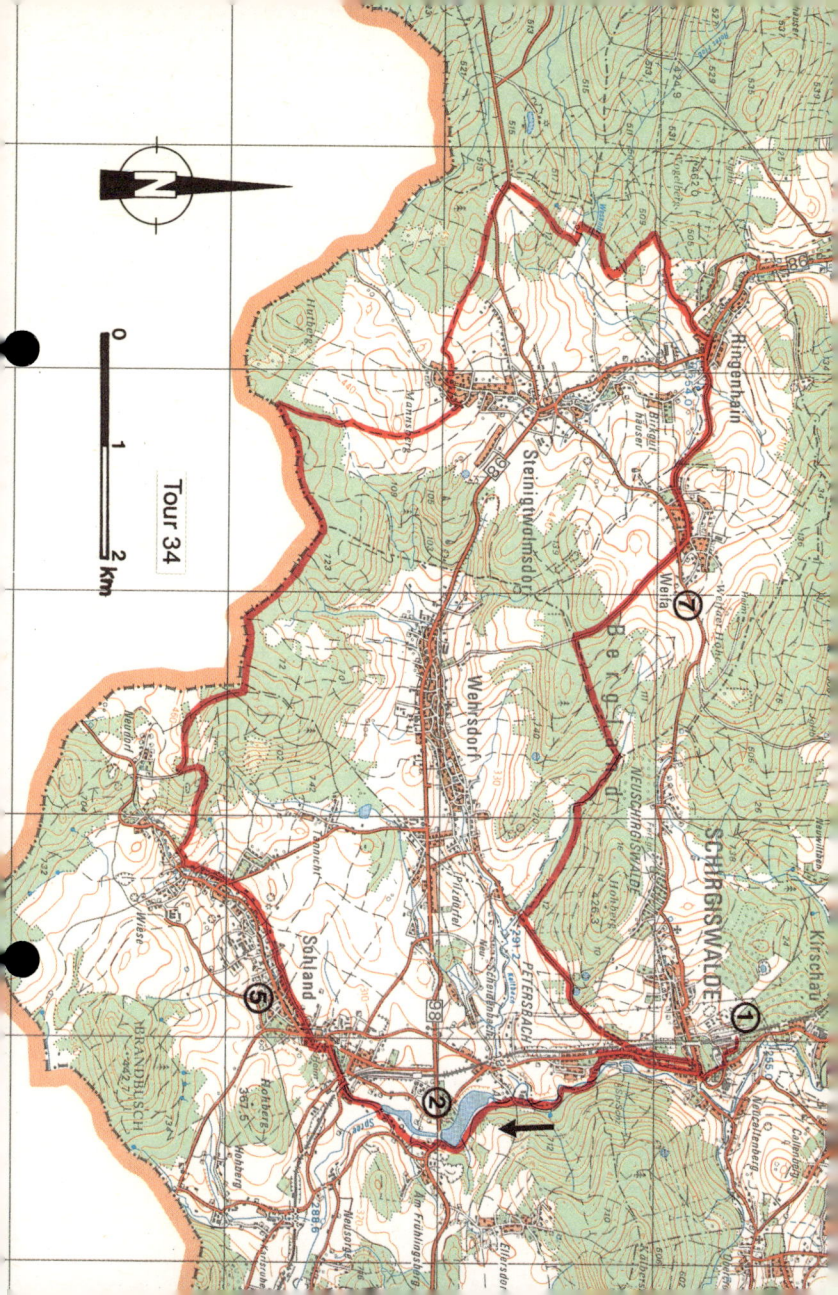

6. *Dreiherrenstein*, von 1750 am Berührungspunkt der Besitzungen des sächsischen Feudalherren August Siegmund von der Sahla auf Sohland, des böhmischen Grafen Leopold zu Salm-Reifferscheidt auf Hainspach (Lipovà) und des Domstifts Bautzen.

7. *Weifa* (700 Einwohner) besitzt ca. 60 Umgebindehäuser. Ein kleiner Dorfrundgang lohnt sich.

8. *Schirgiswalde* siehe Wanderung 37.

Tour 34 Kartengrundlage: gescannter Ausschnitt aus der Topographischen Karte 1:50000 Blatt AV 1210-4, herausgegeben vom Landesvermessungsamt Sachsen, Olbrichtsplatz 3, O-8060 Dresden.

Thematisch ergänzt durch den Elster Verlag.

Spreeluft schnuppern

Der Lauf der Spree bildet hier eine außergewöhnlich interessante Variante zu den Touren im Bergland. Auch Bautzen mit seiner über tausendjährigen Vergangenheit wollen wir in unsere Wanderung einbeziehen – es wird eine Wanderung, bei der Füße und Kopf gleichermaßen beansprucht werden.

Tourenlänge:	14 km
Höhenunterschied:	unbedeutend
Schwierigkeitsgrad:	*
Wegdauer:	3,5 h (wie km-Angabe ohne Stadtrundgang)
Ausgangspunkt:	Großpostwitz, Bahnhof; DR, Bus
Endpunkt:	Bautzen, Bahnhof; DR, Bus

Wegbeschreibung
Unser Weg verläuft vom Bahnhof aus nördlich; gleich auf der ersten kreuzenden Straße nach rechts gehen, es sind nur wenige Schritte bis zur Spreebrücke. Vor der Brücke zur hier breiten und flachen Talaue am linken Flußufer absteigen und auf dem befestigten Fahrweg vorbei am Sportplatz und den Neubauten zur Linken bis zum Ende der geradeaus verlaufenden Strecke gehen. Dort weiter in bisheriger Richtung durch die Uferwiesen auf unbefestigtem und unmarkiertem Weg. Nach knapp 1 km entlang der Baumreihe rechts zur Brücke und zum rechten Ufer. Direkt neben der Brücke befindet sich ein altes Mühlengut, auch der Mühlgraben ist noch vorhanden. Auf dem breiten Fahrweg gehen wir jetzt am rechten Ufer, unterqueren die Eisenbahnstrecke Bautzen-Großpostwitz und gelangen über einen Wiesenpfad zur *Böhmischen Brücke*. Hier treffen wir auf die Markierung „Roter Strich", der wir nun bis Bautzen folgen. Nach etwa 130 m auf der Straße zweigt – sich an das Spreeufer haltend – ein Pfad halblinks ab, mündet nach ca. 350 m auf einen Fahrweg und führt nach 100 m rechts aufwärts über Bahngleise zur Hangkante oberhalb der Bahnlinie. Hinter dem Bahnhof Singwitz links die Bahnlinie überqueren und die Bahnhofstraße abwärts bis zur Straßenkreuzung gehen. Gegenüber verläuft der Wanderweg wieder nahe der Spree bis Schlungwitz, steigt ein kurzes Stück auf der Straße aus dem Tal und führt, links und wenig später rechts abbiegend, durch offene Feldflur zum nordwestlichen Dorfende von Doberschau. Dann links absteigen, ein Betriebsgelände überqueren und auf das linke Spreeufer wechseln.

Bis Grabschütz bleibt der Weg in einem teilweise felsigen und engen Talabschnitt. Dann weitet sich das Tal zunächst und geht anschließend in ein enges Felsental mit oft senkrechten, hohen Felswänden über. In dieser *Skala* verstehen wir nun, warum von unserem Wanderweg beim Blick über die Landschaft nichts zu sehen war!

Später tritt der Weg aus dem Felsental, führt als schöner, bequemer Promenadenweg vorbei an der Frankensteinschen Mühle auf dem rechten Spreeufer und über Bleichenstraße und Fischergasse zur Alten Wasserkunst. Hier können wir zur Stadt *Bautzen* aufsteigen oder den Stadtrundgang unterhalb der imposanten Stadtbefestigung entlang der Spree beginnen.

Besonderheiten

1. Die *Böhmische Brücke* wurde 1724 aus Bruch- und Feldsteinen erbaut; die 36 m lange Brücke überspannt in zwei ungleichen Bogen die Spree. Der Überlieferung nach soll als Bindemittel Quark und Ochsenblut verwendet worden sein; die am Pfeiler angebrachte Jahreszahl 1741 bezieht sich wohl auf eine Ausbesserung. Die Brücke markiert den Spreeübergang des alten böhmischen Steigs – daher der Name.

2. *Skala*; dem Sorbischen entlehnter Begriff, der regional für wasserführende Felstäler – in der Regel im Hügelland – verwendet wird.

3. *Bautzen* (knapp 50 000 Einwohner); war schon vor der deutschen Ostexpansion Zentrum des Slawengaus Milzane mit Burgwall und -siedlung; zur Sicherung der eroberten Gebiete entstand hier wie aus zahlreichen anderen Sorbenwällen ein deutscher Burgwardssitz, die Ortenburg (um 1000). In deren Schutz soll schon 999 die älteste Kirche der Oberlausitz, St. Johannis, Vorläufer des Domes, entstanden sein. Im umstrittenen Grenzgebiet war das befestigte Bautzen von größter Bedeutung und wechselte mehrfach den Besitzer. Um 1200 wurde Bautzen Stadt und war damit im rechtlichen Sinn die erste Stadt der Oberlausitz. 1221 gründete das Bistum Meißen das Stift St. Petri als geistliche Oberinstanz des Gebietes. Für die städtische Entwicklung war neben der Verleihung des Marktzolls (1282) und des Stapelrechts (1339) das Jahr 1346 von größter Bedeutung, als der unter Bautzner Führung stehende Lausitzer Sechsstädtebund gegründet wurde. Die bewegte Geschichte der Stadt läßt sich nicht nur in Geschichtsbüchern und Museen studieren, sondern

Tour 35

auch an den zahlreichen Befestigungsanlagen, Kirchen, Wohnhäusern und anderen Zeugnissen der Geschichte ablesen. Mehrere hundert Gebäude der Stadt stehen unter Denkmalschutz, darunter die gesamte Altstadt, der Dom mit Domstift, die Michaelis-, Mönchs-, Nikolai-, Liebfrauen- und Taucher-Kirche, die Ortenburg und die Stadtbefestigung mit zahlreichen Tortürmen und Bastionen.

Im Stadtmuseum sowie in der Alten Wasserkunst, die gleichfalls als Museum eingerichtet ist, kann sich der Besucher mit der Stadtgeschichte vertraut machen. Sehr zu empfehlen ist ein Besuch des Museums für sorbische Geschichte und Kultur in der Ortenburg.

Tour 35 Kartengrundlage: gescannter Ausschnitt aus der Topographischen Karte 1:50000 Blatt AV 1210-4 und AV 1210-2, herausgegeben vom Landesvermessungsamt Sachsen, Olbrichtsplatz 3, O-8060 Dresden.

Thematisch ergänzt durch den Elster Verlag.

Im Sagenreich des Schwarzen Gottes

Der Valtenberg ist zwar die höchste Erhebung des Oberlausitzer Berglands, aber der Czorneboh ist der unumstrittene König der Region. Auf dem sich mächtig aus dem Vorland heraushebenden, weithin sichtbaren Czorneboh tummeln sich seit alten Zeiten Kobolde und Hexen, treibt der Teufel sein Spiel. Schauen wir mal nach, was sie so treiben ...

Tourenlänge:	15 km
Höhenmeter Aufstieg:	540 m
Höhenmeter Abstieg:	430 m
Schwierigkeitsgrad:	**
Wegdauer:	5 h
Ausgangspunkt:	Großpostwitz, Bahnhof; DR, Bus
Endpunkt:	Kleindehsa, Bahnhof; DR, Bus

Wegbeschreibung
Wir starten am Bahnhof Großpostwitz zu dieser Wanderung, bei der wir nun auch die zweite – östliche – Hälfte der Nordkette des Lausitzer Berglandes kennenlernen werden. Der Weg führt über den Nördlichen Kammweg, der auch hier mit dem „Blauen Punkt" markiert ist. Wir stoßen auf die Markierung an der ersten Querstraße, die wir nach Verlassen des Bahnhofs in nördlicher Richtung erreichen. Mit der Markierung nach rechts über die Spreebrücke gehen und auf der Hauptstraße etwa 100 m nach links. Dort führt eine kleine Straße nach rechts; von dieser zweigt nach ca. 300 m eine Gasse rechts ab und führt in das Tal des *Cosuler Baches*. Im Tal aufwärts nach Cosul und durch das Dorf gehen, wo am nördlichen Dorfausgang der Weg nach rechts reichlich 100 m auf einem breiten Fahrweg verläuft und in der Linkskurve des Fahrweges geradeaus ansteigt. Im folgenden Waldstück mit ehemaligem Steinbruchsgelände ist es schwierig, dem hier unzureichend markierten Weg zu folgen. Man gehe am eingezäunten Grundstück den Weg halbrechts und an der nächsten Wegegabel wieder halbrechts. So kommt man, vorbei an Anlagenresten eines alten Steinbruches, auf eine Straße. Auf dieser geht es ca. 100 m nach links und dann halbrechts ein kleines Stück abwärts. Hier treffen wir auf den Wanderweg „Gelber Strich", der ab hier über mehr als 4 km gemeinsam mit dem „Blauen Punkt" verläuft. Wir steigen nun kräftig aufwärts zum *Döhlener Berg* (514 m). Mit diesem Aufstieg haben wir zugleich den „größten Brocken" bewältigt, denn wir wandern nun auf dem relativ schmalen Kamm, der nach Norden und Süden steil abfällt, und müssen zu den einzelnen Gipfeln der Bergkette keine längeren Anstiege bewältigen. Vor uns erhebt sich nun der *Czorneboh*, zu dem wir nach kurzem Abstieg über den *Sattel* bald auf-

steigen. Wir sind nun 561 m hoch und sollten auf jeden Fall – einigermaßen gute Sicht vorausgesetzt – auch noch den *Turm* besteigen – die Aussicht lohnt's! Auf der nächsten Wegstrecke bleibt der Ziegelberg (467 m) rechts liegen, dagegen führt der Weg, kurz nachdem der „Gelbe Strich" nach rechts abzweigt, auf den Steinberg (494 m) und bald darauf auf den *Hochstein* (541 m). Nun geht es zügig bergab; der gewundene Weg biegt zunehmend in südliche Richtung. Am Waldrand haben wir nochmals einen Blick auf die Umgebung, aber auch auf das schon nahe Kleindehsa, das wir auf einer Fahrstraße erreichen. Auf der Gegenseite der Bahnlinie müssen wir noch reichlich 500 m nach links gehen und sind dann am Ziel.

Besonderheiten

① Das Tälchen des *Cosuler Baches* zeichnet sich durch landschaftlichen Reiz und durch seinen Vogelreichtum aus.

② *Döhlener Berg* (auch: Hromadnik), als westlicher Eckpfeiler der Czorneboh-Kette niederschlagsreiches Gebiet mit vielen Quellen. Am Gipfelgrat gibt es eine größere Anzahl von Felstürmen mit „Wollsack"-Verwitterung (Biotitgranodiorit). Der Berg wurde zur Zeit der Romantik in die Mythen um den Czorneboh einbezogen.

③ Im *Sattel* zwischen Döhlener Berg und Czorneboh befindet sich das „Opferbecken", ein nur wenig den Boden überragender Felsblock mit kreisförmiger Vertiefung. Das meist mit Niederschlagswasser gefüllte Becken („Teufelswaschbecken") ist eine der Stationen, die in dem *Czorneboh*-Mythos eine Rolle spielen:

Die heidnischen Sorben versammelten sich zu besonderen Anlässen auf dem Hromadnik, zogen dann zum Becken, wo sich die Priester vor der Kulthandlung wuschen und das Opfer weihten. Dann zog man zum „Frageloch" („Teufelsfenster") kurz vor dem Gipfel des Czorneboh und ließ sich von weisen Frauen das Schicksal vorhersagen. Den Abschluß bildete die kultische Handlung auf dem „Teufelsaltar", einem der höchsten Felsen des Czornebohgipfels.

Czorneboh (sorbisch für Schwarzer Gott; wohl spätere Umdeutung des älteren Corny bok – Schwarze Seite, Flanke (des Höhenzuges); der Berg ist aus Zweiglimmergranodiorit aufgebaut.

④ Der *Turm* besteht seit 1851 (ältester Bergturm der Oberlausitz), das Gasthaus wurde ein Jahr darauf eröffnet. Ein Gedenkstein erinnert an C. G. Stephan († 1888), der sich Verdienste um die touristische Erschlie-

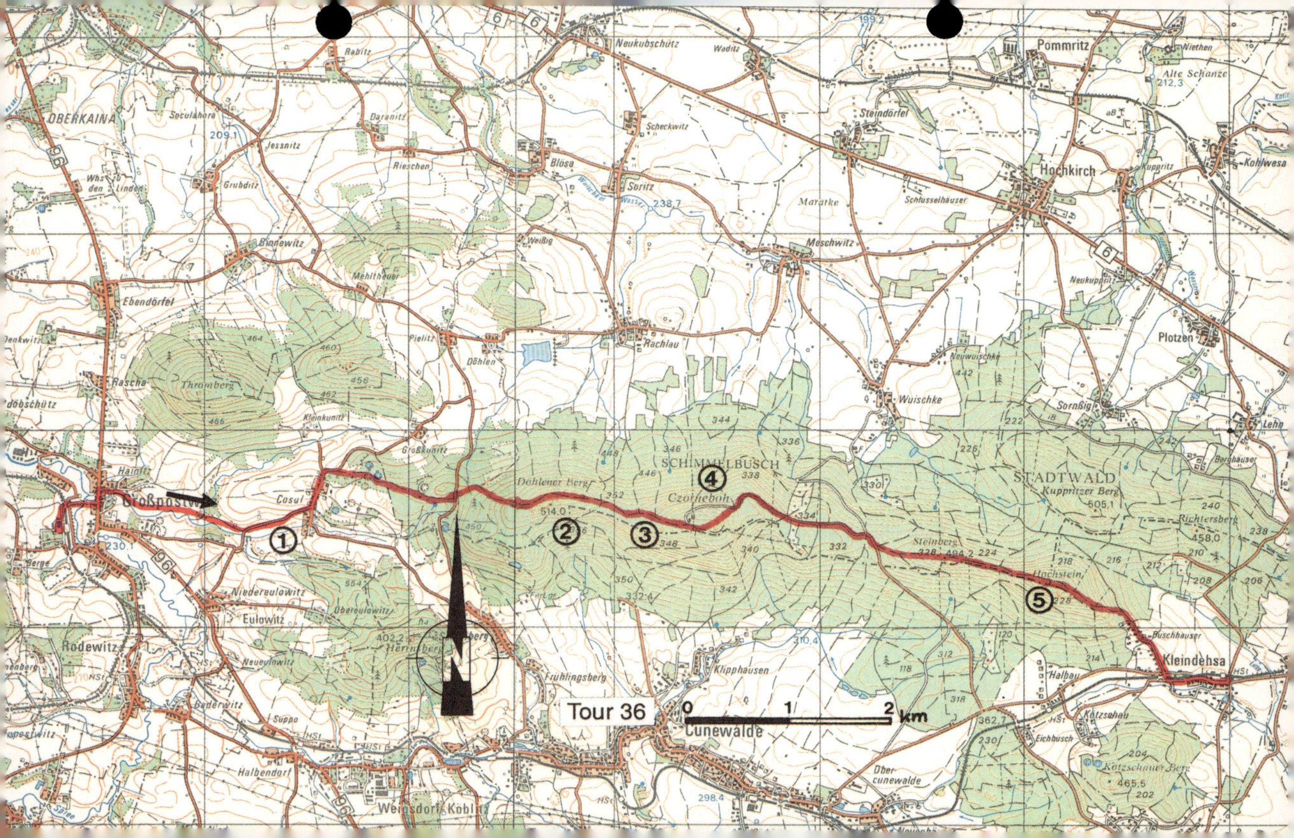
Tour 36
0
1
2 km
Cunewalde
Kleindehsa
SCHIMMELBUSCH
Czorneboh
STADTWALD
Kuppritzer Berg
Döhlener Berg
Hochstein
Richtersberg
Steinberg
Hochkirch
Pommritz
Plotzen
Wuischke
Rachlau
Meschwitz
Blösa
Soritz
Neukubschütz
Steindörfel
Rodewitz
Eulowitz
Niedereulowitz
Cosul
Thromberg
Ebendörfel
OBERKAINA
Halbendorf
Klipphausen
Frühlingsberg
Ober cunewalde
Buschhäuser
Halbau
Eichbusch
Kötzschauer Berg
Sornßig
Lehn
Kohlwesa
Alte Schanze
Döhlen
Großkunitz
Kleinkunitz
Mehlthäuer
Binnewitz
Grubditz
Jessnitz
Rieschen
Daranitz
Rabitz
Scheckwitz
Maratke
Schlusselhäuser
Neukuppritz
Kuppritz
Waditz
Rascha
Suppo
Neueulowitz
Obereulowitz
Herrnberg
Pielitz
Weißig
Neuwuischke
Berghäuser
Kötzschau

ßung des Gebiets erwarb und mit mehr als 3000 Aufstiegen zum Gipfel als der bislang treueste Besucher gilt.

⑤ Der *Hochstein* bildet den östlichen Eckpfeiler des Czorneboh-Zuges. Auf dem Gipfel befinden sich Reste einer mittelalterlichen Befestigung von 70 m Länge und von Fundamenten der Anlage (Trockenmauern). Nach der Überlieferung waren die letzten Bewohner Raubgesellen, die dann durch die Löbauer getötet und in der nun als Räuberkirchhof gekennzeichneten Anlage verscharrt wurden. Auf die erste Klippe (Weiße Kennzeichnung) kann man gefahrlos aufsteigen. Kleindehsaer Wanderfreunde haben dort ein „Gipfelbuch" deponiert und freuen sich über fleißige Nutzung. Sie verbreiten auch den Ruf der Kammwege als „Lausitzer Rennsteig".

Tour 36 Kartengrundlage: gescannter Ausschnitt aus der Topographischen Karte 1:50000 Blatt AV 1210-4 und AV 1211-3, herausgegeben vom Landesvermessungsamt Sachsen, Olbrichtsplatz 3, O-8060 Dresden.

Thematisch ergänzt durch den Elster Verlag.

Zum „lieblichsten Berg der Oberlausitz" 37

Bei dieser Wanderung über den Ostteil des mittleren der drei Höhenzüge im Lausitzer Bergland besteigen wir den Bieleboh – Kenner verehren ihn als „lieblichsten Berg der Oberlausitz". Auch besuchen wir das Reiterhaus in Neusalza-Spremberg. Es ist im (imaginären) „Buch der Oberlausitzer Rekorde" als ältestes erhaltenes Umgebindehaus eingetragen. Zuguterletzt bummeln wir ein wenig durch eine Stadt, die 36 Jahre vergessen wurde.

Tourenlänge:	18 km
Höhenmeter Aufstieg:	470 m
Höhenmeter Abstieg:	420 m
Schwierigkeitsgrad:	**
Wegdauer:	5,5 h
Ausgangspunkt:	Schirgiswalde, Bahnhof; DR, Bus Sch.-Kirschau
Endpunkt:	Neusalza-Spremberg, Bahnhof; DR, Bus

Wegbeschreibung
Vom Bahnhof gehen wir zum südöstlich gelegenen Zentrum und entscheiden hier, ob wir zunächst auf der Hauptstraße durch die Stadt oder auf dem am östlichen Spreeufer entlangführenden Weg südwärts gehen. Nach etwa 750 m erreichen wir die Wanderwege „Roter Punkt" und „Grüner Strich", die über die Spree führen. Der „Grüne Strich" verläuft am Ostufer flußauf (Wanderung 34), mit dem „Roten Punkt" steigen wir zügig zu den *Kälbersteinen* (487 m) auf und müssen dabei über 200 Höhenmeter bewältigen. Der „Rote Punkt" führt hier links bergab, und wir folgen nun der kurz vor dem Gipfel von Süden aufsteigenden Markierung „Blauer Strich", gehen aber in bisheriger Richtung ostwärts weiter. Der Weg führt leicht bergab, umgeht den Gipfel des Pickaer Bergs (486 m) und erreicht in der Siedlung Picka den Waldrand. Auf dem Fahrweg geht es links bis zur Straße B 96 und auf der Gegenseite – etwas nach rechts versetzt – in östlicher Richtung weiter. Auf der gesamten restlichen Wanderstrecke finden wir im mehrfachen Wechsel weitere Markierungen, der „Blaue Strich" ist aber stets vorhanden (über Strecken durch das „Blaue liegende Kreuz" vertreten), und wir orientieren uns nach ihm. Wir wandern durch eine Siedlung und steigen dann im Wald zum *Bieleboh* (499 m) auf. Wir gehen nun nur noch ein kurzes Stück in östlicher Richtung und erreichen beim Abstieg rasch den Waldrand und am Parkplatz die nach rechts abwärts führende Fahrstraße. Auf ihr erreichen wir recht bequem Beiersdorf, überschreiten die im Tal verlaufende Hauptstraße und gehen auf der Gegenseite nach

wenigen Minuten hinter der Dorfkirche wieder mäßig bergan. Der breite Weg verläuft bequem zwischen bewaldeten Kuppen und vorbei an Steinbrüchen nach Neusalza-Spremberg. Gleich nach Erreichen der ersten Häuser biegen wir mit der Markierung nach links ein und erreichen ziemlich am östlichen Ende des OT Spremberg das *Reiterhaus*. Zum Ziel – dem Bahnhof – ist es von dort noch ein reichlicher Kilometer. Wer zum Ausgangspunkt der Tour, Schirgiswalde, zurückkehrt und dort noch Lust auf einen Stadtbummel verspürt, sollte sich bei den Einwohnern über ein kurioses Ereignis der städtischen Geschichte informieren ...!

Besonderheiten

1. Die Gipfelklippen der *Kälbersteine* sind als Naturdenkmal geschützt.

2. *Bieleboh* (sorbisch für Weißer Gott); höchste Erhebung des mittleren Höhenzuges östlich der Spree. Der Berg besteht wie der Czorneboh aus Zweiglimmergranodiorit, besitzt aber nur unbedeutende Gipfelklippen und freiliegende Blöcke.

   Die mit der Namensgebung unterstellte Bedeutung als heidnische Kultstätte für einen (gutartigen) Weißen Gott ist nicht zutreffend. Gasthaus und Turm wurden 1883 eingeweiht. Der Turm brannte allerdings 1910 durch Blitzschlag aus, war aber schon ein Jahr später – und 3 m höher – wieder errichtet. Zum Zeitpunkt der Wanderung (Sept. 1991) war die Gaststätte wegen Bauschäden geschlossen; der Turm war offen – es bot sich eine prächtige Aussicht!

3. Das *Reiterhaus*, im OT Spremberg des Doppelortes gelegen, stammt in seinem älteren, mit der Traufseite zur Straße gerichteten Teil von vor 1660; der jüngere Teil des Winkelbaues – er kehrt den Giebel zur Straße – wurde als Ausgedingehaus erst kurz vor 1800 angebaut. Die Reiterfigur am Giebel – übrigens ein Siegespreis im „Ritterstechen" (Kirmesvergnügen der weiblichen Jugend zur damaligen Zeit) der Haustochter im Jahre 1874 – gab dem Haus den Namen; als ältestes erhaltenes Umgebindehaus der Oberlausitz ist es weithin bekannt. Das Reiterhaus beherbergt ein Heimatmuseum.

4. Nach dem Prager Sonderfrieden 1635 kamen Teile der bisher böhmischen Oberlausitz an Kursachsen. Das böhmisch gebliebene Schirgiswalde mußte Österreich 1809 an Sachsen abtreten. In den Kriegswirren wurde Schirgiswalde zwar von den Österreichern abgegeben, von den Sachsen aber nicht übernommen, und das Versäumnis wurde erst einmal nicht bemerkt. Die Schirgiswalder nutzten das und bildeten einen

Tour 37

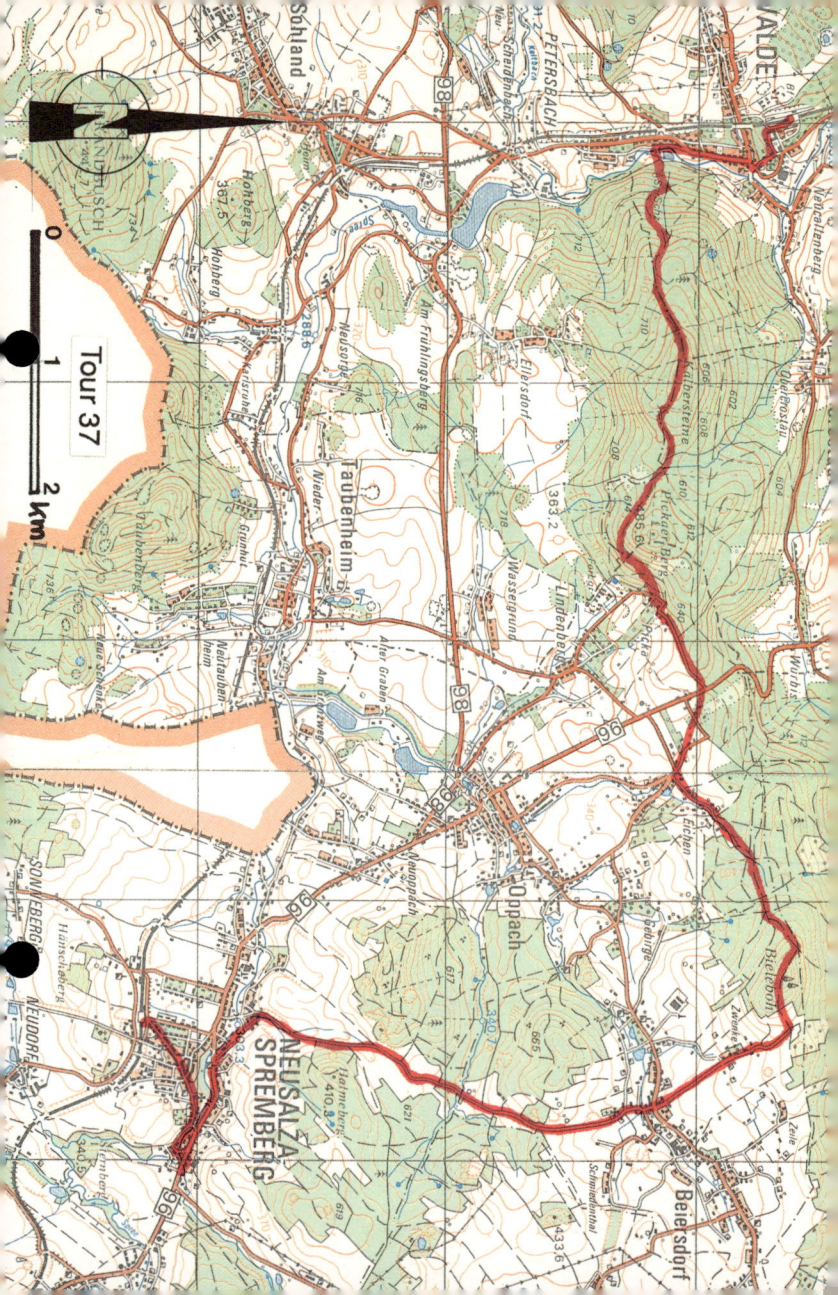

unabhängigen Stadtstaat. Zur Freude der Einwohner waren sie frei von Steuern und Militärdienst. Da die „Republik Schirgiswalde" zollfrei war, blühten Handel und Schmuggel und anderswo verbotene Glücksspiele; Deserteuren war Schirgiswalde eine Zufluchtstätte. Erst 1845 bemerkte man die Sache und beglückte nun auch die Schirgiswalder mit staatlicher Zucht und Ordnung!

Tour 37 Kartengrundlage: gescannter Ausschnitt aus der Topographischen Karte 1:50000 Blatt AV 1210-4 und AV 1211-3, herausgegeben vom Landesvermessungsamt Sachsen, Olbrichtsplatz 3, O-8060 Dresden.

Thematisch ergänzt durch den Elster Verlag.

Wanderung mit Superlativen

Diese Tour führt – meist durch offenes Gelände – durch die Landschaft zwischen Oberlausitzer Bergland und Oberlausitzer Hügelland. Freundliche Fachwerkhäuser prägen das Bild der Dörfer, stattliche Berge überragen das Land und bieten herrliche Aussichten; jahrhundertealte Traditionen haben dieser Kulturlandschaft ihr unverwechselbares Image verliehen. Diese Wanderung ist ... ein Flirten mit einer reizvollen Landschaft!

Tourenlänge:	34 km
Höhenunterschied:	690 m
Schwierigkeitsgrad:	**
Wegdauer:	9 h
Ausgangs- und Endpunkt:	Löbau, Markt; DR, Bus

Wegbeschreibung

Bei dieser Tour liegt viel vor uns – im wörtlichen Sinn! –, und wir verlassen die ansehnliche Stadt rasch über die vom Markt nach Süden abgehende Straße, queren die B 178 und gehen halbrechts am „Töpferberg" nach der Markierung „Grüner Strich", die uns aus der Stadt führt. Hinter den Neubauten mündet der Weg auf die vielbefahrene Landstraße, auf der wir annähernd 700 m gehen, bis wir halblinks auf eine leicht abwärts führende kleine Fahrstraße einbiegen. Auf dieser erreichen wir Kleinschweidnitz – hier wechselt die Markierung, wir gehen nun mit dem „Gelben Strich" – und auf einem kaum befahrenen, breiten Weg bis *Niedercunnersdorf*. Nahtlos schließt sich *Obercunnersdorf* an. Hier macht sich der nahe Kottmar bemerkbar, und die Dorfstraße steigt merklich an. Wir verlassen den Ort noch vor seinem südlichen Ausgang nach rechts und steigen durch offene Feldflur mäßig und nach Erreichen des Waldrandes kräftig an zum Gipfel des *Kottmar* (583 m). Der Abstieg nach Osten führt bergab zu den Kottmarhäusern, auf der Straße etwa 250 m nach links und, auf die Kottmarallee rechts einbiegend, mit der Markierung „Gelber Strich" mit vielen Bogen und Knicken, aber in der Hauptrichtung Osten, nach *Herrnhut*. Wir verlassen den Ort, ein Stück auf der B 178 in Richtung Löbau gehend, in Höhe des Bahnhofs nach rechts mit der Markierung „Roter Strich". In Strahwalde geht es talauf bis zum Mühlteich. Dort steigt der Hofeweg mäßig nach Norden zum Wolfsberg (445 m). Der Weg verläuft unterhalb der Kuppe und ist hier streckenweise unzureichend markiert. Bei Unsicherheiten nach Norden gehen oder zur nahen Straße links im Tale absteigen. Auf diese mündet der „Rote Strich" am Ortseingang von Herwigsdorf, verläßt aber nach etwa 200 m die Straße nach links. Am Galgenberg mündet der Wanderweg auf die Straße nach Löbau ein, auf der wir bis zur Waldkante am Südhang des *Löbauer Berges* laufen. Am Waldrand geht es auf der Fahrstraße aufwärts und, mit dem „Roten Strich" von dieser links abbiegend, zum Gipfel (448 m). Vom Gipfel steigen wir – immer noch mit dem „Roten Strich" – nach Westen steil zur Stadt *Löbau* ab.

Besonderheiten

① *Niedercunnersdorf* ist eines der schönsten Dörfer der Oberlausitz, die Mehrzahl der Wohnbauten sind Umgebindehäuser.

Achtung! Der Wanderweg, – der sonst über lange Strecken auf Straßen verläuft, führt ausgerechnet hier am westlichen Ortsrand entlang und entzieht so die reizvollen Fachwerkhäuser dem Blick des Wanderers! Gehen Sie auf der Hauptstraße durch das Dorf!

Allerdings: Das kleine Heimatmuseum „Alte Weberstube" liegt nun doch nicht an der Straße!

② *Obercunnersdorf* ist das Dorf der Oberlausitz, das die meisten Umgebindehäuser aufzuweisen hat (etwa 280). Nieder- und Obercunnersdorf ziehen sich im vom Cunnersdorfer Wasser durchflossenen Tälchen schmal, aber langgestreckt über ca. 4,5 km hin. Dem Liebhaber wird diese „Meile der rustikalen Bauweise" ein Genuß werden!

③ Der „Kupper" (volksmundlich für *Kottmar* ist einer der landschaftsbestimmenden Erhebungen in diesem Teil der Oberlausitz. Er ist ein ehemaliger Vulkan, und zwar der nördlichste der Phonolithvulkane, die wir weiter südlich z. B. mit der Lausche und dem Hochwald noch kennenlernen. Den Gipfel des Kottmar krönen der Aussichtsturm von 1881, die ein Jahr jüngere Gaststätte und der Anlaufturm einer Sprungschanze (unterhalb des Aufsprunges liegt ein Skiheim, jetzt auch Gaststätte). Am Kottmar entspringt eine der Spreequellen. Der Wanderer hat auf dem hydrographisch (so der wissenschaftlich exakte Begriff) interessanten Gipfel, einer Wasserscheide zwischen dem Einzugsgebiet von Elbe und Oder, die folgenschwere Entscheidung zu treffen: Wohin mit dem Pipi – Ostsee oder Nordsee?

④ *Herrnhut*, Gründung der altmährischen Brüdergemeine von 1722; die christlich-soziale Brüdergemeine schuf hier unter ihrem ersten Bischof, dem einheimischen Grundherrn Graf von Zinzendorf, die Basis für die einheitliche, planmäßige, schlichte Bebauung („Herrnhuter Barock"). Kirche, Schloß und Wohnhäuser sind davon geprägt. Durch die Missionstätigkeit der Brüdergemeine kamen zahlreiche Exponate aus aller

Tour 38

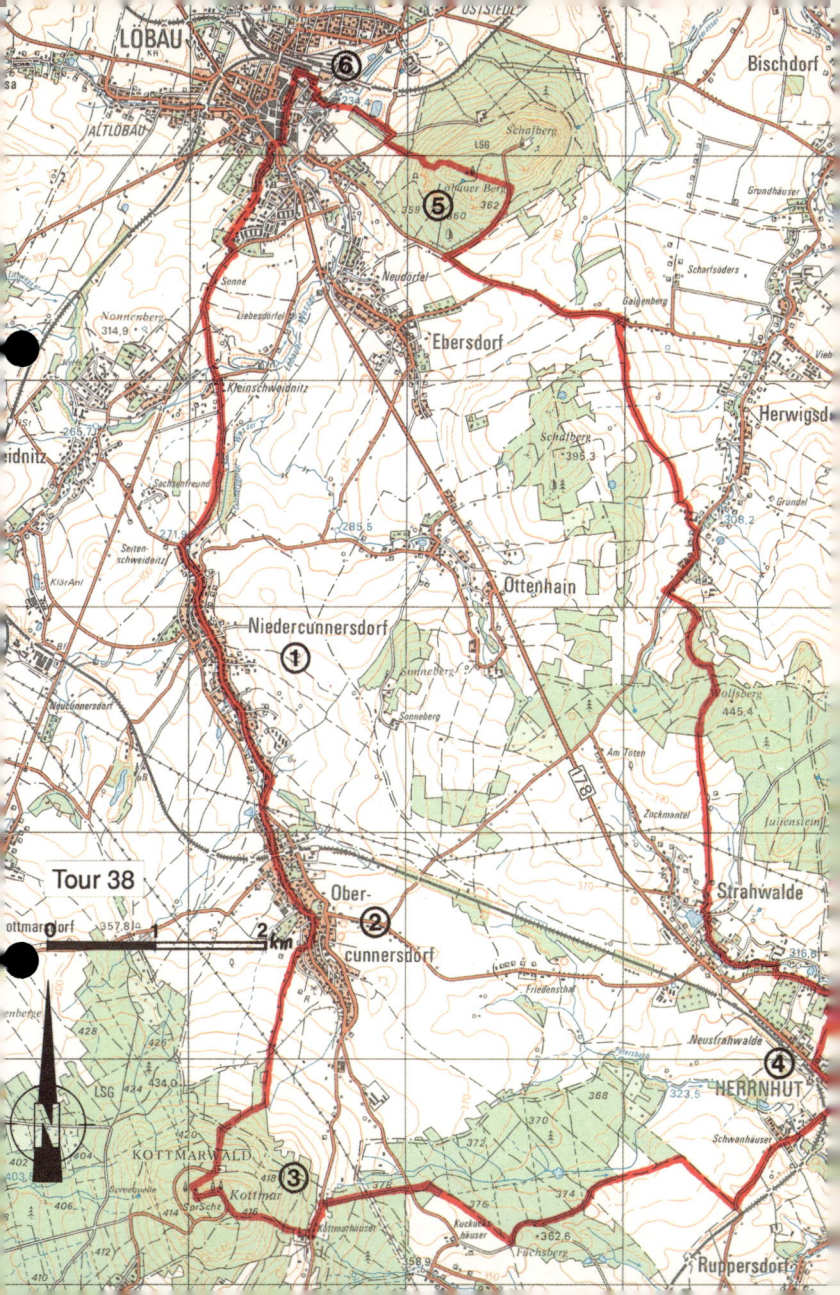

Welt in den Ort, aus denen 1878 das heute noch existierende Völkerkundemuseum entstand. Die Brüdergemeine lebt heute unter dem Namen Evangelische Brüderunität Herrnhut fort. Außerdem im Ort das Heimatmuseum „Alt-Herrnhuter Stuben".

⑤ *Löbauer Berg*; zweigipflige Basaltkuppe vulkanischen Ursprungs; der Gipfel dieses Namens ist sogar 2 m niedriger als der 450 m hohe Schafberg, der zweite Gipfel. Dieser trägt eine 3000 Jahre alte Wallanlage (Höhenburg der Lausitzer Kultur; Bronzezeit).

Dagegen besitzt der Gipfel des Löbauer Bergs mit dem Aussichtsturm eine Sehenswürdigkeit mit Superlativen: Der 28 m hohe Turm aus 70 t Gußeisen, darunter die filigrane Verkleidung, wurde 1854 in nur 5 Monaten erbaut. In seiner Art gilt er als der Erste, Höchste und Schönste in Europa ... na, wenigstens für Sachsen! Übrigens: Ein Bäckermeister finanzierte ihn.

⑥ *Löbau* siehe Wanderung 39, Anmerkung 1.

Tour 38 Kartengrundlage: gescannter Ausschnitt aus der Topographischen Karte 1:50000 Blatt AV 1211-3, herausgegeben vom Landesvermessungsamt Sachsen, Olbrichtsplatz 3, O-8060 Dresden.

Thematisch ergänzt durch den Elster Verlag.

Auf langem Wege zur Krone des Landes 39

Die Landschaft zwischen dem Lausitzer Bergland und der Neiße wird sicher nicht von jedem als ideales Wandergebiet angesehen. Doch es sollte schon neugierig machen, ob es da zwischen Löbauer Berg und Landeskrone nicht allerhand zu erwandern gibt. Rotstein, Spitzberg, Schwarzer Berg ...

Tourenlänge:	33 km
Höhenmeter Aufstieg:	490 m
Höhenmeter Abstieg:	540 m
Schwierigkeitsgrad:	**
Wegdauer:	9 h
Ausgangspunkt:	*Löbau*, Bahnhof; DR, Bus
Endpunkt:	Görlitz, Bahnhof; DR, Bus

Wegbeschreibung
Die Markierung „Blauer Punkt" führt vom Bahnhof stadteinwärts, biegt aber noch vor der Innenstadt links ab und führt, langsam aufsteigend, durch Grünanlagen zum Fuße des Löbauer Berges. Die Wanderwege gabeln sich hier mehrfach, wir gehen links zum Waldrand, dort wieder links (abwärts zur Bahnlinie, Markierung „Gelber Strich") und steigen schließlich auf dem Nordhang nach rechts ein Stück auf. Bald treffen wir auf den vom Berg absteigenden Wanderweg „Blauer Punkt". Beide Markierungen verlassen, in östlicher Richtung absteigend, den Bergwald. Wir wandern durch offenes Gelände über Wendisch Paulsdorf und Wendisch Cunnersdorf (dort trennen sich die markierten Wege; es ist aber gleich, welcher Markierung wir folgen – sie vereinen sich nach reichlich 2 km beim Aufstieg zum Rotstein wieder) und steigen im Wald steil zum *Rotstein* auf. Nach dem steilen Abstieg auf der Ostseite verläuft der Weg bequem nach Sohland, dort geht es auf der Dorfstraße ca. 500 m nach links. Dann rechts abbiegen und auf der etwas öden Straße ostwärts gehen. Den letzten der insgesamt 3 km auf dieser Straße kann man sich wie folgt ersparen: Am Straßenknick hinter dem Waldstück rechts (Hinweis *„Spitzstein"*) bis zur Höhe, dort am Waldrand links aufsteigen.

Nach dem Abstieg von den Gipfelklippen links oder rechts den Gipfel umgehen und auf dem Weg (beim Aufstieg zweigte er nach links [Hinweisschild „Deutsch Paulsdorf"] von unserem Weg ab) östlich zur nahen Straße gehen. Auf der Straße etwas nach links. Bald treffen wir wieder auf den „Blauen Punkt", der auf einem breiten Fahrweg nach rechts führt, dann nach Süden abzweigt, am Waldhaus, in östliche Richtung einschwenkt und uns nach *Friedersdorf* bringt. Die hier zuverlässige Markierung bringt uns schnell auf der Gegenseite aus dem Dorf und auf einem landwirtschaftlichen Fahrweg zum Südhang des *Schwarzen Berges* und nach *Jauernick-Buschbach*. Unterhalb der *Kirche* gehen wir aufwärts zur Kreuzbergbaude. Hier wird die Markierung „locker" – man gehe in der von der letzten Markierung gewiesenen Richtung nach Norden bergab. Dann sieht man am Waldrand die aufragende Landeskrone und geht in dieser Richtung am Ortsrand von Pfaffendorf-Schlauroth vorbei zum Südfuß der *Landeskrone*. Der Abstecher zum Gipfel des „idealen" Berges ist allemal lohnend. Aber auch in *Görlitz* wird der Wanderer für diesen einen Wandertag mehr als genug zu besichtigen haben.

Besonderheiten

① *Löbau* (17 500 Einwohner); um 1200 als Stadt planmäßig angelegt, 1221 urkundlicher Nachweis. 1346 wurde in Löbau der für die Lausitz bedeutungsvolle Sechsstädtebund gegründet. Ältere Bauwerke der Stadt sind sämtlich – meist infolge von großen Bränden – stark verändert. So sind Rathaus und Wohnhäuser am Markt nach dem Stadtbrand von 1710 entstanden.

Stadtmuseum; Abteilungen zur Geologie, Ur- und Frühgeschichte, Stadtgeschichte u. a.

② Der *Rotstein* besitzt 3 Gipfel; Rotstein (455 m), Hengstberg (421 m) und Georgenberg (397 m), ein – zumindest von außen – häßliches Hotel und Reste frühmittelalterlicher Wallanlagen. Die artenreiche Pflanzenwelt und das Vorkommen seltener Tierarten waren Anlaß, den Rotstein schon 1912 unter Naturschutz zu stellen.

3 Der *Spitzstein* ist offensichtlich ein ehemaliger Vulkan, seine zwei (sehr kleinen) Basaltkuppen mit Säulenausbildung sind gut zu erklettern und bieten auch eine gute Aussicht.

④ *Friedersdorf*; spätromanische Kirche Mitte 13. Jh., nach einem Brand im 17. Jh. neugestaltet. Die Kirche liegt links vom Wanderweg in der Ortsmitte; von dort ist aber der Anschluß an den markierten Weg problemlos.

5 *Schwarzer Berg*; Denkstein für 15. Meridian, slawische Hügelgräber. Nach rechts (unschöner) Blick auf das Gebiet des Braunkohletagebaues um Berzdorf.

Tour 39

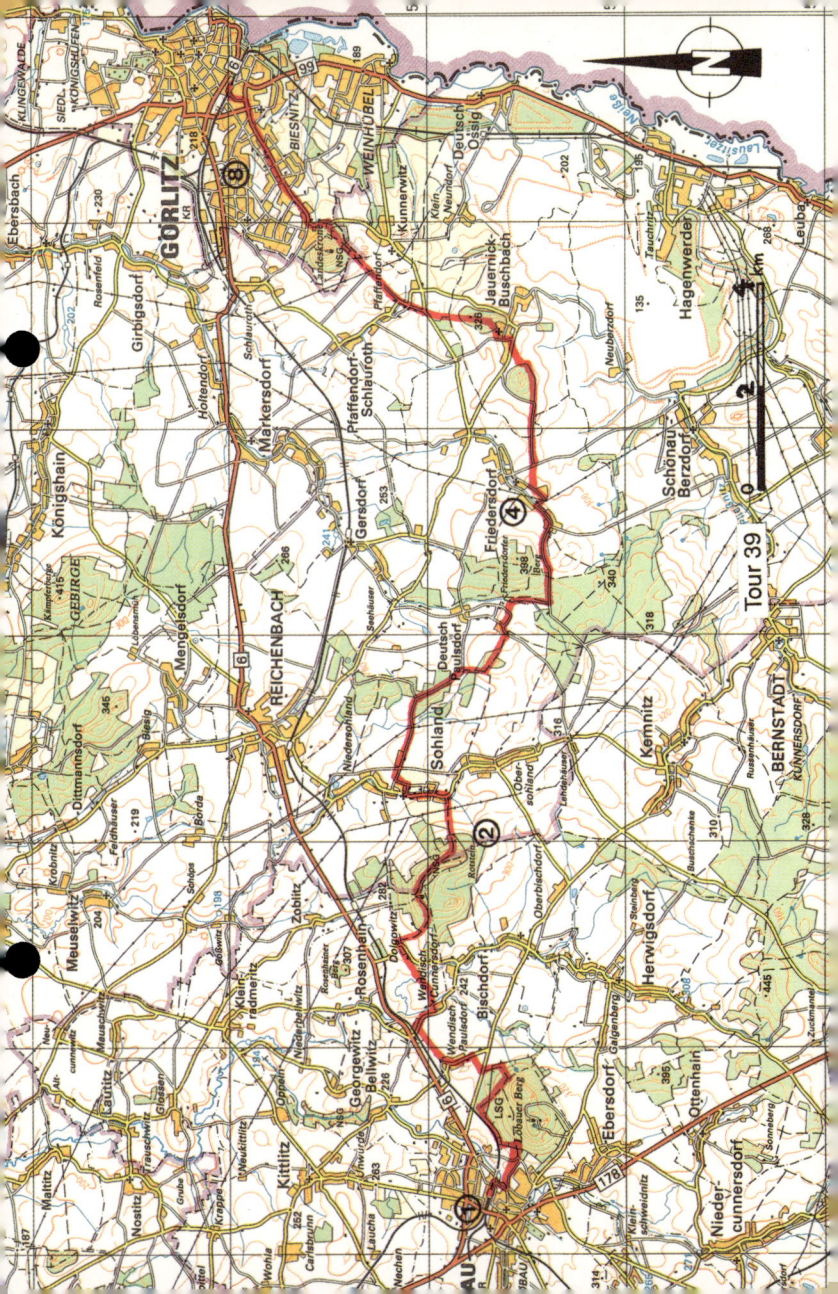

6 *Jauernick-Buschbach*; die spätgotische *Dorfkirche* – mit Wehrmauer versehen – hatte als Vorläufer eine 967 genannte Kapelle und gilt als älteste Kirchengründung der Oberlausitz.

Auf dem Kreuzberg (der Wanderweg führt bis an die Stufen heran, die zum oberen Plateau mit guter Aussicht aufsteigen) befinden sich die Reste eines 50×100 m großen slawischen Burgwalles.

7 Die *Landeskrone*, eine Vulkankuppe aus Basalt (genauer: Olivin-Auginit-Nephelinit), ragt mit einer geradezu „idealen" Gestalt 200 m aus dem Hügelland. Der 420 m hohe Kegel wurde vom Menschen seit Urzeiten besiedelt und wurde als sichere Zuflucht und für touristische Zwecke genutzt. Der gesamte Hangwald steht unter Naturschutz!

⑧ *Görlitz* ist außerordentlich reich an kulturhistorischen Bauwerken und besitzt mehrere Museen – dies läßt sich weder in unserer Wanderung noch in unseren begrenzten Erläuterungen unterbringen. Wir empfehlen: ein Sonderprogramm für Görlitz.

Tour 39 Kartengrundlage: gescannter Ausschnitt aus der Topographischen Karte 1:100000 Blatt AV 1211, herausgegeben vom Landesvermessungsamt Sachsen, Olbrichtsplatz 3, O-8060 Dresden.

Thematisch ergänzt durch den Elster Verlag.

Halbtagsarbeit im Mini-Gebirge 40

Im Nordosten unseres Wandergebietes schiebt sich ein Ausläufer der aus Lausitzer Granit aufgebauten Erhebungen in das nördliche Vorland. Die Einheimischen nennen es bescheiden „Königshainer Berge", doch die Geologen beharren auf „Königshainer Gebirge". Erwandern wir uns das „Gebirge" – es ist ja sowieso nur eine Halbtagstour!

Tourenlänge:	10 km
Höhenunterschied:	310 m
Schwierigkeitsgrad:	**
Wegdauer:	3 h
Ausgangs- und Endpunkt:	Königshain, Bhf. K.-Hochstein; DR, Bus

Wegbeschreibung

Der Bahnhof Königshain-Hochstein ist Endstation für die nur 13 km lange Eisenbahnstrecke. Die Königshainer Berge bilden da einen Riegel für dieses Verkehrsmittel. Vom Bahnhof begeben wir uns zur Dorfstraße hinab. Mit der Markierung „Grüner Strich" verlassen wir das Dorf am westlichen Ausgang auf der Straße Richtung Arnsdorf-Hilbersdorf und gehen etwa 500 m aufwärts zum Parkplatz am Fuße der Kämpferberge. Dort biegen wir mit dem „Grünen Strich" links ein und steigen über eine Viehweide ein Stück aufwärts zum Waldrand. Am höchsten Punkt der Weide biegt der Weg links in den Wald ein und schlängelt sich – teilweise nur noch als Pfad – aufwärts und erreicht eine freie Fläche, den „Sattel" zwischen den Kämpferbergen. Der nördlichste der Kämpferberge (415 m) ist die höchste Erhebung des „Gebirges". Ein Aufstieg lohnt aber wegen fehlender Sicht durch Baumbewuchs nicht. Von unserem Standpunkt am Sattel dagegen ist der Blick auf das westliche und nordwestliche Vorland beeindruckend. Der Weg umgeht eine umzäunte Schonung und führt dann bergab auf einen breiten Forstweg. Hier verlassen wir die Markierung und gehen nach rechts. Der bequeme Weg nimmt nach ca. 1 km die Markierung „Roter Strich" und „Roter Punkt" auf und erreicht bald die Landstraße. Wir queren die Straße und halten uns an den „Roten Strich", der talwärts nach links führt und dann, in weitem Bogen nach Osten schwenkend, zunächst den Hochstein umgeht. Wir steigen nicht mit dem „Roten Strich" zum Hochstein auf, sondern bleiben auf dem breiten Forstweg und wandern zum etwas links vom Weg liegenden *Kuckuckstein*. 50 m weiter steigen wir mit dem „Gelben Strich" zum *Hochstein* auf. Die interessanten Felsgebilde auf dem Gipfel (406 m) fesseln den Betrachter genauso wie die prächtige Sicht vom Aussichtsturm.

Der Abstieg erfolgt mit der Markierung „Roter Punkt" auf der Südseite des Berges (zwischen Aussichtsturm und Hochsteinbaude beginnt der Weg). Beim Abstieg erkennt man die Spuren des einst sehr intensiven Steinbruchbetriebes. Am Fuß des Berges führt der Weg halblinks nach *Königshain*, das wir in Bahnhofnähe erreichen.

Besonderheiten

1 Der *Kuckuckstein* ist ein Felsgebilde mit eigenartigen Verwitterungsformen. Früher gab es im Bereich des Hochsteins viele solcher Felsgebilde. Die meisten wurden aber durch den Abbau von Baumaterial vernichtet.

② Im Gipfelbereich des *Hochsteins* befindet sich der Totenstein; gleichfalls eine interessante Verwitterungsform. König Friedrich Wilhelm IV. von Preußen erwarb nach einem Besuch im Königshainer Gebirge 1844 den Totenstein und übereignete ihn den Landständen des Markgrafentums Oberlausitz „... daß hierdurch dieses ehrwürdige Denkmal der Vorzeit vor Zerstörung und Beschädigung bewahrt ... werde". Der Totenstein gilt als das älteste geologische Naturdenkmal Sachsens. (Vergleiche Anmerkung 12 zur Geologie des Wandergebietes).

③ Der *Hochstein* trägt naturnahen Traubeneichen-Buchenwald; eine Fläche von knapp 70 ha wurde unter Naturschutz gestellt.

4 *Königshain*; Dorfkirche im Kern spätromanisch, 1764/66 erneuert.

Herzlichen Dank möchte ich den für die Markierung der Wanderwege im Kreis Görlitz Zuständigen sagen. Der erfreuliche Zustand der Markierungen und die große Zahl hilfreicher Hinweisschilder machen das Wandern angenehmer und sagen dem Wanderer, daß er in und um Görlitz sehr willkommen ist.

Tour 40

Notizen zur Tour:

Tour 40 Kartengrundlage: gescannter Ausschnitt aus der Topographischen Karte 1:50000 Blatt AV 1211-2, herausgegeben vom Landesvermessungsamt Sachsen, Olbrichtsplatz 3, O-8060 Dresden.

Thematisch ergänzt durch den Elster Verlag.

Durch die Reviere des Karaseck 41

Diese Wanderung beginnt im Südostteil des Oberlausitzer Berglandes, verläuft durch das grenznahe Hügelland der Ostlausitz und endet schließlich am Fuße des Zittauer Gebirges. Der Weg führt dabei durch die Reviere des berühmt-berüchtigten Räuberhauptmanns Karaseck, dem die Leute hier ein lebendiges Andenken bewahren.

Tourenlänge:	26 km
Höhenmeter Aufstieg:	450 m
Höhenmeter Abstieg:	490 m
Schwierigkeitsgrad:	**
Wegdauer:	7,5 h
Ausgangspunkt:	Ebersbach, Bahnhof; DR, Bus
Endpunkt:	Großschönau, Bahnhof; DR, Bus

Wegbeschreibung
Am Bahnhof nach der Markierung „Gelber Strich" nordwärts bis zur Eisenbahnbrücke, dort erst in östlicher Richtung gehen, dann nach Süden durch die Siedlung und zur Humboldtbaude auf dem *Schlechteberg* (485 m). Beim Abstieg richten wir uns nach dem Hinweis „Bhf. Neugersdorf" und der Markierung „Roter Strich". Beim Erreichen der Hauptstraße links bis zur Sparkasse, dort Straße rechts[1], durch die Eisenbahnbrücke und nach links Richtung Volksbad[2]. Hinter dem Bad gelangen wir zur Zittauer Straße, gehen auf ihr links und verlassen sie auf dem ersten links abgehenden Fahrweg (Hinweis „Eibau", „Roter Punkt"). Auf der Höhe erwartet uns erstmals ein schöner Fernblick auf die Gebirge und Bergzüge im Süden, der sich auf dieser Route noch mehrfach ergeben wird. Im Norden bestimmt der Kottmar das Landschaftsbild. In *Eibau* geht es nach rechts zur Kirche. 125 m hinter der Kirche die B 96 queren und auf der nordostwärts verlaufenden Fahrstraße aufsteigen. Bevor wir in den vor den letzten Häusern nach rechts abzweigenden Fahrweg (Markierung „Blaues liegendes Kreuz") einbiegen, sollte aber der Aufstieg zum 500 m vor uns liegenden *Beckenberg* erfolgen. Zurück zum Dorfrand und auf dem erwähnten Fahrweg – nun nach links – bis zur Einmündung auf die B 96 kurz vor dem Bahnhof Oderboderwitz. Auf der Gegenseite führt ein breiter Feldweg im Bogen halbrechts etwas aus dem Tal heraus. Nach etwa 700 m zweigt von ihm ein Weg links ab, unterquert die Eisenbahnlinie und steigt entlang der Bleichteiche zur „Sorge" (372 m) auf. Weiter auf dem breiten Fahrweg in südwestlicher Richtung und hinter den Häusern der „Folge" links zum Großen Stein aufsteigen. Nach dem Abstieg an der Südostseite erreichen wir die Landstraße nahe Spitzkunnersdorf, kreuzen auf dieser das Oberdorf und finden

nach kurzem Aufstieg zum Waldrand dort neben Hinweisschildern zahlreiche Markierungen. Wir richten uns aber weiter nach dem „Blauen Strich", wandern im Waldgebiet (Hinweisschilder) am Weißen Stein und der Karaseckhöhle vorbei und müssen an der steinernen, forstwirtschaftlichen Hütte etwas aufpassen, da hier die Markierung schlecht auszumachen ist: der Weg verläuft geradeaus mit ganz leichtem Linksdrall. Nächstes Ziel ist der Hutberg (372 m), zu dem wir von dem nach Süden führenden breiten Fahrweg erst nach rechts und dann nach links aufsteigend gelangen. Hier haben wir nochmals einen schönen Blick auf die nun schon sehr nahen Berge des Zittauer Gebirges und das zu unseren Füßen liegende Großschönau, das Tagesziel. Wir steigen halbrechts[3] zum Ort ab – und finden am Ufer der Manda das unvermeidliche *Heimatmuseum*, immerhin das vierte an dieser Route!

Besonderheiten
1. Am *Schlechteberg* befindet sich ein denkmalgeschützter Park (leider ist dieser wie das gesamte Gelände in desolatem Zustand). Die Humboldtbaude beherbergt ein Heimatmuseum mit naturkundlichen und heimatgeschichtlichen Sammlungen.

4. *Eibau* (4200 Einwohner) erstreckt sich als typisches Reihendorf über 4,8 km; stattliche Wohnhäuser des 18. Jh. mit verzierten Portalen (Sandstein bzw. Granit) zeugen von der Wohlhabenheit des Ortes, der damals unter den Oberlausitzer Weberdörfern den Spitzenplatz einnahm. Weiterhin gibt es zahlreiche, kleinere Umgebindehäuser und schöne Gehöfte.

5. Der *Beckenberg* – einstmals Standort einer Windmühle – trägt die 1905 erbaute turmgekrönte Beckenbergbaude und das Eibauer Heimat- und Humboldt-Museum. Dieses zeigt heimat- und kulturgeschichtliche Sammlungen sowie natur- und völkerkundliche Exponate.

6. Die wenigen Häuser auf der *„Sorge"* tragen den hübschen Namen Neumittelleutersdorf, wenig später erreichen wir Neuspitzkunnersdorf.

Bei der Orientierung nach den öfter anzutreffenden Wegweisern richten wir uns nach den Hinweisen „Folge – Großer Stein – Karaseckhöhle – Hochwald". Bei der Markierung findet gelegentlich ein Wechsel von „Blauer Strich" und „Blaues liegendes Kreuz" statt; beides bezeichnet die gleiche Route.

8. Das *Heimat- und Damastmuseum* von Froßschönau ist vor allem der heimischen Weberei gewidmet. Der Ort besitzt stattliche Umgebindehäuser. Das schöne Waldbad in vorzüglicher Lage „besuchen" wir bei Wanderung 42.

Tour 41

1) An der kleinen Grünanlage weist uns das Schild zum „Spraaburn". Der kleine Abstecher zum bombastischen Pavillon der Spreequelle lohnt sich, wenn auch dem Gehäuse im „Stil der Gußeisenrenaissance" (so der Originaltext am Pavillon) kein Tropfen Spreewasser mehr entweicht.

2) Auch Neugersdorf besitzt ein Heimatmuseum; der Werdegang des Ortes vom Weberdorf zur Industriestadt wird vorgestellt.

   Am Freibad befindet sich eine weitere – diesmal sprudelnde – Spreequelle.

3) Beim Abstieg sieht man Basaltsäulen unterschiedlicher Stärke, die aufgestellt, teilweise auch als Schwellen der Stufen verwendet wurden.

Tour 41 Kartengrundlage: gescannter Ausschnitt aus der Topographischen Karte 1:100000 Blatt AV 1211 und AV 1311, herausgegeben vom Landesvermessungsamt Sachsen, Olbrichtsplatz 3, O-8060 Dresden.

Thematisch ergänzt durch den Elster Verlag.

Jetzt gehen wir hoch!

Bei den vorherigen Wanderungen durch die Oberlausitz grüßten uns die Bergkuppen des Zittauer Gebirges öfter aus mehr oder weniger großer Entfernung. Bei den letzten 4 Routen unseres Wanderführers werden wir nun das kleine Gebirge im äußersten sächsischen Südosten kennenlernen. Gleich bei der ersten Tour – sie führt zum Westteil – steigen wir auf die höchste Erhebung des Zittauer Gebirges und stellen damit auch gleich den (sehr bescheidenen) Höhenrekord im gesamten Wandergebiet unseres Führers auf.

Tourenlänge:	19 km
Höhenunterschied:	520 m
Schwierigkeitsgrad:	**
Wegdauer:	6 h
Ausgangs- und Endpunkt:	Großschönau, Bahnhof; DR, Bus

Wegbeschreibung

Auf der vom Bahnhof nordwärts führenden Straße gehen wir bis zum kleinen Flüßchen Mandau, welches hier kurz nach seinem „Grenzübertritt" das Dorf von West nach Ost durchfließt. Links kommen wir zur Kirche; auf dem gegenüberliegenden Ufer liegt das Heimat- und Damastmuseum (siehe Wanderung 41). An der westlichen Kirchhofmauer führt ein schmaler Weg uns jetzt südwärts durch den Park und im reizvollen Tal der *Lausur* nach Neuschönau. Hier folgen wir dem Hinweis „Herrenwalde" (Markierung „Blauer Strich") zum nahen Ortsteil von Waltersdorf. Hinter den letzten Häusern beginnt der Wald und der bald recht kräftige Anstieg auf dem Oberen Bornweg, einem breiten Fahrweg. Nach reichlich 1,5 km steigt von links der Hückelweg auf, den wir nach rechts aufwärts gehen. Im spitzen Bogen wendet sich dann der Weg nach Süden und verläuft nun entlang der Grenze zur ČSFR zum Weberberg – wir sind nun auf dem ersten der 700er des Zittauer Gebirges. Jetzt wandern wir auf dem Kammweg, schwenken mit diesem entsprechend dem Grenzverlauf nach Osten ein und bleiben auf den nächsten 2 km von großen Anstiegen verschont. Am Hickelstein erreichen wir den Fuß der wie aufgesetzt wirkenden steilen Kuppe der *Lausche* und steigen nun zum 793 m hohen Gipfel auf. Der Blick über das Vorland im Norden und die kuppenreiche Landschaft Böhmens im Süden ist von seltener Schönheit! Zum Hickelstein am Fuß der Steilkuppe steigen wir auf dem gleichen Weg ab und wandern dann mäßig bergab, oberhalb am Skigelände von Waltersdorf entlang und erreichen an der „Wache" die alte *Paßstraße*. Auf der im oberen Bereich ziemlich steilen Straße gehen wir durch *Waltersdorf*. Unterhalb der Kirche, am „Weißen Hirsch" – an der

Landstraße nach Großschönau gelegen – gehen wir auf dem ostnordostwärts führenden Feldweg zum Waldrand und dort nach Norden durch den Wald. Am anderen Ende erreichen wir das eingezäunte Gelände des *Waldbades Großschönau*. Zum Ziel, dem Bahnhof Großschönau, gelangen wir, indem wir weiter in der Verlängerung des Waldweges nordwärts zum bereits in Sichtweite liegenden Dorf gehen.

Besonderheiten

① Die *Lausur* durchschneidet hier auf etwa 1 km den Phonolith des Finkenhübels. Artenreicher Mischwald bedeckt die steilen Uferhänge. Ende des vorigen Jahrhunderts wurde die Lausur begradigt, um den schnelleren Abfluß der Frühjahrshochwasser zu gewährleisten. Die überflutete Lausuraue oberhalb von Neuschönau glich oft einem großen See.

② Die *Lausche* ist eine Phonolithkuppe vulkanischen Ursprungs; die Kuppe wirkt nicht nur aufgesetzt – sie ist es. Die Phonolithkuppe sitzt einer Basaltdecke gleichfalls vulkanischer Herkunft auf; diese wiederum überlagert den Sandstein, den beide (artverwandte) Gesteinsarten durchbrochen haben.

Der Gipfelbereich der Lausche ist Naturschutzgebiet zur Erhaltung der Pflanzengesellschaft des Bergmischwaldes. Über die Lausche verläuft die Wasserscheide zwischen Ost- und Nordsee (das sich daraus ergebende Spielchen war schon am Kottmar erläutert worden) ... und die deutsch-tschechische Grenze.

③ Die *Paßstraße* – ein alter Handelsweg – war aus handelspolitischen Gründen vom Anfang des 15. bis Mitte des 17. Jh. gesperrt und wurde bewacht, daher die Ortsbezeichnung Wache. Die Gebäude auf der Höhe sind dagegen Zollgebäude von 1835 bzw. 1937.

④ *Waltersdorf* besitzt sehr stattliche Umgebindehäuser, häufig mit kunstvoll gearbeiteten Türstöcken. Den Weg durch den Ort sollte man so wählen, daß man im Unterdorf auf der linken Seite des Dorfbaches bleibt. Unterhalb der Kirche befindet sich in der ehemaligen Mittelmühle (erbaut 1614) das Volkskunde- und Mühlenmuseum. Es zeigt neben originaler Mühlentechnik u. a. volkskundliche Sammlungen und würdigt den in Waltersdorf geborenen Komponisten und Musiker Friedrich Schneider.

⑤ Das *Waldbad* bietet im Sommer auch dann angenehmen Aufenthalt, wenn man nicht ins Wasser steigen will (Gaststätten, parkähnliche Anlage, Sport- und Spielmöglichkeiten). Benachbart ist ein Campingplatz.

Tour 42

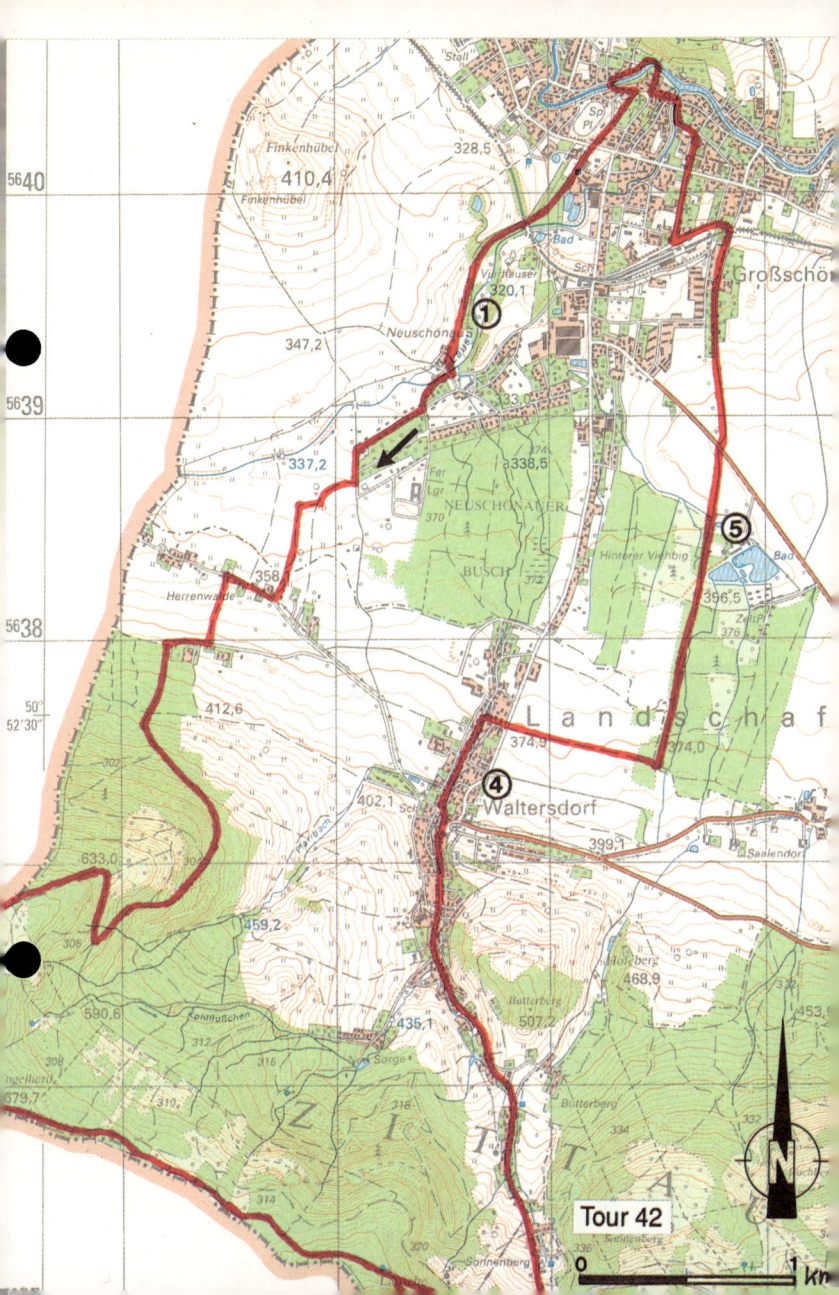

Notizen zur Tour:

Tour 42 Kartengrundlage: gescannter Ausschnitt aus der Topographischen Karte 1:25000 Blatt AV 1311-14, herausgegeben vom Landesvermessungsamt Sachsen, Olbrichtsplatz 3, O-8060 Dresden.

Thematisch ergänzt durch den Elster Verlag.

Mühlsteine mit Orgelpfeifen

Das Zittauer Gebirge hat – betrachtet man es ausschließlich innerhalb der sächsischen Grenzen – eine Ost-West-Ausdehnung von reichlich 13 km und nimmt eine Fläche von 45 km² ein. Die zahlreichen Sehenswürdigkeiten und das dichte Netz der Wanderwege in dieser schönen Landschaft ermöglichen Wanderungen auf unterschiedlichen Routen in nahezu unbegrenzter Zahl. Natürlich ist da die Auswahl von nur 4 Touren eine subjektive Entscheidung, geradezu ein Willkürakt! Wir versuchen es trotzdem und stellen nun eine Wanderung um den Ferienort Jonsdorf vor.

Tourenlänge:	13 km
Höhenunterschied:	etwa 400 m
Schwierigkeitsgrad:	**
Wegdauer:	4,5 h
Ausgangs- und Endpunkt:	Jonsdorf, Bahnhof; DR, Bus

Wegbeschreibung

Der Bahnhof „Kurort *Jonsdorf*", so die offizielle Bezeichnung, ist zugleich Endstation der Schmalspurstrecke nach Zittau – einer von zweien, denn das Bähnle verkehrt auch bis zum benachbarten *Oybin*. Wir starten also am Bahnhof und steigen ostwärts zum Waldrand und weiter hangauf am Jonsberg bis zum kreuzenden breiten Weg, der Neuen Jonsbergstraße, auf. Nach links verläuft der Weg wieder etwas am Hang abwärts, und wenn nach etwa 1,2 km der Weg zum Weißen Stein (516 m) nach rechts abzweigt, geht's ziemlich steil aufwärts. Oben haben wir eine schöne Aussicht weit in das Zittauer Becken. Mit der Markierung „Grüner Strich" wandern wir, auf der Höhe bleibend, südwestwärts und steigen langsam zum Plateau des *Jonsberges* (653 m) auf. Dem Steilabfall auf der Südseite weicht der Pfad beim Abstieg aus. Er führt auf der Westseite abwärts auf einen breiten Forstweg. Dieser führt unterhalb der steilen Felswände der Südseite bequem hangab zur Verbindungsstraße Jonsdorf-Oybin. Gegenüber geht es rechts weiter bis zur Einmündung auf den grenznah verlaufenden Wanderweg; diesen nach rechts, an der Gabel der Wanderwege nach reichlich 100 m links zu dem südlichen Ortsausläufer von Jonsdorf gehen. Der Weg zu den Mühlsteinbrüchen („Roter Strich") verläuft in westlicher Richtung über den Kratzbeerwinkel, gabelt am Flügelweg nach rechts und trifft dann auf den Naturlehrpfad „Mühlsteinbrüche" (Markierung „Grüner Diagonalstrich"). Auf dem Lehrpfad sind die interessantesten Stellen der sogenannten „Jonsdorfer Felsenstadt" zu erreichen: Steinbruchschmiede, Schwarzes Loch mit Humboldtfelsen, *„Orgel"*. Oberhalb der „Orgel" kann über wenige Stufen zum Josefsblick, einer schönen Aussicht, aufgestiegen werden. Über den etwas beschwerlichen Alpenpfad kann man den Weg abkürzen und schnell nach Jonsdorf gelangen. Wir gehen mit dem „Roten Strich" in südwestliche Richtung zur Grenze und dort nach rechts nordwestlich bis zum Abzweig des nach rechts abwärts führenden Wanderweges. Von hier aus erreichen wir nach wenigen Metern den Falkenstein; der Kletterfelsen bietet auch von seinem Fuß aus eine gute Aussicht auf die Bergwelt auf böhmischer Seite. Zurück zum Abzweig steigen wir nun nach links ab. Im Talgrund bietet sich noch als Abstecher ein Aufstieg zum Nonnenfelsen an, der sich links hoch über dem Talgrund erhebt. Man braucht nicht auf gleichem Weg zurück, sondern kann von dort auf verschiedenen Wegen nach Jonsdorf absteigen. Unser Weg führt bequem am Gondelteich vorbei nach Jonsdorf zum Ziel.

Besonderheiten

1. *Jonsdorf* entstand aus einem Vorwerk des Klosters Oybin und gelangte 1574 als Ratsdorf an die Stadt Zittau. Die Hausweberei war lange Zeit Haupterwerbszweig im Ort, wirtschaftlich bedeutsam war auch der umfangreiche Steinbruchbetrieb 1560 bis 1922. Mit einsetzendem Fremdenverkehr wurde Jonsdorf rasch zu einem bekannten Ausflugs- und Erholungsort.

2. Die 12,7 km bzw. 12,2 km lange Strecke zwischen Zittau und Jonsdorf bzw. *Oybin* wurde zwischen dem 9. August 1889 (erster Spatenstich) und 29. Oktober 1890 (Fertigstellung) gebaut. Der Beliebtheit des Bähnleins mit seiner Spurbreite von 750 mm tat weder der die feierliche Eröffnungsfahrt stoppende Wolkenbruch noch die Tatsache einen Abbruch, daß die Bahn für die Strecke stolze 50 Minuten benötigt und dabei 25 km/h nicht überschreiten darf. Als aber jetzt Stillegungsabsichten laut wurden, standen Einheimische und Gäste ihrer Bahn treu zur Seite.

3. *Jonsberg*; Phonolithkuppe vulkanischen Ursprungs.

4. Der Sandstein im Süden von Jonsdorf weist geologische Besonderheiten auf (siehe dazu Anmerkung 6 zur Geologie des Wandergebietes). Durch den jahrhundertelangen Steinbruchbetrieb entstand ein wildromantisches Labyrinth von tiefen Restlöchern, Klüften und Gängen, mit Buschwerk und Wald bestanden. Etwa 64 ha des Gebietes sind als „Jonsdorfer Felsenstadt" unter Naturschutz gestellt. Der Schutz gilt hauptsächlich den geologischen Besonderheiten; Das Gebiet ist aber auch Brutrevier seltener Vogelarten.

5. Die „*Orgel*" erinnert mit ihren in Länge und Durchmesser unterschiedlichen Säulen aus gefrittetem Sandstein an das Instrument.

Tour 43

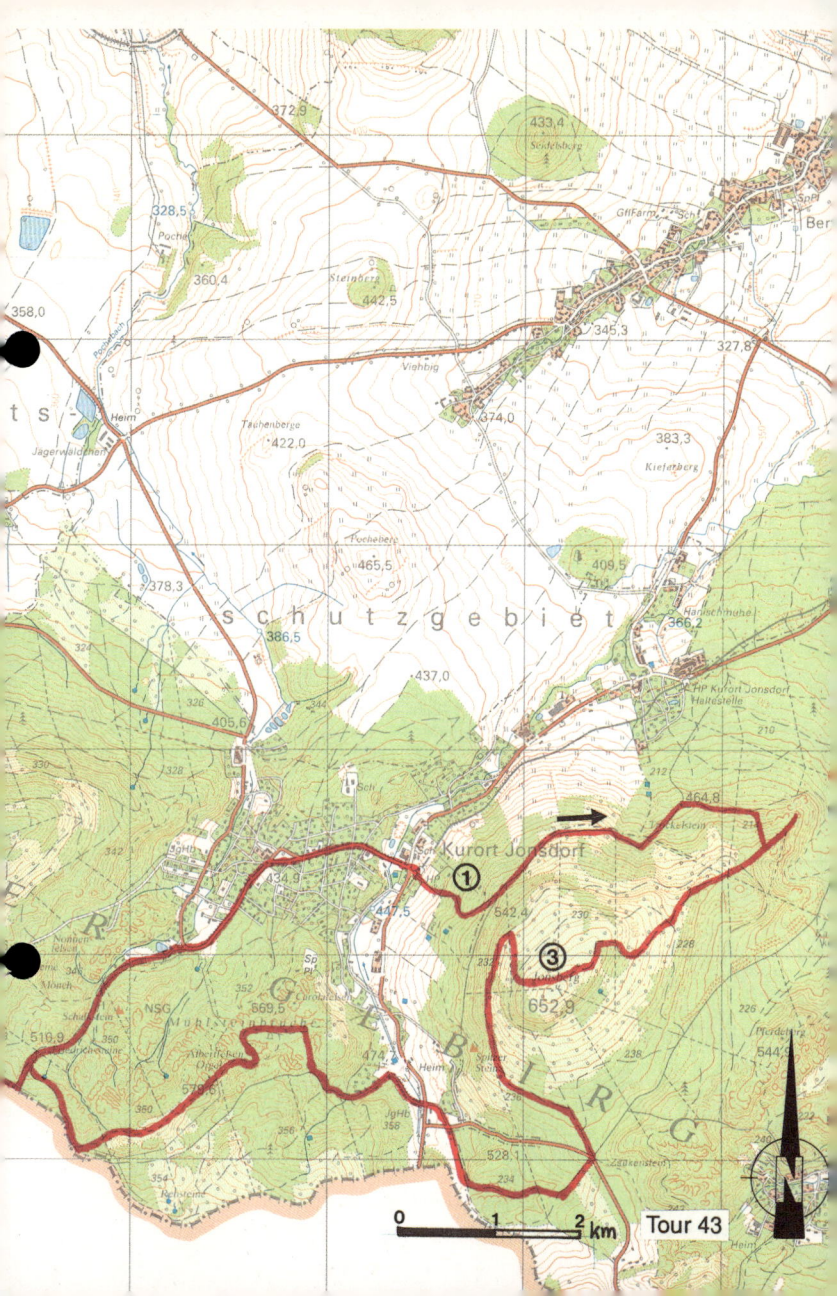

Notizen zur Tour:

Tour 43 Kartengrundlage: gescannter Ausschnitt aus der Topographischen Karte 1:25000 Blatt AV 1311-14, herausgegeben vom Landesvermessungsamt Sachsen, Olbrichtsplatz 3, O-8060 Dresden.

Thematisch ergänzt durch den Elster Verlag.

„Ahoi" im Dreiländereck

Es ist sehr reizvoll, vom Vorland aus in das Gebirge aufzusteigen und dabei auf wenigen Kilometern völlig unterschiedliche Landschaften zu durchwandern und vielseitige Eindrücke zu bekommen. Bei der hier vorgestellten Tour schlendern wir eben noch durch das geschäftige Treiben auf dem Zittauer Markt, gehen wenig später stille Wege entlang des Grenzflusses Neiße, steigen dann in dichten Wäldern zur Felsenwelt des Gebirges auf und beenden die Tour im von Besuchern belebten Oybin. Zwischendurch erschallt ein „Ahoi" als Gruß zum wandernden tschechischen Nachbarn auf die andere Seite des Weißbachtales ...

Tourenlänge:	17 km
Höhenmeter Aufstieg:	410 m
Höhenmeter Abstieg:	260 m
Schwierigkeitsgrad:	**
Wegdauer:	5 h
Ausgangspunkt:	*Zittau*, Bahnhof; DR, Bus
Endpunkt:	Oybin, Bahnhof; DR, Bus

Wegbeschreibung
Vom Bahnhof aus gehen wir in die Innenstadt. Der Stadtkern innerhalb des von der ehemaligen Stadtbefestigung gebildeten Ringes ist geprägt von der reichen Geschichte der Stadt. Für die Sehenswürdigkeiten des Ortes und einen Stadtbummel sollte man entsprechend Zeit einplanen. Die Innenstadt verlassen wir an der Südostecke des Ringes (Markierung „Blauer Strich"), überschreiten auf der nach Hartau führenden Straße die Schmalspurbahnstrecke und die Mandau und biegen mit der Markierung links zum Neißeufer ab. Ein breiter, eichenbestandener Dammweg, auf dem wir die Gipfel des Zittauer Gebirges ständig vor Augen haben, bringt uns nach Alt-Hartau. An der Südseite des Ortsteiles, kurz vor der Grenzübergangsstelle, haben wir die Wahl: Entweder nach rechts zur Dorfstraße (und zum Gasthof) aufsteigen und am südlichen Ortsausgang nach dem Wegweiser „Weißbachtal" halblinks auf dem breiten Fahrweg zum Waldrand, oder mit der Markierung weiter entlang der Grenze gehen. Beide Wege vereinen sich am Waldweg wieder. Im Weißbachtal steigt der Weg stetig sanft an und führt an den Uhusteinen vorbei zum *Böhmischen Tor*. Hier führt der Weg nach rechts zügig aus dem Tal. Auf der Höhe folgen wir dem „Grünen Punkt" links am Waldrand entlang und erreichen am Skilift eine kleine Asphaltstraße. Auf dieser rechts ein Stück abwärts und am Hinweis „Kretzscham" links am Hang absteigen. Wir sind jetzt in Lückendorf.

Auf der Dorfstraße geht es nach links bis zur *Kirche*. Zwischen der Kirche und dem Gasthof führt der Weg rechts aufwärts bis zur oberen (ebenen) Fahrstraße. Gegenüber führt ein kleiner Steig zwischen Gärten aufwärts bis zur Felswand, dort auf bequemem Weg (Hinweis „Scharfenstein-Oybin Bhf.") nach rechts. Wir folgen nun den mehrfach vorhandenen Hinweisen „Scharfenstein" bis zum Fuß des aufragenden Felsgipfels, den wir über Felsstufen und Eisenstiegen besteigen können. Vom Scharfenstein erreichen wir mit der Markierung „Blauer Strich" (Hinweis „Bhf. Oybin") nach zügigem Abstieg den Ortsrand von Oybin und wenig später geradeaus den Bahnhof.

Besonderheiten

① *Zittau* (etwa 40 000 Einwohner); vor 1240 entstand hier zum Schutze des wichtigen Handelsweges Böhmen-Ostsee eine Burg und eine Siedlung, die sich rasch zu einem bedeutenden Handelsplatz entwickelte und schon bald vom böhmischen König das Stadtrecht verliehen bekam. 1255 erhielt der Ort seine erste Stadtmauer; um 1300 wurde eine neue Stadtmauer gebaut, die inzwischen entstandene Ansiedlungen einbezog, Verdoppelung der Mauer 1513. Von dieser außerordentlich starken Befestigung ist nichts erhalten, nur der Straßenring um den Stadtkern zeigt den Verlauf der ehemaligen Stadtmauer an. 1346 schloß sich Zittau dem Lausitzer Sechsstädtebund an. Als erste Stadt der Oberlausitz wurde Zittau 1521 protestantisch und hob 1522 die hiesigen Klöster auf. Während des Siebenjährigen Krieges wurde die Stadt von den Österreichern beschossen und weitgehend zerstört.

Von den zahlreichen Sehenswürdigkeiten Zittaus – deren auch nur namentliche Nennung den Rahmen dieses Wanderführers sprengen würde – seien erwähnt:

- Johannis-Kirche (spätgotisch, Neubau ab 1766); Petri-Paul-Kirche (Franziskaner-Klosterkirche; älteste Teile 13. Jh.) sowie 4 weitere Kirchen;
- Marstall (1511; Mansarddach um 1730); ehem. Rüstkammer und Schüttboden mit einem Grundriß von 53 × 25 mm;
- Brunnen mit durchweg reicher plastischer Ausbildung, z. B. der Marsbrunnen (1585) auf dem Markt;
- Wohnhäuser des 17. und 18. Jh., Details auch 16. Jh.; Stadtmuseum (im ehemaligen Franziskaner-Kloster); Ausstellungen hauptsächlich zur Stadtgeschichte, daneben Sammlungen zur Handwerkskunst, von Waffen, Kunstwerken u. a. Dr.-Curt-Heinke-Museum; Geologie des Südostens der Oberlausitz.

Tour 44

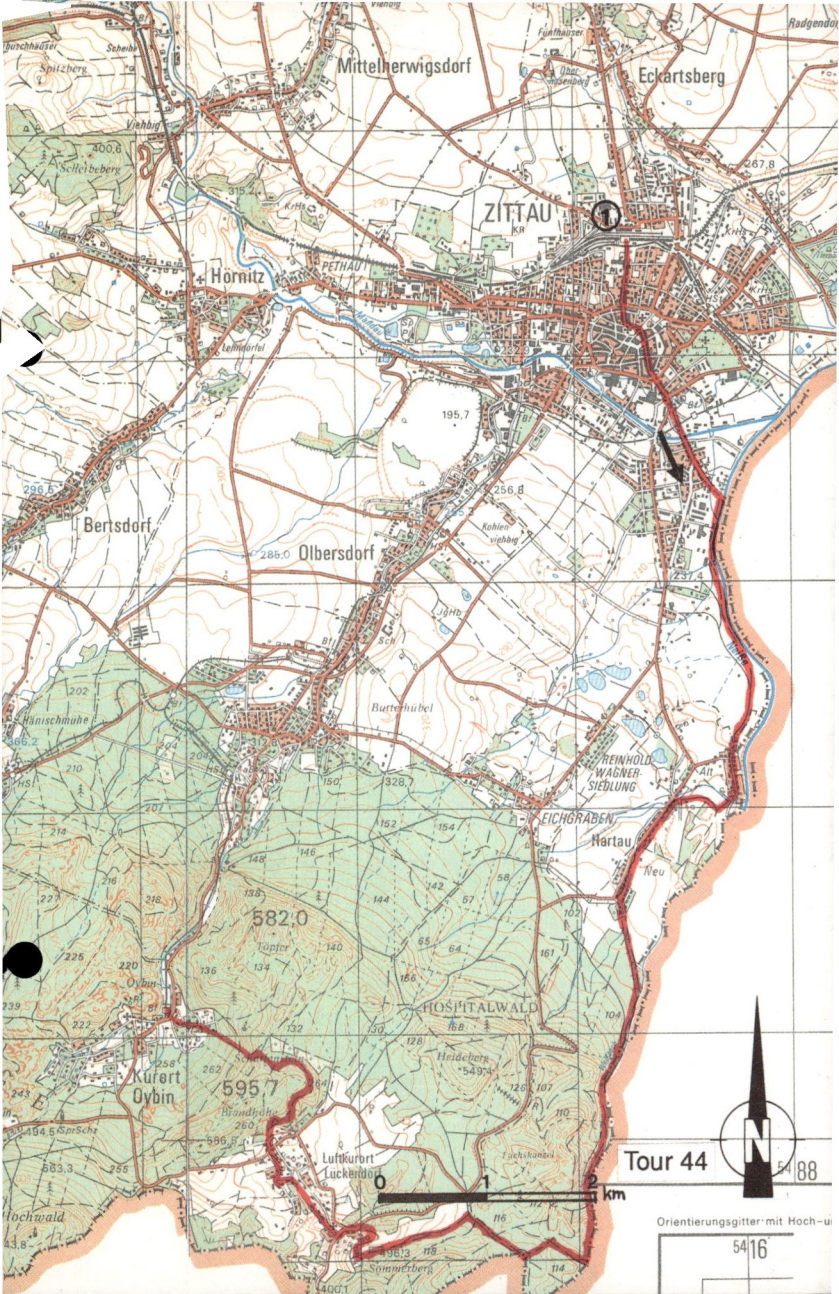

2 *Böhmisches Tor*: Hervorstehende Felsen verengen hier die im Weißbachtal verlaufende alte Handelsstraße nach Böhmen.

3 Die schöne kleine *Kirche* wurde 1690 erbaut und hat auch im Innern eine sehenswerte Ausstattung.

Tour 44 Kartengrundlage: gescannter Ausschnitt aus der Topographischen Karte 1:50000 Blatt AV 1311-2/4 und AV 1311-1/3, herausgegeben vom Landesvermessungsamt Sachsen, Olbrichtsplatz 3, O-8060 Dresden.

Thematisch ergänzt durch den Elster Verlag.

Das Allerletzte: Oybin

Oybin ist wohl nach wie vor einer der meistbesuchten Kur-, Ferien-, Ausflugs- und sonstige Titel tragende Ort Sachsens; sicher ist er das Herzstück des Zittauer Gebirges. Oybin ist der „Leckerbissen" unter den Wanderungen im Zittauer Gebirge. Wir haben diesen Leckerbissen bis zum Schluß aufgehoben. Und auch hier, bei dieser letzten Tour, ist sie wieder da, die Einheit landschaftlicher Schönheit und kulturhistorischer Sehenswürdigkeiten, die stillen Wälder und die munteren Ortschaften, die schroffen Felsen und die lieblichen Täler – naja, wir sind schließlich in Sachsen!

Tourenlänge:	15 km
Höhenunterschied:	630 m
Schwierigkeitsgrad:	
Wegdauer:	5 h
Ausgangs- und Endpunkt:	Oybin, Bahnhof; DR, Bus

Wegbeschreibung
Unsere Wanderung beginnt zwar am Fuße des Berg Oybin, doch wir wollen uns das prächtige Felsmassiv mit seiner großartigen Ruine als krönenden Abschluß dieser Tour aufsparen. So gehen wir zunächst zwischen Felswand und Kleinbahnstrecke vom Bahnhof aus nordwärts, biegen am ersten Abzweig nach links ab und gehen – nun auf der Nordseite des Felsmassivs – auf dem Poetenweg durch den Hausgrund bis zum Thomasweg. Diesen nach rechts ein Stück aufwärts bis zum links abzweigenden Weg, der uns zum Zschaukenstein und über die Ludwigshöhe zum OT Hain bringt. Auf der Straße geht es aufwärts zur Grenze auf dem Gebirgskamm. Mit der Markierung „Grüner Strich" nach links biegen und in weitem Bogen zum *Hochwald* aufsteigen. Der etwas beschwerliche, steile Abstieg (Markierung „Blauer Strich") führt entlang der Grenze (der „Rote Strich" am Weg ist die Orientierung der Wanderer auf tschechischer Seite) durch schöne Buchenbestände zum Kammloch. Auf der Straße nach rechts bis zum links abgehenden Weg mit der Markierung „Gelber Punkt" (Wegweiser „Gr. Felsengasse-Töpfer"). Wir beginnen nun in der Großen Felsengasse eine beeindruckende Wanderstrecke zwischen hohen *Sandsteinfelsen*. Gelegentlich – z. B. am Mönchsblick – ergeben sich schöne Ausblicke auf Ort und Berg Oybin. Am Ende der Großen Felsengasse wird der Scharfenstein erreicht, der bereits bei Wanderung 44 bestiegen wurde. Am Scharfenstein setzen wir den Weg in nördlicher Richtung und auch mit gleicher Markierung fort und durchwandern nun die Kleine Felsengasse. Auf

der Höhe des Töpfermassivs lohnt sich ein kleiner Abstecher zur Böhmischen Aussicht (Hinweisschild), und natürlich sollte man die Aussichtsplattform (580 m) neben der Gaststätte besteigen. Vom Töpfer führt ein Weg steil zur Teufelsmühle in den Talgrund; das letzte Wegstück im Tal nach Oybin ist dagegen sehr bequem. Im Ort gehen wir an der *Kirche* vorbei und steigen zum Berg *Oybin* auf. Den Weg zum Ziel am Bahnhof kennen wir ja schon.

Besonderheiten

1 Der *Hochwald* ist nach der Lausche die zweitgrößte Erhebung des Zittauer Gebirges und besteht wie diese „oben" aus vulkanischem Phonolith. Das große ovale Plateau hat 2 Gipfel, der südliche (749 m) trägt die Hochwaldbaude, der nördliche ist 5 m kleiner, wird aber vom Aussichtsturm gekrönt. Vom Turm ergibt sich wohl die beste Aussicht auf das Panorama des böhmischen Berglandes bis hin zur Schneekoppe im Riesengebirge.

2 Die Felsengassen zeigen eine Linie an, entlang der die *Sandsteine* von Oybin gegen die jüngeren von Lückendorf emporgeschoben wurden. Die bizarren Formen sind das Ergebnis der Verwitterung.

Angesichts zahlreicher Felsnadeln und schroffer Wände sei darauf verwiesen, daß das Zittauer Gebirge nach der Sächsischen Schweiz wichtigstes Klettergebiet in Sachsen ist. Etwa 80 Felsgebilde gibt es hier, auf die keine Wege führen und die nur durch Bergsteiger zu „schaffen" sind (in der Sächsischen Schweiz sind es allerdings über 1000).

3 Die *Kirche* wurde 1709 erbaut und 1734 erweitert. Durch ihren Standort am und auf dem Fels ist die Nordwestecke abgeschrägt und der Fußboden des Schiffes zum Altar hin abfallend. Ansprechende Innenausstattung.

4 Das *Plateau des Oybin* wurde schon in der Bronzezeit seit 900 v.d.Z. besiedelt. 1258 wurde eine Burg erwähnt, die 1291 als Raubritternest von den Zittauern zerstört wurde. Heinrich von Leipa, oberster Marschall von Böhmen, ließ 1311–16 eine Burg errichten; Teile der Befestigung (Tortürme, Zwingermauer u. a.) sowie Gebäudereste aus dieser Zeit sind erhalten. 1346 gelangte die Burg unmittelbar an die böhmische Krone; Karl IV. ließ 1364 das Kaiserhaus erbauen und errichtete 1365

Tour 45

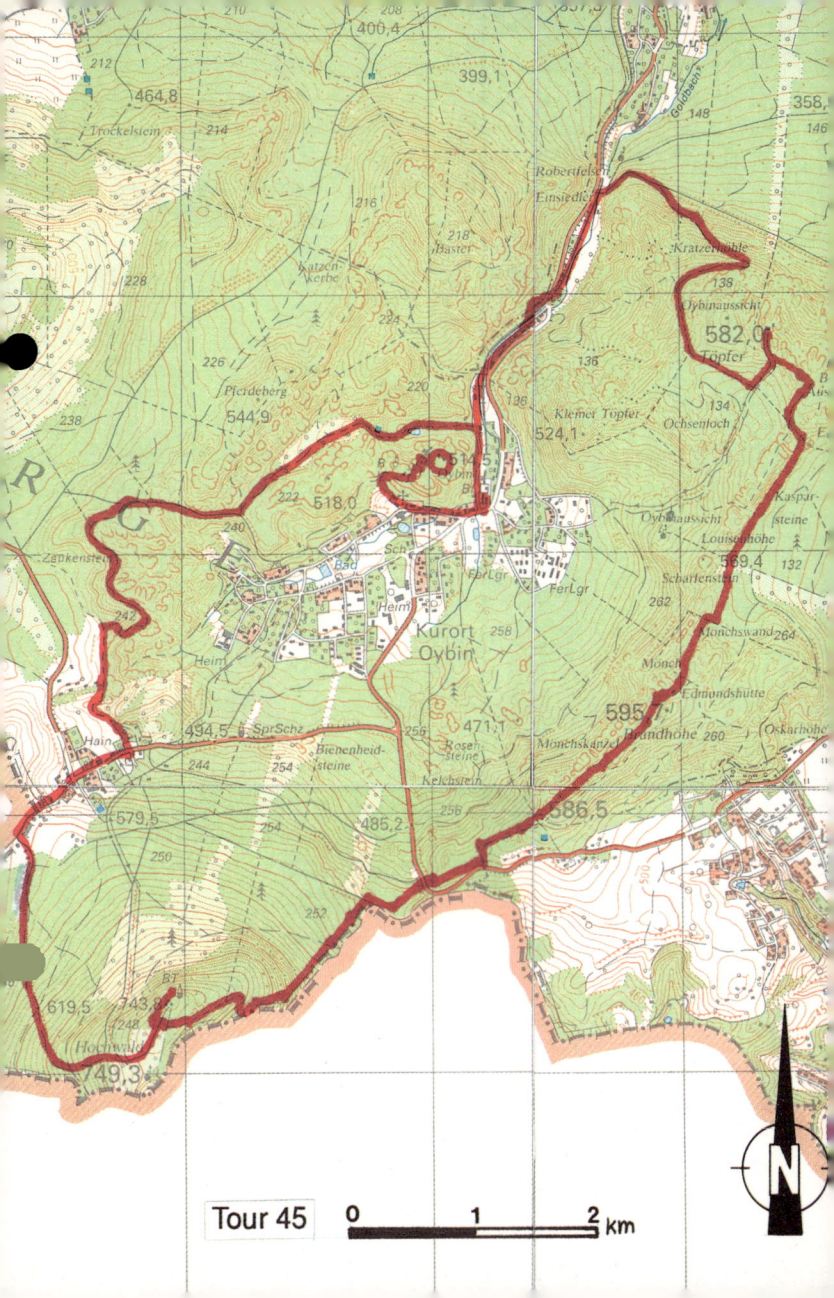

unmittelbar neben der Burg ein Kloster; die Klosterkirche wurde 1384 geweiht. Nach Aufgabe des Klosters 1559 verfielen die Anlagen durch Brand (1577), Felssturz (1681) und Gewinnung von Baumaterial, bilden aber (lt. Dehio) eine „großartige Ruine in bedeutender Naturszenerie." Sie war das Motiv bedeutender Maler wie Caspar David Friedrichs, Ludwig Richters und C. G. Carus.

Im Bergmuseum befindet sich eine Ausstellung zur Geschichte von Burg und Kloster Oybin.

Tour 45 Kartengrundlage: gescannter Ausschnitt aus der Topographischen Karte 1:25000 Blatt AV 1311-14 und AV 1311-23 und AV 1311-32 und AV 1311-41, herausgegeben vom Landesvermessungsamt Sachsen, Olbrichtsplatz 3, O-8060 Dresden.

Thematisch ergänzt durch den Elster Verlag.

Klaus Leichsenring

Dresden, Sächsische Schweiz und Lausitzer Bergland

Allgemeiner Führer
zum
Ringbuch
WANDERN

Elster Verlag

Herausgeber: Fried-Jürgen Bachl
Gebhard Plangger

Die Deutsche Bibliothek – CIP-Einheitsaufnahme

Ringbuch Wandern. – Moos; Baden-Baden : Elster-Verl.
Deutschland.
NE: Wandern

1. Dresden, Sächsische Schweiz und Lausitzer Bergland / Klaus Leichsenring. – 1992
ISBN 3-89151-132-9
NE: Leichsenring, Klaus

© 1992 by Verlagshaus Elster
Engelstraße 6, 7580 Bühl-Moos
Kartengrundlage:
gescannte Ausschnitte aus Topographischen Karten des Landesvermessungsamtes
Sachsen, Olbrichtplatz 3, O-8060 Dresden.
Vervielfältigung mit Genehmigung des Landesvermessungsamtes Sachsen,
Az. D 074/91. Thematisch ergänzt durch den Elster Verlag.
Cover: Sonnenfroh Werbung, Stuttgart, unter Verwendung
eines Photos von Udo Pellmann, Dresden.
Satz: Setzerei Amann, Leutkirch.
Repro: H. Schell, Hamburg; Die Repro, Tamm (Cover).
Printed in Hongkong.
ISBN 3-89151-132-9

Das Wandergebiet – eine Übersicht

Nein, das allumfassende Charakteristikum, das treffliche Dichterwort, den klassischen Einstieg für die werbewirksame Vorstellung dieses Wandergebietes gibt es nicht. Ob Geologie, ob Geschichte – kein einheitlicher Nenner ist zu entdecken. Auch die Sprache der Bewohner ist vielfältig: Drei grundsätzlich verschiedene Sprach- bzw. Dialektgruppen gibt es – Witzbolde sagen, daß eine immer verschiedener als die andere ist! Aber... ja, daraus ergibt sich nun doch ein Einstieg, etwa so: Wo findet der Wanderer so abwechslungsreiche Landschaften, so zahlreiche Zeugnisse der Geschichte, der Baukunst, des Brauchtums in so harmonischem Zusammenspiel mit einer Natur, die sich lieblich und still, dann wieder schroff und wild, interessant und einladend darbietet.
Das Wandergebiet umfaßt die Naturräume
– Sächsische Schweiz
– Dresdener Elbtalweitung
– Westlausitzer Hügel- und Bergland
– Oberlausitzer Gefilde
– Oberlausitzer Bergland
– Östliche Oberlausitz
– Zittauer Gebirge

Obendrein reichen im Westen und Norden einige Wanderungen in die benachbarten Landschaften, die wir hier nicht nennen. Im Süden und Osten sind die ČSFR und Polen die Grenzen des Landesgebiets. Zwischen den Endpunkten der Wanderungen liegen nach Westen rund 100 km und nach Norden 50 km. Insgesamt etwa 2000 km^2 werden mit den im Führer enthaltenen Wanderungen erschlossen.

Der tiefste Punkt des Wandergebietes liegt etwas über 100 m bei Diesbar-Seußlitz an der Elbe unterhalb von Meißen, ziemlich genau diagonal dazu ragt die Lausche im Zittauer Gebirge 793 m hoch.

Im Westteil des Wandergebietes zieht sich das Hügelland langsam ansteigend nach Süden; erst in Grenznähe geht es zum Mittelgebirge über. Großer Zschirnstein (560 m) und Großer Winterberg (556 m), beide grenznah gelegen und von den nur wenig entfernten südlichen „Ausländern" überragt, sind die höchsten Erhebungen in der Sächsischen Schweiz.

Das (Ober-)Lausitzer Bergland zieht sich in drei mehr oder weniger deutlichen Bergzügen in Ost-West-Richtung. Der nördliche Höhenzug erhebt sich aus dem hügeligen Gefilde mit Höhenunterschieden von 250 m. Obwohl er nur 561 m hoch ist, beherrscht der Czorneboh die Landschaft weithin.

Im östlichen Teil des Wandergebietes zieht sich das Hügelland mit Höhen um 300 m weit nach Süden, um dann jäh bis über 700 m anzusteigen. Im extremen Fall beträgt der Höhenunterschied auf 0,5 – 1,5 Kilometer bis zu 500 m.

Auch das Vorland ist durchaus nicht flach: Mit 420 m überragt zum Beispiel die Landeskrone bei Görlitz ihre nahe Umgebung um durchschnittlich 200 m: der Keulenberg, in der Westlausitz zwischen Pulsnitz und Königsbrück gelegen, ist nur 6 m kleiner. Auch hier betragen die Höhenunterschiede auf wenigen Kilometern 200 – 250 m.

Das Gebiet wird von zahllosen, meist reizvollen Bachläufen nach Norden hin entwässert, in Richtung auf 3 große Flüsse und auf zwei Meere. Im Westteil wird zur Elbe hin entwässert, im Mittelteil entspringt die Spree und führt das Wasser weit im Norden der Havel und damit schließlich der Elbe und der Nordsee zu.

Ein schmaler Streifen im Ostteil des Wandergebietes wird zur Neiße hin entwässert – und die schickt ihr Wasser über die Oder zur Ostsee.

Im Norden wird Sachsen flach, aber keinesfalls reizlos! Im Oberlausitzer Teichgebiet findet der Wanderer eine außerordentlich interessante Landschaft vor. Vor allem mit ihrem Reichtum an Brut-, insbesondere Wasservögeln, die anderswo selten oder ausgestorben sind, wird sie jeden Naturfreund begeistern. Dieser Führer jedoch will den Wanderer in die sächsische Bergwelt und in das Hügelland führen und grenzt sich so, etwa in der Linie Görlitz – Kamenz – Meißen, vom nördlichen Vorland ab.

Schließlich noch ein Hinweis zu dem Sachsen, das westlich vom im Führer enthaltenen Wandergebiet liegt: Nahtlos setzt sich hier „wanderbare" Landschaft fort. Mit dem Führer wandern Sie auf dem EB, dem Fernwanderweg Eisenach – Budapest, vom Osterzgebirge in die Sächsische Schweiz. Dieser Wanderweg geht weiter westwärts durchs Erzgebirge und das Vogtland. Aber die Landschaft in West- und

Mittelsachsen mit ihren landschaftlichen Schönheiten und kulturhistorischen Reichtümern vorzustellen – das bleibt weiteren Wanderführern über Sachsen vorbehalten.

Ein bißchen Geologie: Zur Entstehung des Wandergebietes

Die geologischen Karten Mitteleuropas weisen das Elbtal im Bereich Bad Schandau – Dresden – Meißen – Riesa als Grenzlinie ganz unterschiedlicher geologischer Einheiten aus. Im Westen das kristalline Gestein des Erzgebirges, der Sattel- und Muldenbau der varistischen Gebirgsbildung, im Osten das Granitgebiet der Lausitz. Es füllt das Dreieck zwischen Dresden, Görlitz und Zittau und ist damit das größte Granitgebiet Mitteleuropas.

Seine Entstehungszeit wird vom Präkambrium bis zum Karbon angesetzt – ein Zeitraum von mindestens 300 Millionen Jahren. Dabei wurde das ursprüngliche Deckgestein, die Lausitzer Grauwacke, teils aufgeschmolzen und in den Granitkörper integriert, teils abgetragen. Das an sich widerstandsfähige Gestein bildet die Höhenzüge um Bischofswerda ①, wird aber weiter nördlich gemeinsam mit dem Granit von jüngerem Lockergestein überdeckt. Die Elbtalzone, deren Senkungstrog sich im gleichen Zeitraum mit Sedimenten gefüllt hatte, wurde bei der varistischen Gebirgsbildung zwischen Erzgebirge und Lausitzer Granitblock zusammengepreßt. In das dadurch entstandene Elbtal-Schiefergebirge drangen ebenfalls Magmamassen und erstarrten zu Granit. Den weithin bekannten Meißner Riesenstein, gebrochen im Granitbruch am östlichen Ortsrand von Meißen, kann der aufmerksame Wanderer an Bauwerken und Denkmalen nicht nur in Meißen entdecken. In anderer Ausprägung werden wir den Granit bei der Wanderung Meißen-Diesbar vorfinden und „erklettern".

Im Erdmittelalter waren weite Teile Mitteleuropas vom Meer überflutet. Der Kern des Oberlausitzer Granitgebietes ragte als Insel heraus, unterlag aber starker Abtragung. Der dadurch entstandene Sand wurde im Meer neben dieser Insel in mehreren mächtigen Schichten abgelagert, die heute als kreidezeitlicher Sandstein das Zittauer- und das Elbsandsteingebirge bilden.

Gegen Ende der Kreidezeit kam es bei Bewegungen der Erdkruste zur Lausitzer Überschiebung, wobei sich in den Störungszonen der Granit bis zu 400 m auf die jüngere Sandsteinscholle aufschob. Sie werden bei den Wanderungen mehrfach aufgeschlossene Überschiebungen ② entdecken können.

In der Erdneuzeit vor 65 Millionen Jahren durchbrachen zahlreiche Vulkane die Granit- und Sandsteinschollen und bildeten die teilweise sehr markanten Basaltkuppen ③ in unserem Wandergebiet. Die bei der Abkühlung des Magma entstandenen säuligen Ausbildungen, sog. Orgeln, sind sehenswerte geologische Denkmale ④. Die höchsten Berge nur wenig jüngeren vulkanischen Ursprungs bestehen aus Phonolith ⑤, der hier den Sandstein durchbrach und sich ihm auflagerte.

Der „geschmorte" Sandstein – fachmännisch: gefrittet – hatte besondere wirtschaftliche Bedeutung und ist auch für den Wanderer von Interesse ⑥.

Wahrscheinlich im direkten Zusammenhang mit dem Vulkanismus bildeten sich Senken aus. In der Ostlausitz bildeten sich im Zittauer Bekken mächtige Braunkohlevorkommen ⑦.

Während der Eiszeit wurde der Nordteil des Wandergebietes vom Eis überzogen und das Grundgebirge mit den meist heute noch vorhandenen Ablagerungen überdeckt. Die Höhen im Südteil bildeten aber für das von Norden andrängende Eis eine unüberwindliche Barriere, auch einige Gipfel nördlich davon blieben eisfreie Inseln. An einigen Stellen wurde die Südgrenze der Vereisung markiert ⑧.

Landschaften verändern unaufhörlich ihr Gesicht. Spektakuläre Felsstürze in der Sächsischen Schweiz ⑨ weisen genauso auf die „Einebnung" des Gebirges hin wie die stille Verwitterung der Felsen – die mitunter durch menschliche Gegenmaßnahmen gebremst werden soll.

Mit 0,2 mm im Jahr wird die Senkung der Elbtalzone angegeben. Das ist nicht viel – aber in 200 Millionen Jahren steht uns nach der Prognose der Wissenschaftler wieder mal das Meereswasser hier in der Gegend mehr als nur bis zum Hals.

Für lange Zeit aber wird der Mensch über das Wohl und Wehe der Landschaft befinden. Bei der Wanderung von Löbau nach Görlitz begegnen wir dem Braunkohletagebau, der ein radikaler Eingriff in die Natur ist. Die Oberlausitz ist aber auch eines der traditionsreichsten Zentren der europäischen Natursteinindustrie[10]. Auch der Elbsandstein ist begehrt und wird jetzt besonders für die Rekonstruktion und Sanierung älterer Bauwerke benötigt[11].

Zum Abschluß des Kapitels über die Geologie sei noch erwähnt, daß das älteste geschützte Naturdenkmal im (jetzigen) Sachsen im Wandergebiet zu finden ist[12] – ausgerechnet einem Preußenkönig ist es zu verdanken!

Hinweise:

[1] Aus Grauwacke aufgebaut sind die Höhenzüge südlich und südwestlich von Kamenz mit dem Schwarzen Berg (413 m) als höchster Erhebung.

[2] Eine Überschiebung zeigt sich in der Sächsischen Schweiz an der Böschung der Wartenbergstraße am Westhang des Polenztales, etwa 0,5 km westlich von Hohnstein; durch die Beanspruchung der Gesteine beim Überschiebungsvorgang sind allerdings Granit und Sandstein zersetzt und zerbrochen, also nicht in bekannter Form zu erkennen. Im Zittauer Gebirge zeigt sich im Oybintal südlich von Oybin–Niederdorf eine Aufbiegung der Rand-Sandsteinschichten als Folge der Überschiebung.

[3] Z.B. Großer und Kleiner Winterberg (556 bzw. 500 m), Burgberg Stolpen (357 m), Löbauer Berg (449 m), Landeskrone (420 m) und weitere Berge, die bei unseren Wanderungen bestiegen werden, sind aus Basaltvulkanen entstanden.

[4] Basaltsäulen treten sehr schön am Burgberg Stolpen in Erscheinung.

[5] Phonolith-Vulkane bildeten u.a. Lausche (793 m) und Hochwald (749 m) im Zittauer Gebirge.

[6] Im Zittauer Gebirge südlich Jonsdorf wurde der Sandstein durch die Hitze des Magma gefrittet und bildet mit fünf- und sechskantigen Säulen eine „Orgel".

Gleichfalls durch Hitzeeinwirkung wurde der dortige Sandstein verkittet und eignete sich wegen seiner Härte hervorragend zur Herstellung von Mühlsteinen (Historische Mühlsteinbrüche).

⑦ Die Nutzung der Braunkohlevorkommen erfolgte durch die Tagebaue Olbersdorf südlich Zittau und Berzdorf, zwischen Zittau und Görlitz gelegen. Aus der im Norden des Wandergebietes gelegenen Niederlausitz kam ein Großteil der jährlichen DDR-Förderung von etwa 300 Millionen Tonnen Rohbraunkohle.

⑧ Solche Markierungssteine sind in Oybin (Zittauer Gebirge) und Bad Schandau (Sächsische Schweiz) aufgestellt. Die Vereisung bis Bad Schandau erklärt sich aus einer Gletscherzunge im Elbtal.

⑨ Zum Beispiel brach 1972 ein Teil der Südostwand des Papststeines mit 3000–4000 m³ Gestein ab; ein Schild am Fuße weist auf den noch deutlich erkennbaren Felssturz hin.

⑩ Zentrum des Bruchbetriebes ist Demitz-Thumitz; bis zu 100 m Tiefe wird Granodiorit abgebaut, der zu Werk- und Dekorationssteinen, zu Pflaster, Schotter oder Splitt verarbeitet wird.

⑪ Elbsandstein wurde zum Beispiel beim Bau der Albrechtsburg in Meißen und für die prächtigen Bauwerke des Barock in Dresden verwendet.

⑫ Im Nordwesten von Görlitz liegen die Königshainer Berge mit dem Hochstein (406 m). In der Nähe des Gipfels liegt der Totenstein. Nach einem Besuch der dortigen Brüche veranlaßte König Friedrich Wilhelm IV. 1844 den Ankauf und Schutz des Felsen.

Die Landschaft und ihr Klima, ihre Flora und Fauna

In den einzelnen Teilen unseres Wandergebietes bestehen unterschiedliche natürliche Voraussetzungen, die zwangsläufig die Landschaft mit ihrer Flora und Fauna prägen und auch das Klima beeinflussen. Zusätzlich wirkt sich die dichte Besiedlung und Industrialisierung auf die Natur aus – wiederum bis hin zum Klima!

Grundsätzlich liegt das Wandergebiet im Bereich der gemäßigten mitteleuropäischen Klimazone. Jedoch wird Ostsachsen stärker als die westlich davon gelegenen Gebiete vom kontinentalen Klima beeinflußt, selbst innerhalb des relativ kleinen Gebietes zwischen Elbe und Neiße ist ein West-Ost-Klima-Gefälle nachweisbar. Daraus und aus den

unterschiedlichsten Höhenlagen zwischen 100 m und knapp 800 m ergibt sich folgende Feststellung:
Je weiter östlich und/oder je höher ein Gebiet liegt,
— um so niedriger ist die mittlere Jahrestemperatur,
— um so niedriger ist die mittlere Januartemperatur,
— um so höher ist die mittlere Jahresniederschlagsmenge.
Die Unterschiede halten sich in relativ engen Grenzen, und auch in den Gebirgslagen treten nur höchst selten die in den Hochgebirgen gefürchteten Wetterstürze auf. Für Wanderungen im gesamten Gebiet reicht eine der Jahreszeit und der jeweiligen Wetterlage entsprechende normale Bekleidung und Ausrüstung. Eine ernsthafte Gefährdung stellen dagegen Eis- und Schneeglätte vor allem im Sandsteingebiet dar.
Die Boden-, Klima- und Feuchtigkeitsverhältnisse prägen die Vegetation. Von Norden her reicht der Kiefern-Eichenwald bis in die tieferen Lagen des Wandergebietes. Eichen-Buchenwälder dominieren im Hügel- und Mittelgebirgsvorland, das Lausitzer Bergland hat (Tannen-)-Buchenwälder, die Fichte ist von Natur aus nur in höchsten Lagen beigemischt. In den Sandsteingebirgen bilden Höhenkiefer-Eichenwälder und Eichen-(Tannen-)Buchenwälder — die letzteren vorwiegend im Gebiet der Sächsischen Schweiz östlich der Elbe — die natürliche Vegetation.
Die ursprüngliche Flora wurde durch Einwirkung des Menschen weitgehend zurückgedrängt. Intensive Land- und Forstwirtschaft, Bergbau und Wasserwirtschaft haben die Wälder verändert und die Landschaften geprägt. Jedoch wird mit einem relativ dichten Netz meist kleinflächiger Naturschutzgebiete ① versucht, landschaftstypische natürliche oder naturnahe Biotope zu erhalten. Besonders in den dem Menschen schwer zugänglichen Gebieten — steilen Bergkuppen und -hängen, Schluchten, Uferhängen und wenig fruchtbaren Felsenpartien, sowie Mooren und anderen Feuchtgebieten — sind solche Reservate angelegt. Dem Wanderer, der ja oft gerade solche Gebiete gezielt aufsucht, werden sie auf seinen Touren häufig begegnen. Einige Wanderungen führen zu botanisch besonders interessanten Gebieten ②.
Die weitgehende Verdrängung ursprünglicher Vegetation bedeutet aber nicht eine gleichzeitige Verödung der Landschaft. Gerade unser

Wandergebiet bietet auch Beispiele dafür, daß jahrhundertelange menschliche Eingriffe nicht ausschließlich zu Lasten der Natur und ihrer Schönheit gehen. Das dicht besiedelte Elbtal zwischen Pillnitz und Diesbar–Seußlitz strahlt jenen Reiz aus, den nur eine Flußlandschaft mit Weinanbau③ und großem kulturhistorischen Erbe besitzt. Andererseits verursachen tatsächliche oder vermeintliche ökonomische Zwänge große Schäden in der Landschaft. Außerdem wird der Wanderer zahllosen „kleineren Sünden" begegnen – von der wilden Mülldeponie bis zur (Krüppel-)Kiefernplantage inmitten herrlicher Altbuchenbestände.

Der Prozeß der Landschaftsveränderung – der sich am sichtbarsten in der Veränderung der Flora niederschlägt – ist nicht abgeschlossen. In den letzten Jahrzehnten vollzog sich entsprechend den Interessen der Landwirtschaft eine Umwandlung der gewohnten Landschaftsnutzung „Wald-Grünland-Acker" in eine „Wald-Acker"-Nutzung. Jetzt ist mit einer Umkehrung dieser Entwicklung zu rechnen...

Für die Fauna, die stets unlösbar mit der Vegetation eines Gebietes verbunden ist, gilt die gleiche Aussage wie für die Flora: Tiefgreifend ist die Einflußnahme des Menschen, und offensichtlich sind die neuen Bemühungen zum vernünftigen Umgang mit der Tierwelt.

Welche Tiere kann der Wanderer beobachten?

Häufig ist das Reh anzutreffen; mit Ausnahme einiger Bergregionen gleichfalls häufig – wenn auch weitaus seltener zu beobachten – ist das Schwarzwild, dessen Präsenz an seiner „Wühlarbeit" zu erkennen ist. Rot- und Damhirsch leben in großen Teilen des Wandergebietes, sind aber sehr selten zu sehen; ganz großes Glück gehört dazu, die in den Mittelgebirgslagen eingebürgerten Mufflons zu Gesicht zu bekommen. Der Bestand an Feldhasen ist drastisch zurückgegangen, und ihre Beobachtung ist fast auch schon ein Glücksfall!

Oft sieht man Eichhörnchen (rotbraune oder schwarze Färbung); gelegentlich Großes und Mauswiesel; Marder sind weitverbreitet und beweisen dies durch die mancherorts im Wortsinne „haufenweise" zu findenden Kotmarken. Der Igel ist nicht selten, wie an den plattgewalzten Opfern auf den Straßen festzustellen ist; der Maulwurf dagegen zeigt seine Existenz mit erfreulich zahlreichen Erdhügelchen an. Die seltenen Bilche werden für einige Gebiete ausdrücklich erwähnt④.

Die Vogelwelt ist „im Revier" zahlreich. Artenreich sind die Teich- und Heidegebiete der Niederlausitz. Dort finden sich z. B. Weiß- und Schwarzstorch, See- und Fischadler. Das Gegenstück dazu sind die Felsregionen der Sandsteingebirge. Dort brüten seltene Vögel wie Uhu und Wanderfalke ⑤. Schwarz-, Grau-, Grün- und Buntspechte sind meist eher zu hören als zu sehen, Wasseramsel und Eisvogel sind an Bergbächen und -flüßchen zu entdecken, Bussard, Milan und Turmfalke kreisen am Himmel. Natürlich wird der Wanderer zahlreiche andere Vogelarten auffinden. Bei den Wanderungen um Moritzburg kann er Beobachtungen in speziellen Vogelschutzgebieten machen ⑥.

Bei den zahlreichen Wanderrouten entlang an Fließgewässern entlang sind im (manchmal) glasklaren Wasser ⑦ hauptsächlich Forellen zu beobachten; oft aber lassen unangenehme „Düfte" darauf schließen, daß hier die Suche nach den flinken Wasserbewohnern vergeblich ist...
⑧ Der Wasserverschmutzung und anderen Umweltsünden ist auch der starke Rückgang der Reptilien und Lurche zuzuschreiben.

① Über 20 spezielle Waldschutzgebiete bzw. Naturschutzgebiete mit integriertem Waldschutz befinden sich im Wandergebiet zwischen Elbe und Neiße. Ihre Kennzeichnung erfolgt meist noch mit dem Naturschutzsymbol der ehemaligen DDR, der stilisierten sitzenden Eule.

② Die Wanderung durch das Polenztal streift die berühmten Märzenbecherwiesen, die jährlich zur Blütezeit Besucher in Scharen anlocken.

③ Auf über 300 ha wird vorwiegend am rechten Elbufer, das hier in der Elbtalweitung um Dresden besonders günstige klimatische Bedingungen bietet, seit etwa 880 Jahren die Weinrebe angebaut, die ausschließlich trockene, von Kennern hochgeschätzte Qualitätsweine liefert. 4 der 5 Wanderungen in und um Dresden berühren das Anbaugebiet.

④ Das Naturschutzgebiet auf dem Rotstein – übrigens schon 1912 eingerichtet und damit ältestes im Bereich des Wanderführers – bietet Bilchen Lebensraum; siehe dazu die im NSG aufgestellten Hinweistafeln.

⑤ Sowohl in der Sächsischen Schweiz als auch im Zittauer Gebirge streifen Wanderrouten die als Totalreservate ausgewiesenen und für jeglichen Touristenverkehr gesperrten Brutreviere von Uhu und Wanderfalke. Eine strenge Beachtung der Schutzbestimmungen ist für jeden Naturfreund selbstverständlich!

⑥ Der Frauenteich (2 km nordöstlich von Schloß Moritzburg) und der Dippelsdorfer Teich (2,5 km südwestlich von Schloß Moritzburg) sind Naturschutzgebiete, die als spezielle Reservate für brütende und rastende Sumpf- und Wasservögel eingerichtet wurden.

⑦ Als Beispiel für ein sauberes Gewässer mit gutem Bestand an Forellen präsentiert sich die Kirnitzsch auf ihrem gesamten Lauf, den mehrere Wanderrouten des Führers berühren.

⑧ Als Beispiel für ein (zum Zeitpunkt der Begehung im September 1991 noch) übelriechendes Flüßchen ist die Große Röder anzuführen; soweit feststellbar, bekommt ihr der Einlauf der Radeberger Klärwässer (!) nicht...

Wandern – durch die Geschichte

Geschichte vollzieht sich nicht allein in den Residenzen und Hauptstädten, in Parlamenten und auf Schlachtfeldern. Geschichte vollzieht sich auch in den alltäglichen Handlungen der „einfachen" Menschen – immer und überall. Deshalb sind Zeugnisse der Geschichte überall zu finden, und der Kundige wird sie entdecken und zu deuten wissen. Der Kundige...! Es wird jedem Wanderer zur Ehre gereichen, nicht „blind durch die Gegend zu stolpern", sondern die Dinge, die er sieht – nicht nur die geschichtsträchtigen – auch wirklich zu erkennen, einzuordnen, zu verstehen. Die folgenden Informationen sind lediglich ein „Streifzug" durch die Regionalgeschichte. Vielleicht können wir damit Ihre Aufmerksamkeit auf geschichtsträchtige Stätten lenken, die leicht zu übersehen sind; vielleicht können wir einige historische Zusammenhänge erkennbar machen, Hintergründe aufhellen... Eines eint die Wandergebiete Sächsische Schweiz, Dresdner Land und Oberlausitz: Jedes Gebiet hat seine eigene Geschichte. Während die Berge Zugang und Besiedlung verhinderten, später zumindest erschwerten, war das

Elbtal Durchgangsgebiet zunächst für streifende, altsteinzeitliche Horden. Der Nachweis der ersten Anwesenheit des Menschen wurde in Dresden–Plauen erbracht, wo ein 50 000 Jahre alter Lagerplatz einer mittelpaläolithischen Horde gefunden wurde.[1] Reste von Wollnashorn, Mammut und Wildpferd geben Aufschluß über die Jagdbeute dieser Menschen zu Beginn der letzten Eiszeit. Erst auf 10 000 v. Chr. werden dagegen die ältesten Funde in der Oberlausitz – z. B. eine größere Rentierjägerstation bei Burk nahe Bautzen – datiert.

Mit der Klimaverbesserung am Ende der Eiszeit ergaben sich für den Steinzeit-Menschen etwa ab 9000 v. d. Z. günstigere Möglichkeiten für längere Aufenthalte, die für das Elbtal und auch das Hügelland um Bautzen nachgewiesen sind. Ab dem 5. Jahrtausend v. Chr. setzte mit der sogenannten agrarischen Revolution – dem Übergang zum Ackerbau – eine völlige Umgestaltung des menschlichen Lebens ein, die zu Seßhaftigkeit und höherer Bevölkerungsdichte führte. Die Lausitz blieb zunächst davon ausgespart, erst im Spätneolithikum (etwa 2400–1800 v. Chr.) ist diese Entwicklung um Bautzen eingetreten. Auch für die nachfolgenden Jahrhunderte ist charakteristisch, daß die an neue Produktionstechnologien gebundenen Kulturen, die in der Regel vom entwickelten Vorderen Orient nach Norden vordrangen, sich im Durchzugsgebiet des Elbtales ausbreiteten, aber in der verkehrsungünstigen Oberlausitz oft mit jahrhundertelanger Verzögerung Einzug hielten. Manche dieser Kulturstufen fehlen sogar völlig – der Fortschritt war also im wörtlichen Sinne an der Oberlausitz vorbeigegangen! Die Glockenbecherkultur ist dafür ein Beispiel.

Um 1000 v. Chr., so können wir annehmen, ist unser Gebiet bis in die Gebirgsregionen weitgehend erschlossen und besiedelt. So ist z. B. auf dem Oybin für die Zeit um 900 v. Chr. eine Siedlung nachweisbar (vergl. Wanderung 45). Wallanlagen aus der Bronzezeit begegnen wir bei unseren Wanderungen auf der Goldkuppe bei Seußlitz und der Bosel bei Meißen, der Landeskrone bei Görlitz, am Pfaffenstein und auf dem

---

[1] Wenn nicht ausdrücklich andere Angaben erfolgen, beziehen sich die Aussagen auf das vom Wanderführer umfaßte Gebiet. Sie haben keine Gültigkeit etwa für das gesamte Gebiet des heutigen Sachsen; z. B. werden die ältesten Funde (um Leipzig) auf 350 000 Jahre datiert.

Löbauer Berg. Natürlich sind solche ur- und frühgeschichtlichen Zeugnisse recht selten und nur an Orten zu finden, wo sie nicht späterer Überbauung oder anderweitiger Nutzung zum Opfer fielen. Die in nördlich angrenzenden Gebieten nicht seltenen Hügelgräber kommen im Wandergebiet kaum vor. Wir werden den Zeugnissen der Frühzeit wohl am ehesten in den zahlreichen Geschichts- und Heimatmuseen des Wandergebietes begegnen...

In den ersten Jahrhunderten nach der Zeitwende wanderten von Norden her germanische Stämme in unser Gebiet ein, Hermunduren in die westelbischen Gebiete und die ostgermanischen Litten in das Land östlich der Elbe. Ihre Spuren finden wir nicht in der Landschaft. Wir sind hier wieder auf die Museen angewiesen. Im 4. Jahrhundert wandern die ostgermanischen Stämme ab (Völkerwanderung), das Gebiet bleibt über mehr als 200 Jahre fast menschenleer. Dagegen verlassen die westlichen Stämme erst viel später das Land und sind als Restgruppen noch bis zum 7. Jahrhundert an der Elbe.

In das nun weitgehend entvölkerte Land wandern Slawen aus dem Odergebiet ein; über das östliche Erzgebirge erreichen altsorbische Einwanderer das Elbgebiet und siedeln sich hier an. Das zusammenhängende Siedlungsgebiet erstreckte sich nach Westen bis zur unteren und mittleren Saale und grenzte dort an das Frankenreich. In diesem Raum bildeten sich slawische Stämme heraus, so zwischen Elbe und Mulde (Meißen einbezogen) die Daleminzer, im Elbgebiet um Dresden die Nisaner und östlich davon bis zur Neiße die Milzener. Von der Zeit der Landnahme und ihrer Befestigung zeugen zahlreiche große und kleinere Wallanlagen (allein die Milzener sollen um das Jahr 800 etwa 30 Burgen besessen haben), denen wir als geschützten Bodendenkmälern auf unseren Wanderungen begegnen. „Denkmäler" der Sorben – so die im Laufe der Zeit auf alle ostsaalischen Slawen angewandte Bezeichnung – sind aber auch die Namen zahlreicher Orte (z. B. Görlitz, Bautzen, Pillnitz, Löbau, Zittau, Lohmen) und Gewässer (Biehla, Bobritzsch, Kirnitzsch, Polenz, Sebnitz, Wesenitz u. a.).

Im Feldzug 928/929 unter König Heinrich I. wurden die Daleminzer geschlagen. Die Burg Meißen wurde als Hauptstützpunkt des deutschen Reiches im eroberten Gebiet errichtet. 932 wurden die Milzener und die Lausitzer (sie bewohnten die Niederlausitz) besiegt und somit das gesamte uns interessierende Territorium unter deutsche Herrschaft gebracht. Zur Sicherung dieser Herrschaft im hundertjährigen Ringen mit den gleichfalls das Gebiet beanspruchenden Nachbarn Polen und Böhmen-Mähren wurden zahlreiche Burgen errichtet. Wenig später begann die Missionstätigkeit zur Christianisierung der „heidnischen" Sorben. Meißen, seit 965 Markgrafschaft, wurde 968 Bistum; auf dem Burgberg über der Stadt konzentrierten sich staatliche und kirchliche Macht. Wichtige Stützpunkte im Besitzstreit, der vor allem mit kriegerischen Mitteln geführt wurde, waren die Burgen Bautzen, Landeskrone u. a.

Nach mehrfachem Besitzerwechsel wurde 1054 die östliche Oberlausitz, 1158 erneut auch die westliche Oberlausitz als deutsches Reichslehen der böhmischen Herrschaft (Herzogtum, später Königreich) unterstellt und so von der Markgrafschaft Meißen über ein halbes Jahrtausend getrennt.

Nachdem im 10. Jh. die Unterwerfung der Sorben durch die Errichtung der Burgwarde militärisch gesichert war, entstanden im Schutz der Burgen Kaufmannssiedlungen. Es kam innerhalb eines relativ kurzen Zeitraumes zur Gründung von Städten, Kirchen und Klöstern. Ab Mitte des 12. Jh. wurden Siedler in großer Zahl aus den westlichen Gebieten des Reiches in die Ostgebiete gerufen. Es wurden in bisher unbewohnten Rodungsgebieten Dörfer gegründet. Deren Ortsnamen lassen oft die Herkunft der ersten Siedler erkennen. Stadtgründungen nahmen zu. In dieser folgenreichen Periode sächsischer Geschichte wurden die Strukturen einer dichten Besiedlung begründet. Dieser Prozeß vollzog sich zwar von West nach Ost mit starker Zeitverzögerung, aber im wesentlichen nach gleichen Prinzipien und beinahe unbeeinflußt von den jeweiligen Herrschaftsverhältnissen.

Nach den großen Silberfunden in Freiberg stieg die Bedeutung der Markgrafschaft Meißen. Vom Meißner Markgrafen berichten Chronisten, er „überstrahlte in Reichtum und Glanz alle Fürsten Deutschlands". Für den Wanderer sichtbares Ergebnis des neuen Reichtums ist der Dom zu Meißen innerhalb der Albrechtsburg. Unter den aufblühenden Städten erlangten die 1346 im Lausitzer Sechsstädtebund vereinigten Städte, darunter Bautzen, Löbau, Görlitz und Zittau, eine besondere politische Rolle und unterschieden sich damit von den Städten in der Markgrafschaft Meißen deutlich. Sie waren Partner der böhmischen Zentralgewalt und übten viele von deren Rechten in der Oberlausitz aus. Im Pönfall von 1547 verloren die Städte des Bundes zeitweilig ihre Privilegien, da sie im Schmalkadischen Krieg auf protestantischer Seite kämpften. Herzog Moritz, der im benachbarten Dresden residierte, hatte skrupellos die Gunst der Stunde genutzt und sich trotz seiner protestantischen Konfession auf die Seite der katholischen Liga gestellt, was ihm der Kaiser mit der Kurwürde lohnte. Auch im 30jährigen Krieg brachte das Lavieren des Kurfürsten von Sachsen (so die inzwischen gängige Bezeichnung für den Herrscher) etwas ein: 1635 kamen als „Lohn" für den Abschluß eines separaten Friedens die beiden Lausitzen zu Kursachsen. Doch das abtrünnige Sachsen wurde nun vom ehemaligen Verbündeten Schweden mehrfach schwer heimgesucht. Die entsetzlichen Folgen dieses Krieges konnte auch Sachsen, das das wirtschaftlich am besten entwickelte Land des Heiligen Römischen Reiches war, nur schwer überwinden. Kampfhandlungen, Brandschatzungen, Plünderungen und andere Drangsale brachten Not und Leid. Ganze Städte brannten nieder, Dörfer wurden vollständig menschenleer; Seuchen, allen voran die gefürchtete Pest, dezimierten vor allem die Stadtbevölkerung.

Um 1700 hatte Kursachsen wieder die Spitzenposition innerhalb des Reiches inne. Mit dem Anbruch des „augusteischen Zeitalters" unter Kurfürst Friedrich August I. (August der Starke) stieg Dresden zur glänzendsten deutschen Residenz auf. Für die Leistungen von Kunst und Wissenschaft in Sachsen stehen Namen wie Bach, Silbermann, Gottsched, Pöppelmann, Leibniz. Die Erfindung des europäischen Porzellans und die kursächsische Landesvermessung seien stellvertretend für zahlreiche wirtschaftliche und technische Leistungen genannt.

Offensichtlich im Erfolgsrausch griff Kurfürst Friedrich August I. mittels riesiger Bestechungsgelder nach der polnischen Königskrone und sorgte damit für eine Finanzmisere und für die Verstrickung in einen Krieg mit Schweden, der mit der kursächsischen Niederlage und dem Thronverzicht im Frieden von Altranstädt von 1706 endete. Das hinderte seine Nachfolger nicht, weiterhin im Spiel der europäischen Großmächte mitzumischen und sich dabei mit sicherem Instinkt stets auf die falsche Seite zu stellen. Im 2. Schlesischen Krieg wurde Sachsen 1745 von den Preußen bei Kesselsdorf (nahe Dresden) geschlagen und zum Frieden gezwungen. 1756, im Siebenjährigen Krieg, kapitulierte Sachsen bei Pirna vor den Preußen, die das Land ausplünderten. Sachsen stand vor dem Staatsbankrott.

Aus den militärischen und politischen Pleiten zog man natürlich die Lehren, verbündete sich nun mit den erfolgreichen Preußen gegen die anrückenden Franzosen und schlitterte in die Katastrophe von Jena-Auerstedt im Jahre 1806. Es folgte ein Seitenwechsel, der dem Sachsenherrscher die Königskrone von Napoleons Gnaden und die zur Posse ausartende Rückgabe von Schirgiswalde (Wanderung 37, Anmerkung 4) einbrachten. Für das sächsische Heer aber folgten die Niederlagen des Rußlandfeldzuges 1812/13 und schließlich eine erneute Katastrophe in der Völkerschlacht bei Leipzig. Und noch schlimmer: Im Wiener Frieden von 1815 mußte Sachsen fast zwei Drittel seines Territoriums und etwa die Hälfte der Bevölkerung an Preußen abtreten. Sachsen schrumpfte damit, von kleinen Ausnahmen abgesehen, auf das heutige Format.

In den jüngeren geschichtlichen Perioden verlief die historische Entwicklung einheitlicher. Sie war bestimmt von der wachsenden Einflußnahme der Landesherrschaft und den besseren Bedingungen für Kommunikation, Verkehr, Handel usw. Im 19. Jh. werden regionale Besonderheiten weiter zurückgedrängt. Sie fügen sich nun in die allgemein bekannten Prozesse ein, die zunächst zur Reichsgründung im Jahre 1871 führen. Sachsen gelang kurz zuvor ein kleines Solo. Es stellte sich gegen Preußen, das eisern die Reichseinheit vorantrieb, und auf die Seite Österreichs. Aber dafür mußte Sachsen prompt 1866 bei Königgrätz eine militärische Niederlage einstecken.

Seit 1871 ist Sachsen an die Reichspolitik – die zeitweise besondere Auslegungen erfährt! – angekoppelt. Wenige Besonderheiten sind zu vermerken. So diese: Sachsen steht (mit) an der Spitze der industriellen Entwicklung im Deutschland der Jahrhundertwende. In Sachsen formieren sich Organisationen der Arbeiterbewegung und zahlreiche

Vereine und Verbände. Nach der Verwaltungsreform in der DDR 1952 gerät Sachsen in Gefahr, nach dem Verschwinden von der politischen Landkarte auch aus dem Bewußtsein der Menschen zu fallen. Doch die überall leidenschaftlich praktizierte, weißgrüne Beflaggung und weitere Indizien weisen auf ein geradezu inniges Verhältnis der Sachsen zu Sachsen hin.
Die Geschichte geht weiter...

Versuch einer Aufklärung über einige Kapitel sächsischer Geschichte:
* Bei unseren Wanderungen treffen wir öfter auf Denkmäler für die Wettiner, die vor allem ihrer 800-jährigen Herrschaft gewidmet sind. Von 1089 an steht das Adelsgeschlecht der Wettiner (benannt nach der verkommenen Stammburg Wettin an der Saale unterhalb von Halle) an der Spitze des Territoriums, das sich von der Markgrafschaft Meißen zum Kurfürstentum und dann zum Königreich Sachsen entwickelte. Sachsen hatte unter der Herrschaft der Wettiner glückliche Jahre – und auch solche, die uns noch heute die Schamröte in's Gesicht treiben! Der letzte, sehr volkstümliche sächsische König Friedrich August III. (Wanderer, beachte z.B. die in der Hochwaldbaude bei Oybin befindlichen Fotos!) trat 1918 zurück. Als ihm die Ankunft bewaffneter Revolutionäre im Dresdner Schloß gemeldet wurde, zweifelt Friedrich August: "Därfen die denn das?" Nachdem man ihm das bestätigte, soll er bemerkt haben: „Na, da macht eiern Dreck alleene!"
* Kurfürst Friedrich August I. (1670–1733; Regierungszeit 1694–1733), als König von Polen seit 1697 August II.; als August der Starke unter den heutigen Sachsen sehr populär. Trotz absolutistischer Herrschaft, Verschwendungssucht zu Lasten der „Landeskinder", Rücksichtslosigkeit bei der Durchsetzung seiner Allüren usw., usf. wird er eher bewundert als verachtet. Trotz gegenteiliger Beweise der Geschichtsforschung hält sich hartnäckig die Behauptung, daß aus seinen zahlreichen Liebschaften 365 Kinder sind.
* In Görlitz und nächster Umgebung wird man gelegentlich darauf verwiesen, daß man sich hier eigentlich in Niederschlesien befindet. Man bezieht sich dabei auf die Abtretung dieses Gebiets an Preußen 1815, das diesen Landstrich Schlesien zuordnete.

Ostsächsische Eigenheiten

Der Wanderer ist meist an den Eigenheiten einer ihm bislang fremden Gegend interessiert. Sprache oder Dialekt, Brauchtum und Architektur, Spezialitäten aus Küche und Keller gehören zu den interessantesten dieser Eigenheiten.

Sprache und Dialekt – bierernst betrachtet.
Sie lesen richtig: Sprache und Dialekt! Wer Sachsen nicht kennt, wird annehmen, daß die Ureinwohner samt und sonders jenes schauerliche „Gelabbere" von sich geben, das unter der Firmenbezeichnung „Sächsisch" früher als witzig galt. Weit gefehlt! 19 Mundarten haben Sprachkundler in Sachsen geortet, davon in unserem Wandergebiet 5, die natürlich noch geziemend in Untermundarten gegliedert sind! Und das oben erwähnte vermeintliche Sächsisch – es wird in und um Leipzig gesprochen – verstecken besagte Sprachwissenschaftler verschämt unter „Südwestosterländisch". Aber wir wollen Sie hier nicht zum Dialektforscher qualifizieren, sondern wir informieren über das, was Sie hier zu hören bekommen. Also: Reduziert man die Unterscheidungsmerkmale zwischen zwei Dialekten etwa auf die Grenze, jenseits der keine Verständigung möglich ist, so kommen wir auf die Formel 2 (+1).
Nummer 1: Dresdner Sächsisch (exakt „Ostmeißnisch") kann der Ungeübte leicht mit dem der Leipziger verwechseln – es klingt tatsächlich in manchem etwas ähnlich. Hier eine Probe Ostmeißnisches: Kellner(in) auf Ihre Bestellung von Kaffee und Kuchen „Ee Gäffchen, nu nu! Guch'n ni, därs alle".
Bei *Nummer 2*, dem Oberlausitzischen, kann das Ersthören schwere Folgen haben, Sie sollten für Ihre erste Lektion deshalb ein verschwiegenes Fleckchen wählen. Der Oberlausitzer „Edelroller" bekennt sich zu den Feinheiten der heimischen Mundart und weiß, worin sie sich auszeichnet – wie diese Kostprobe zeigt:

> „Vu Draasen uff Schirgswaale zu
> gitt's a de Lausitz rei.
> Und war doas noa ne gloobm tutt,
> hirrt's a dr Sprache glei.

> Do wird gequirrlt, da wird gerullt
> ba dan und o ba jenn.
> De Dauerwelln machen doas,
> die a dr Zunge senn."

Versuchen Sie mal, einem Oberlausitzer das Wort „Wirrwarr" zu entlocken!
Bei *Nummer 3* – Sie erinnern sich an das (+1) – liegt der Fall völlig anders. „Hören" Sie mal:
„Kajkiž ptačik – tajke bróncko."
Sie verstehen kein Wort? Ist ja auch kein anderer Dialekt, sondern eine andere Sprache. Aber ja doch, das war schon ein echter Sachse – ein sorbischer Sachse eben. Damit sind wir beim Thema...

Sorben in Sachsen
Die nach der deutschen Eroberung im 10. Jh. im Gebiet zwischen Saale und Neiße verbliebene slawische Bevölkerung vermischte sich im Verlauf der Jahrhunderte mit der deutschen. Nur in der Lausitz erhielten sich die Sorben in einem zusammenhängendem Gebiet ihre ethnische Integrität. Wohl als Gegenmittel zur Germanisierung wurden die eigenständige Sprache und ein außerordentlich reiches Brauchtum gepflegt und – vor allem in den abgeschiedeneren Gebieten der Niederlausitz – bis heute erhalten. Schöne Trachten, kunstvoll bemalte Ostereier u. a. sind im Museum für sorbische Geschichte und Kultur in Bautzen zu bewundern.
Etwa 80 000 Sorben leben heute in Sachsen. Uraltes Brauchtum spiegelt sich im traditionellen Fest der Vogelhochzeit (Januar), dem Zampern oder Zapust (um Fastnacht), dem Hexenbrennen (Walpurgisfeuer) und dem Fest um den Maibaum. Johannisreiten, Stollenreiten, Hahnschlagen und andere Bräuche werden nur noch vereinzelt veranstaltet, dagegen sind die Bräuche um das Osterfest (Osterreiten, Osterwasser Holen und vor allem das Anfertigen und Verschenken der in mehreren Techniken bemalten Ostereier, das Eierschieben auf dem Protschenberg in Bautzen) zahlreich und weit verbreitet. Eine sorbische Hochzeit, noch mit dem Braška (Hochzeitsbitter) und mit meist mehr als 100 Gästen in ihren alten Trachten, ist dann schon ein kleines Festival der Volkskunde!

Übrigens – der sorbische Text in Nummer 3 der Dialekte lautet auf deutsch: „Wie der Vogel – so das Lied."

Umgebindehaus, Kretscham, Erbgericht
Das Umgebindehaus ist ein spezieller Typ eines Fachwerkgebäudes mit Blockstube. Gegenwärtig sind Umgebindehäuser in geringer Zahl im südöstlichen Thüringen, im nordöstlichen Franken, im Erzgebirge und der Sächsischen Schweiz, in größeren Gruppen im Vogtland und vor allem in der Oberlausitz anzutreffen. Hier prägen sie das Bild manches Dorfes; oft sind sie mit steinernen Türstöcken, verschieferten Giebeln und reichem Blumenschmuck versehen. Kein Umgebinde gleicht dem anderen bis ins Detail. Das Umgebindehaus entstand aus dem Blockbau, der vollständig aus Stämmen oder Bohlen gefügt wurde. Forderungen nach holzsparender Bauweise – besonders dringend in Sachsen, wo der Bergbau immer mehr Holz benötigte – zwangen zum holzsparenden Fachwerkbau. Der Wunsch der Bauherren, wenigstens in der Stube die warme Holzwand zu erhalten und Fachwerk mit Bohlenstube zu kombinieren, brachte Probleme: Unterschiede im altersbedingten Schwinden des Holzes in der, bzw. quer zur Faserung führten zum Zerreißen der Gefüge und gefährdeten den gesamten Bau. Die Idee: Die Blockstube wurde völlig vom Verband gelöst und von einem äußeren Ständergerüst umschlossen, das den Oberbau trägt.
Irrtümlich wird diese Bauweise mit der Ausbreitung der Hausweberei in Verbindung gebracht.

Zur Heimatkunde gehören auch die Begriffe

Kretscham, der; in der Oberlausitz verbreitet für Wirtshaus, Schenke; mundartlich „Kratschn"; Entlehnung aus dem Slawischen: Krčma (Schenke)

Erbgericht, das: im Gebiet zwischen Dresden und der Staatsgrenze tragen viele Gasthöfe diesen Namen, der die dörfliche Funktion der früheren Besitzer anzeigt.

Spezialitäten – eine rare Sache

Zwischen Pizza und Bratwurst, Pommes frites und Hamburger, Bockwurst und Gyros, Dosenbier und Cola nach lokalen Spezialitäten zu suchen, ist eine undankbare Aufgabe. Ohnehin entpuppen sich die „heimischen Küchen" in der Regel als tausendste Variante von Allerweltsgerichten. Was hat unsere Wanderregion zu bieten? Zunächst die Offenbarung, daß wir uns nicht im Mekka der Gourmets aus aller Welt befinden. Oder könnte Sie eine „Äbernmauke" nach Sachsen locken? Natürlich haben der Dresdner, der Oberlausitzer und der Sächsische Schw... (nein, so geht's nicht; also:) ...der Bewohner der Sächsischen Schweiz ihre Lieblingsgerichte und -getränke. Und gleichfalls haben gute Köche und pfiffige Wirte hauseigene Spezialitäten anzubieten. Aber was hat nun wirklich Originalität von Ruf? An der Spitze der Spezialitäten steht, mit grenzüberschreitendem Renommee, der Dresdner Stollen; mit bescheidenerem Ruf folgt Pulsnitzer Lebkuchen.

Bei Getränken sind die Weine von Meißen, die Radeberger Biere und Spirituosen aus Wilthen seit alters her in vieler Munde. Die *Bemme*, auch wenn sie auf mancher Speisekarte als Fettbemmchen gefälliger erscheint, ist an und für sich keine kulinarische Delikatesse, sondern eine Doppelschnitte mit Belag in den Varianten Butter, Fett, Wurst u. a.

Der *Bliemchen* ist ein (dünner) Kaffee und eignet sich vor allem zum „titschen" (eintunken) der Bemme.

Diesem verführerischem Brauch frönt der „Gaffeesachse" gern. Vom letzten Sachsenkönig wird folgende Anekdote berichtet: Bei einer Einkehr während eines Spazierganges tunkte einer der kleinen Prinzen sein Hörnchen in den Kaffee – was bei Hofe natürlich strengstens verpönt war! – Der König bemerkt das. Er genießt die Freiheit und ruft: „Heite wird getitscht."

Wenn Sie nun weder an den Spezialitäten Freude haben, noch sich für das „Titschen" erwärmen können, so tröstet Sie vielleicht der Spruch: Hunger haben, müde sein, würzt die Speise, schläft wohl ein.

Was man noch wissen sollte

Verkehrswesen

Wie aus den Angaben zu allen 45 Wanderungen ersichtlich, stehen für die An- und Abreise in der Regel Bahn und Bus zur Auswahl, die Fahrt per Pkw ist natürlich überall möglich und wurde deshalb nicht extra aufgeführt.

Es gibt Fahrpläne für den regionalen Verkehr – unser Wandergebiet einbezogen.

Bei Bahnbenutzung von unbesetzten Haltepunkten aus sollte man sich rechtzeitig beim Schaffner bemerkbar machen; bei Zustieg in den Bus kassiert der Fahrer, und es ist angemessen, mit Kleingeld bzw. mit nicht allzu großen Scheinen zu bezahlen. Größere Orte haben Schalter für den Fahrscheinverkauf.

Für die Benutzung der Straßenbahnen muß man sich Fahrscheine vor dem Einstieg erwerben, die im Fahrzeug zu entwerten sind.

Gegenüber den Altbundesländern gibt es zur Zeit deutliche Unterschiede; einige wichtige sind

– die Tarife für Verkehrsmittel sind (noch) spürbar niedriger;
– Bahn- und Busverkehr unterstehen unterschiedlichen Rechtsträgern, Bahnbusse im Linienverkehr gibt es nicht;
– die Ausleihe von Fahrrädern wie bei der DB ist nicht möglich.

Es ist zu erwarten, daß sich in absehbarer Zeit Veränderungen zur Angleichung an den Standard der BRD ergeben – zumindest bei den Tarifen!

Eine Benutzung der Weißen Flotte ist im Ausflugsverkehr sehr zu empfehlen. Bei Nutzung für die An- und Abreise bei Wanderungen sind die langen Reisezeiten zu beachten, sie betragen

z. B. zwischen Dresden-Altstadt und Bad Schandau
flußauf reichlich 5 h
flußab bis 3 h 45 min

Die Weiße Flotte verkehrt nur von Mai – Oktober.

Gaststätten

Trotz spürbarer Verbesserungen liegt unser Wandergebiet bezüglich Zahl und Qualität seiner Gasthäuser deutlich unter dem Niveau anderer Tourismusländer – zum Glück betrifft dies z.Z. auch noch die Preise. Die Tücken hiesiger Gastronomie sind:

- Der Ruhetag ist heilig; egal ob Saison oder nicht, die wöchentlichen, meist 2 Ruhetage werden oft auf Montag und Dienstag gelegt, so daß man an diesen Tagen mitunter geschlossene Gaststätten in Serie antreffen kann;
- die Öffnungszeiten – richtiger: Schließzeiten – sind heilig; nicht der Gast mit seinen Nöten und Wünschen bestimmt den Zeitablauf des gastronomischen Betriebes, sondern der Wirt und die eisern festgelegten Schließzeiten. Flankiert wird diese Praxis von großzügig vorverlegten Küchen- und Schankschlußzeiten;
- der Urlaub (der Wirtsleute!) ist heilig; Urlaub in der Hochsaison ist altes, zählebiges Gewohnheitsrecht;
- die „Geschlossene Gesellschaft" ist heilig; ergibt sich die Gelegenheit, eine zahlungswillige größere oder auch kleinere Gruppe mit diesem Status zu versehen, zögert der Wirt nicht, sein Haus dem hungrigen und durstigen Wanderer zu verschließen.

Es gibt aber eine zunehmende Zahl von Gastwirten, die von den obigen „heiligen" Prinzipien abrücken. Außerdem kann man sich gut über ein dichtes Netz von Einkaufsmöglichkeiten – am Wochenende vor allem Getränkeshops – den Rucksack wieder auffüllen.

Unterkunft

Dem Wanderer stehen mehrere Jugendherbergen direkt im Wandergebiet zur Verfügung (siehe unter „Nützliche Adressen").

In einem Großteil der Ortschaften stehen reichlich Privatzimmer und Pensionen, die früher vom zentralen Feriendienst genutzt wurden, zur Verfügung. Sie besitzen in der Regel einen zufriedenstellenden Standard; Preis (im Durchschnitt 1991) 15,– DM/ÜF. Lassen Sie sich nicht davon irritieren, daß recht wenige dieser privaten Vermietungen von außen sichtbar angezeigt werden, fragen Sie einfach nach.

Nützliche Adressen

Landesfremdenverkehrsverband Sachsen e. V., Geschäftsstelle
Maternistr. 17
O-8010 Dresden
Tel. 48 45 56 0, Fax 48 45 56 1

Regionale Fremdenverkehrsverbände

Regionalverband Sächsische Schweiz
Landratsamt Pirna
Zehistaer Str. 9
O-8300 Pirna
Tel. 8 53 17 / 8 53 15

Regionalverband Sächsisches Elbland
Landratsamt Meißen
Loosestr. 17 – 19
O-8250 Meißen
Tel. 8 52 71 / 8 53 18

Regionalverband Oberlausitz / Niederschlesien
Landratsamt Bautzen
Ernst-Thälmann-Str. 9, Postfach 704
O-8600 Bautzen
Tel. 57 3 / 5 85

Dresden – Information –
Prager Str. 10 – 11
O-8010 Dresden
Tel. 4 95 50 25, Fax. 4 95 12 76

Fremdenverkehrsämter und -büros gibt es in mehr als hundert Städten und Dörfern der Sächsischen Schweiz, des Elbtals um Dresden und des Lausitzer Berglandes; in kleineren Orten werden deren Aufgaben durch die Gemeindeverwaltungen wahrgenommen, an die man sich direkt wenden kann.

Jugendherbergen im Wandergebiet

Bad Schandau	O-8321	Rudi-Hempel-Str. 14
Bautzen	O-8600	Am Zwinger 1
Dresden	O-8027	Hübnerstr. 11
Dresden	O-8054	Sierksstr. 33 PF 160–57
Görlitz	O-8900	Goethestr. 17
Hohnstein	O-8352	Markt 1
Jonsdorf	O-8805	Ernst-Thälmann-Str. 74
Jonsdorf	O-8805	Lauscheweg 8
Königstein	O-8305	Halbestadt 13, PF 30–007
Meißen	O-8250	Wilsdruffer Str. 28
Neugersdorf	O-8706	Haynstr. 11
Neukirch	O-8505	Karl-Berger-Str. 16 Valtenberghaus
Oberoderwitz	O-8716	Nr. 241
Ohorn	O-8506	Schleißbergstr. 39
Ostritz	O-8906	Bernstädter Str. 137
Pirna/Kopitz	O-8300	Birkwitzer Str. 51
Porschendorf	O-8351	Elbersdorfer Str. 2
Radebeul	O-8122	Weintraubenstr. 12
Rathen	O-8324	Auf den Halden 33
Reinhardtsdorf/Schönau	O-8321	Nr. 109B/Zirkelstein
Steina	O-8295	Ohorner Str. 26/Zur Windmühle

Für Wandergruppen besteht die Möglichkeit der Vermittlung von Kontakten zu Wandervereinen des Gebietes über

Sächsischer Wandersport- und Bergsteiger-Verband
– Geschäftsstelle –
Friedrich-Ebert-Str. 105
Nordanlage Sportforum
O-7010 Leipzig

Mit Hinweisen und Anfragen zum Wanderführer wenden sie sich bitte an
Dr. Leichsenring
Windscheidstr. 35
O-7030 Leipzig

oder an den Elster Verlag
Schillerstr. 7
7570 Baden-Baden

Zum Schluß noch eine Bitte:

Landschaften verändern sich. Wälder werden abgeholzt und wieder aufgeforstet, Weiden werden aufgegeben und wachsen zu, Häuser und Hütten stürzen ein oder werden neu gebaut. Auch Wege werden manchmal neu trassiert, alte rutschen ab, verfallen, wachsen zu, verschwinden im Lauf der Jahre. Und auch manche Beschilderungen ändern sich im Laufe der Zeit.

Wir sind Ihnen dankbar, wenn Sie solche Veränderungen, die Auswirkungen auf die Routen dieses Wanderführers haben, an Verlag und Herausgeber weiterleiten. Sie helfen dadurch mit, diesen Führer weiter zu verbessern und ihn aktuell zu halten. Natürlich möchten wir Sie auch zu Kritik ermuntern. Im voraus schon einmal vielen Dank, und haben Sie bitte Verständnis, daß wir nicht alle Reaktionen beantworten können.

Falls Ihre Plastikschutzhülle für die Karten irgendwann kaputt oder verloren gehen sollte, so schicken wir Ihnen gegen Voreinsendung von DM 2,– in Briefmarken gern ein neues Exemplar zu (in den 2 Mark ist bereits das Rückporto enthalten).

Ihr
Elster-Verlag
Schillerstr. 7
7570 Baden-Baden

Großformatige Farbbildbände

Kostbarer Inhalt, niedriger Preis –
und dreisprachiger Text

DRESDEN
ISBN 3-910148-09-3
16,80 DM

Sachsenbuch Verlagsgesellschaft mbH
Ritterstraße 10 · O-7010 Leipzig

Einladung
zu einer historischen Wanderung

Friedrich A. Köhler's »Albreise« ist ein einmaliges Dokument von nicht nur geschichtlichem Wert, sondern es zeigt uns den Weg zum feinen Beobachten und Registrieren, zum »Sich-Zeit-Nehmen«. Nimmt man diesen »*ersten Wanderführer*« über die Schwäbische Alb, reizt er sogleich diesen Weg nachzuvollziehen – zu suchen, was heute noch vorhanden ist.
Friedrich A. Köhler, **Eine Abreise im Jahre 1790** – Zum Nachwandern – 264 Seiten, 24,80 DM.
In Ihrer Buchhandlung!

ELSTER VERLAG · Schillerstr. 7 · 7570 Baden-Baden

Mitteilungen aus dem Allgäu...

Mit Sympathie für die Menschen und ohne aufgesetzte Emotionen beschreibt *Katharina Adler* in ihrer ruhigen, klaren Sprache ihre Allgäuer Umgebung. Sensibel notiert sie dabei auch die ökologischen Verluste ihrer Heimat, zum Beispiel wie das behütete Allgäu zu einer Hochleistungslandschaft für Milch und Fleisch gemacht wird. »Ein Buch wie mit der Feder geschrieben.« (Martin Walser, Süddeutsche Zeitung)

Katharina Adler, **Lebenslandschaft,** Mitteilungen aus dem Allgäu, 216 Seiten, 24,80 DM.
Falls Sie an weiteren Informationen über unser Programm interessiert sind, schreiben Sie uns einfach!

ELSTER VERLAG · Schillerstr. 7 · 7570 Baden-Baden

Großformatige Farbbildbände

Kostbarer Inhalt, niedriger Preis –
und dreisprachiger Text

SACHSEN
ISBN 3-910148-10-7
16,80 DM

Außerdem:
POTSDAM
ISBN 3-910148-29-8
19,80 DM

DIE WARTBURG
ISBN 3-910148-28-X
16,80 DM

Sachsenbuch Verlagsgesellschaft mbH
Ritterstraße 10 · O-7010 Leipzig